现代企业会计管理的模式研究

高俊云 著

哈尔滨出版社
HARBIN PUBLISHING HOUSE

图书在版编目（CIP）数据

现代企业会计管理的模式研究 / 高俊云著. -- 哈尔滨：哈尔滨出版社，2023.6
ISBN 978-7-5484-7312-1

Ⅰ.①现… Ⅱ.①高… Ⅲ.①企业会计 - 管理模式 - 研究 Ⅳ.①F275.2

中国国家版本馆CIP数据核字(2023)第116372号

书　　名：现代企业会计管理的模式研究
XIANDAI QIYE KUAIJI GUANLI DE MOSHI YANJIU

作　　者：高俊云　著
责任编辑：赵海燕
封面设计：陈　卫

出版发行：哈尔滨出版社（Harbin Publishing House）
社　　址：哈尔滨市香坊区泰山路82-9号　　邮编：150090
经　　销：全国新华书店
印　　刷：北京宝莲鸿图科技有限公司
网　　址：www.hrbcbs.com
E-mail：hrbcbs@yeah.net
编辑版权热线：（0451）87900271　87900272
销售热线：（0451）87900201　87900203

开　　本：787mm×1092mm　1/16　印张：11　字数：240千字
版　　次：2023年6月第1版
印　　次：2023年6月第1次印刷
书　　号：ISBN 978-7-5484-7312-1
定　　价：68.00元

凡购本社图书发现印装错误，请与本社印制部联系调换。
服务热线：（0451）87900279

前言 PREFACE

　　随着我国经济社会的不断发展，现代企业获得了健康稳定的发展，但在发展过程中也逐渐发现了企业内部的一些问题。对于企业发展来说，会计工作属于其中的重要环节，能够对企业的活动、项目的发展、内部的建设以及整体的管理产生重要影响。对企业会计管理工作进行优化，也就是对企业整体发展效果进行优化，所以需要对企业会计管理工作更加深入地实施分析，明确其中存在的不足之处，并根据实际情况提出提高企业管理工作水平的措施，推动企业可持续健康发展。

　　在新时代经济转型背景下，企业会计加快迎合时代发展的步伐，必须不断创新，才能为企业的高效发展提供重大保证。在新形势下，需对企业建设进程中的会计工作问题给予高度重视，在农村发展中，把会计工作作为一个重要的推动工具，全面实施乡村振兴战略，同时完善会计管理工作。会计管理人员要将责任意识、法制意识、服务意识树立起来，根据会计准则、法律法规、相关政府要求，开展会计管理工作，让权力的运行更具规范性，使会计管理工作科学性、严谨性得以确保。此外，政府还需加大财力、物力及人力资源的投入，不断夯实会计管理工作在企业建设中的基础，将对应的监督体系建立起来，对会计管理工作进行规范。只有这样，才可让会计管理工作的作用真正发挥出来，对企业的建设和发展起到推动作用。企业必须正视当前会计管理工作面临的问题，从人才、制度、会计工具、信息化水平等方面进行完善，在一定程度上提高企业经济效率，以促进企业经营的可持续发展。为了切实提升企业整体发展水平，保障措施内容与企业会计管理工作需求相符合，需根据实际情况选择最为妥帖的方式，并在工作过程中全面记录工作情况，以能够及时查缺补漏，为日后工作的进一步发展提供重要依据，从而切实实现企业整体的提质增效。企业财务部门需对自身各项工作进行持续优化，积极培养人才，完善管理系统，提升监管水平，优化会计管理环境，以实现财务风险的有效防控，并加速企业发展过程中的提质增效。《现代企业会计管理的模式研究》分8个章节，首先阐述了现代企业会计管理的基本概念，借助对现代企业会计管理的作用实施分析，简述了现代企业会计管理的体制与模式，指出现代企业会计管理工作中存在的一些问题，并对存在的问题给出了有效的解决方法，以利于现代企业更好地实现公司总目标。

目录 CONTENTS

第一章 导论 1
 第一节 研究背景 1
 第二节 研究综述 2
 第三节 结论与展望 3

第二章 现代企业会计管理的基本概念 4
 第一节 现代企业会计管理的概念 4
 第二节 现代企业会计管理的内容 13

第三章 现代企业会计管理的作用 24
 第一节 健全企业管理体制 24
 第二节 实现投资收益最大化 29
 第三节 提高会计信息质量 37

第四章 现代企业会计管理的体制 42
 第一节 我国会计管理体制的发展趋势 42
 第二节 现代会计管理体制的理想模式 53

第五章 现代企业会计管理的模式 63
 第一节 交叉型管理模式 63
 第二节 分散型管理模式 72
 第三节 统一型管理模式 77

第六章 现代企业会计管理的不足 84
 第一节 人才缺乏 84

第二节　体系不完善 ……………………………………… 88
　　第三节　环境有待提升 …………………………………… 98

第七章　现代企业会计管理模式创新的策略 ………………… 106
　　第一节　重视企业会计人才的培养 ……………………… 106
　　第二节　提高会计信息化的水平和信息安全管理能力 … 115
　　第三节　整合企业的会计工具促进与各部门的深度融合 … 124
　　第四节　规范企业财务管理完善会计报告机制 ………… 133

第八章　现代企业会计监督体系的构建 ……………………… 142
　　第一节　会计监督在现代企业中的重要作用 …………… 142
　　第二节　现代企业会计监督存在的问题 ………………… 147
　　第三节　现代企业会计监督体系的构建策略 …………… 153

参考文献 ………………………………………………………… 167

第一章 导论

第一节 研究背景

现代企业会计管理模式的研究背景可以从以下几个方面来探讨：

一、经济全球化的背景

全球化加速了经济的发展，使得企业面临着更为激烈的市场竞争和更加多元化的经营环境。在这样的背景下，企业需要更加高效的会计管理模式来保持其竞争力。

二、技术进步的背景

随着信息技术的飞速发展，企业所面临的业务量和信息量越来越大，传统的手工会计管理模式已经无法满足企业的需求。因此，需要采用更加先进的会计管理模式来适应新的工作环境。

三、财务风险的背景

随着经济的快速发展，企业所面临的风险也越来越多。财务风险是其中一个非常重要的方面，企业需要采用更加高效的会计管理模式来有效地管理其财务风险，保证企业的健康发展。

四、监管要求的背景

随着监管环境的不断升级，企业需要采用更加规范和透明的会计管理模式来符合监管要求，避免不必要的罚款和其他法律风险。

综上所述，现代企业会计管理模式的研究背景主要包括经济全球化、技术进步、财务风险和监管要求等多个方面，这些因素都对企业的会计管理模式提出了新的挑战和要求。因此，研究现代企业会计管理模式具有非常重要的理论和实践意义。

第二节 研究综述

现代企业会计管理模式是适应现代企业管理需要,以信息技术为基础、以市场化为导向、以财务风险管理为核心、以法律法规为保障的会计管理模式。下面分别从国内和国外两个方面,对现代企业会计管理模式的研究进行综述。

一、国内研究综述

近年来,中国学者对现代企业会计管理模式的研究逐渐深入,研究成果主要集中在以下几个方面:

现代企业会计管理模式的特征和理论框架研究:学者们总结了现代企业会计管理模式的特征,如市场化、信息化、规范化、系统化等,并从财务风险管理、信息技术支持、企业治理和财务报告四个方面构建了现代企业会计管理模式的理论框架。

现代企业会计信息化研究:学者们研究了现代企业会计信息化的现状和发展趋势,探讨了信息技术在企业会计管理中的应用,如ERP系统、数据挖掘等。

现代企业内部控制研究:学者们研究了现代企业内部控制的要素、结构和实施方法,提出了完善企业内部控制的建议,以保障企业财务报告的真实性和准确性。

现代企业财务风险管理研究:学者们研究了现代企业财务风险管理的方法和工具,如期货和期权、信用风险管理等,以提高企业财务风险管理水平。

二、国外研究综述

美国研究:在美国,现代企业会计管理模式研究主要关注以下几个方面:首先是以数据分析和应用为核心的会计信息系统的设计和实施;其次是基于成本控制和效益评估的管理会计的应用;还有重点研究企业内部控制和风险管理,以及企业社会责任的会计管理。此外,美国的研究还注重探索企业财务报告和决策的质量以及透明度。

欧洲研究:欧洲的研究主要关注现代企业会计管理模式的数字化和智能化。欧洲学者重点关注企业会计信息系统的自动化和智能化设计和实施,探索人工智能、大数据和区块链技术在企业会计管理中的应用。此外,欧洲的研究也注重企业财务风险管理和企业社会责任会计的发展。

亚洲研究:在亚洲,现代企业会计管理模式的研究重点关注企业财务管理和风险管理。亚洲学者注重企业会计信息系统的数字化和自动化设计以及实施,探索企业预算管理和绩效管理的应用。此外,亚洲的研究还关注企业社会责任会计的发展和实践。

综上所述,国外对现代企业会计管理模式的研究重点关注数字化、自动化、智能化和应用，强调企业内部控制和风险管理，同时关注企业社会责任和财务透明度。未来，国外的研究将进一步关注新技术的应用、全球化的财务管理和环境、社会、治理（ESG）方面的会计管理实践，为现代企业提供更加科学、规范和高效的会计管理支持。

第三节　结论与展望

一、结论

现代企业会计管理是企业管理中的重要环节，它对企业的生存和发展具有重要意义。现代企业会计管理的模式包括成本管理、预算管理、绩效管理、现金管理、资产管理、税务管理和决策支持等方面。这些管理模式能够帮助企业合理规划和分配资源，有效控制成本和风险，提高经营效益和管理水平。同时，会计信息系统的建设和应用也为现代企业会计管理提供了有力支持。

在现代企业会计管理中，企业需要重视财务数据的采集、处理和分析，加强财务报告的透明度和可靠性，建立健全的内部控制制度，加强对内部审计和风险管理的重视，不断优化财务管理流程和工具，提高会计人员的素质和技能水平。

二、展望

未来，随着经济全球化和信息技术的不断发展，现代企业会计管理模式也将不断发展和创新。企业将更加注重财务报告的可持续性和社会责任，会计信息系统的应用也将更加普及和高效。另外，人工智能和大数据等新技术的应用也将为现代企业会计管理带来更多的机遇和挑战，企业需要不断学习和创新，积极应对变革和挑战，以更加高效和精准的方式实现企业经营目标。

第二章　现代企业会计管理的基本概念

第一节　现代企业会计管理的概念

一、现代企业的分类及特征

公司是目前经济运营中最为重要的主体，是最常见的企业组织形式。除了公司以外，还有很多的其他类型的企业，比如：合伙企业、个体经营、外商独资企业、中外合资、中外合作企业等。

（一）公司

《公司法》第二条规定："本法所称公司是指依照本法在中国境内设立的有限责任公司和股份有限公司。"

1. 有限责任公司

我国目前工商注册的公司中，有限责任公司占据了很大的一部分。有限责任公司"人合性"强，运营灵活，规模不大。所谓"人合性"强，是指有限责任公司股东之间的联系比较紧密，股东一般不超过五十个。所以，《公司法》第二十四条规定："有限责任公司由五十个以下股东出资设立。"公司经营上有什么问题，可以在股东之间进行商量，公司的股东往往也是经营者。

有限责任公司最重要的，同时也是公司法基石的特征就是"有限责任"。有限责任是指，公司股东只需按照公司章程的约定，按时、足额缴纳认缴的注册资本，对于公司债务，股东只需在注册资本范围内承担责任，而无需以个人其他的财产作为清偿。当然，前提是：第一，按约缴纳出资，没有抽逃等行为；第二，法人人格独立，不存在刺破公司面纱的情况。

有限责任公司比较特殊的类型有：一人有限责任公司、国有独资公司。一人有限公司，即股东只有一位，可以是自然人，也可以是法人。国有独资公司则是由国家单独出资，或者由国务院、地方人民政府授权国资委履行出资人职责的有限责任公司。因此，一人有限责任公司、国有独资公司均是有限责任公司的子分类，这两类公司应当遵循《公司法》关于有限责任公司的规则进行管理，但是这两类也有自身的特殊之处，比如：这两类公司都是不设股东会的。

2.股份有限公司

股份有限公司相较于有限责任公司来说，资合性更强，上市公司大部分股东之间互不认识，公司所有权和经营权往往分离。股份有限公司与有限责任公司一样均具有"有限责任"的属性，但是股份有限公司在管理上更为严格，股东会、董事会、监事会相对于有限责任公司来说都比较齐全。

股份有限公司的设立方式有发起设立和募集设立，这两种设立方式的区别在于前者是在发起人内部设立，而后者可以公开设立。因为证监会要求拟上市公司必须经营满三年，因此一般情况下不太可能有采取公开募集设立的股份有限公司。但是，实际中有限责任公司可以变更为股份有限公司，在资本业务中，往往称这一环节为"股改"。股改前的经营时间也算拟上市公司的经营时间，因此理论上来说通过募集设立股份有限公司也是有可能的，只不过一般情况下，都是先设立了股份有限公司，再由股份有限公司公开发行新股。

股份有限公司与有限责任公司的另一个区别是，股份有限公司在设立的时候是必须要有发起人协议，而有限责任公司则不一定需要，但是公司章程则是两种类型的公司都需要。

股份有限公司区别于有限责任公司最为重要的特点是可以发行股票，即可以在证券交易所或者股权转让系统上市交易。上市后的股份有限公司不仅要按照公司法的要求进行经营，还需要按照《证券法》、证券监管机构、证券交易所的要求进行经营。

（二）合伙企业

合伙企业细分为普通合伙企业和有限合伙企业。普通合伙企业与有限合伙企业最为重要的区别是普通合伙企业中的合伙人需要以个人财产对企业债务承担无限责任，而有限合伙企业中的有限合伙人以出资为限对企业债务承担有限责任。这也是合伙企业区别于公司的最主要的特征。

合伙企业相对于公司在出资、经营等方面的强制性规范要求较少，比如：合伙企业的合伙人（除了有限合伙人）可以以劳务出资，公司的股东则需要以货币、实物、知识产权、土地使用权出资；合伙企业设立只需要提交合伙协议而不需要企业章程。可以说，合伙企业相对于公司自主性更高，合伙协议中可以自由约定相关的经营事项。目前，实践中较多的私募股权基金就是采取了有限合伙的形式。投入资本的合伙人往往作为有限合伙人承担有限责任，而不出资但执行合伙事务的合伙人则可以作为普通合伙人。

在合伙企业中，合伙协议是企业经营的准则，也是合伙人之间发生纠纷时判断责任的准绳，有着非常重要的地位和作用。

合伙企业在纳税方面是由合伙人缴纳个税，而公司则需要以法人作为纳税主体缴纳企业所得税，这也是两者的一个重要区别。

另外，一般的律所就是合伙企业，且是合伙企业中的"特殊普通合伙企业"。（《合伙企业法》第五十五条：以专业知识和专门技能为客户提供有偿服务的专业服务机构，可以设立为特殊的普通合伙企业。）

（三）外商投资企业

外商投资企业具体可以分类为：外商企业（独资）、中外合资经营企业、中外合作经营企业。

外商企业的设立有较高的行业限制，需要按照《外商投资产业指导目录》的要求进行设立。外商企业的设立需要行政审批前置许可，即需要商务部或者国资委对应部门进行审批，审批通过之后才能向工商部门申请登记。

外商投资企业中的中外合资经营企业必须设立为有限责任公司，而外商企业（独资）和外商合作经营企业则不一定需要设立为有限责任公司，甚至可以不用以法人组织形式经营。

（四）其他商业实体

除了以上的公司或企业商业实体外，在我国还有众多的个体工商户、私人合伙、外国企业分支机构。另外，基金会、非营利组织也是社会中具有公益性质的组织形式。

二、股份、股东、股票及其相关内容

（一）股份

股份是股份公司均分其资本的基本计量单位，对股东而言，则表示其在公司资本中所占的投资份额。股份包括三层含义：第一，股份是股份公司一定量的资本额的代表；第二，股份是股东的出资份额及其股东权的体现；第三，股份是计算股份公司资本的最小单位，不能再继续分割。把公司资本分为股份，所发行的股份就是资本总额。

股份与股票的关系形同表里，股票不能离开公司股份而存在，没有股份也就没有股票。股票毕竟仅仅是股份的表现形式，因而有其不同于股份的固有特征。这些特征是：第一，股票是股份有限公司成立之后签发给股东的，证明其所持股份的凭证。除了股份有限公司，其他各种公司都不得以股票的形式作为股东身份的凭证。股票本身是非设权证券，股东权并非股票所创，股票仅仅是把已经存在的股东权表现出来而已。而且，股份有限公司只有在其登记成立后，才能向股东正式交付股票；第二，股票是一种有价证券。股票是股份的表现形式，而股份的获得是以一定的财产为对价的；第三，股票是一种要式证券；第四，股票是一种永久性证券。股票没有固定期限，除非公司终止，否则，它将一直存在。

（二）股东

股东是股份公司的出资人或叫投资人。股份公司中持有股份的人，有权出席股东大会并有表决权，也指其他合资经营的工商企业的投资者。

股东是公司存在的基础，是公司的核心要素；没有股东，就不可能有公司。根据《公司法》的规定，有限责任公司成立后，应当向股东签发出资证明书，并置备股东名册，记载股东的姓名或者名称及住所、股东的出资额、出资证明书编号等事项。

《公司法》同时规定，有限责任公司股东依法转让其出资后，应由公司将受让人的姓名或者名称、住所以及受让的出资额记载于股东名册。据此，非依上述规定办理过户手续者，其转让对公司不发生法律效力。由此可见，有限责任公司的股东应为向公司出资，并且其名字登记在公司股东名册者。

股份有限公司，我国《公司法》既允许发行记名股票，也允许发行无记名股票。公司发行记名股票的，应当置备股东名册，并规定了记名股票的转让，由公司将受让人的姓名或者名称及住所记载于股东名册。据此应理解为，股份有限公司的无记名股票的持有人即为公司股东，而无记名股票的持有人则同时须将其姓名或名称及住所记载于股东名册，方为公司股东。

（三）股票

股票是股份证书的简称，是股份公司为筹集资金而发行给股东作为持股凭证并借以取得股息和红利的一种有价证券。每股股票都代表股东对企业拥有一个基本单位的所有权。这种所有权是一种综合权利，如参加股东大会、投票表决、参与公司的重大决策、收取股息或分享红利等。同一类别的每一份股票所代表的公司所有权是相等的。每个股东所拥有的公司所有权份额的大小，取决于其持有的股票数量占公司总股本的比重。股票是股份公司资本的构成部分，可以转让、买卖或作价抵押，是资本市场的主要长期信用工具，但不能要求公司返还其出资。股东与公司之间的关系不是债权债务关系。股东是公司的所有者，以其出资份额为限对公司负有限责任，承担风险，分享收益。

作为人类文明的成果，股份制和股票也适用于我国社会主义市场经济。企业可以通过向社会公开发行股票筹集资金用于生产经营。国家可以通过控制多数股权的方式，用同样的资金控制更多的资源。目前在上海、深圳证券交易所上市的公司，绝大部分是国家控股公司。

三、现代企业会计管理的发展历程

现代企业会计管理是企业在市场经济环境下，通过会计原理、方法和工具，对企业财务状况、经营成果、风险控制等进行监督、分析、评价和决策的过程。它是企业内部控制体系的核心，也是企业与外部利益相关者沟通的重要途径，具有重要的经济决策、风险管理和社会责任等功能。现代企业会计管理的发展历程可以概括为以下几个阶段：

传统会计管理模式阶段（20世纪50年代前）。

在传统会计管理模式阶段，企业会计管理主要以成本会计为核心，注重对成本的核算和控制。其主要特点是重视成本分析、强调成本控制、侧重生产过程，忽视市场营销和财务管理。这一阶段的企业会计管理主要关注企业内部运作，忽略了企业外部环境的影响因素。

管理会计模式阶段（20世纪50年代—70年代）。

在管理会计模式阶段，企业会计管理开始注重对企业内部管理活动的支持。其主要特点是注重经济效益、强调管理信息、侧重企业内部管理，忽视企业外部环境和社会责任。在这一阶段，企业会计管理开始强调对内部决策的支持和对管理信息的重视，但忽略了企业外部的经营环境和社会责任。

现代企业会计管理模式阶段（20世纪80年代至今）。

在现代企业会计管理模式阶段，企业会计管理开始重视企业内外部的各种信息和影响因素，注重信息披露和风险管理。其主要特点是全面关注企业内外部信息、强调风险管理、侧重企业内外部的协调，注重企业社会责任。在这一阶段，企业会计管理开始关注企业内外部信息的集成和协调，注重信息披露和风险管理，同时关注企业的社会责任和可持续发展。这一阶段的企业会计管理是以现代化、信息化为特征，更加注重企业内部和外部的协调和整合，是企业管理的重要组成部分。

信息技术应用模式阶段。

随着信息技术的发展，企业会计管理进入了信息技术应用模式阶段。这一阶段的企业会计管理依托于先进的信息技术，采用电子化、自动化、智能化的手段，实现企业内外部信息的整合、分析和共享。信息技术的应用，极大地提高了企业会计管理的效率和准确性，同时也促进了企业内部各个部门之间的协调和合作。

在信息技术应用模式阶段，企业会计管理依靠信息技术，实现了管理信息系统和财务信息系统的整合，以及企业内外部信息的实时采集和共享。此外，企业会计管理还采用了智能化的管理工具，如大数据分析、人工智能等，实现了对企业内部和外部的各种信息的快速分析和预测，从而更好地支持企业的决策和管理。

总之，现代企业会计管理是企业内部控制体系的核心，也是企业与外部沟通的重要途径。现代企业会计管理的发展历程经历了从传统会计管理模式到现代化、信息化的转变，不断地从企业内部管理向企业外部信息整合和协调，以及关注企业社会责任和可持续发展的方向发展。

四、现代企业会计管理的特点

（一）规范化

所谓规范化是指企业应在不违背"两则""两制"以及其他财务会计制度的前提下，正常、有序地进行会计核算和财务管理工作。具体表现为：

1. 会计核算工作的规范化

主要包括以下三个方面：

（1）会计核算基础工作的规范化

即原始记录、计量验收、定额管理、规章制度等方面的规范化，主要包括建立职工考勤记录、产量记录、工时记录等有关制度；采用统一的计量单位和标准的计量手段；建立存货、固定资产等各种财产物资的验收、入库和出库制度；建立和健全各项消耗定额制度等。

（2）会计核算方法的规范化

即在同一行业内的企业，所采用的会计科目、记账方法、成本核算方法、利润的确定方法等应尽量统一。

（3）会计核算系统的规范化

即会计凭证、会计账簿、会计报表的规范化，主要包括会计凭证、账簿、报表的种类、格式、编制、登记、审核和报送等方面，应按统一的规定进行；实行电算化的单位，财务软件的选择应符合财政部的要求。

2.财务管理工作的规范化

主要包括以下两个方面：

（1）财务管理内容的规范化

财务管理的主要内容包括筹资管理、投资管理、利润及其分配的管理等，企业在从事这些内容的管理工作时，应在遵守国家法律、法规或制度规定的前提下进行。

（2）财务管理的方法规范化

财务管理的方法包括财务预测、财务决策、财务计划、财务控制、财务分析和评价等。尽管这些理财方法多种多样，比如财务预测方法有定性预测法和定量预测法之分，而定量预测法又有回归分析法、高低点法、加权平均法等，长期投资的财务决策有贴现法和非贴现法之分，而贴现法又有净现值法、现值指数法、内含报酬率法等，但就每一种方法而言，其工作程序、步骤应该是大同小异的，应尽量加以规范。

（二）科学化

所谓科学化是指企业应在遵循企业资金运动规律的前提下进行财会管理工作。财会管理工作的科学化要求财会管理工作的内容、组织、方法等都要反映财会管理的对象这一客观规律。反映财会管理对象的客观规律，是指从不同方面或不同环节来反映企业资金运动的规律，具体表现为：

1.会计核算

一般可以从资产、负债、所有者权益、收入、费用、利润的某一会计要素来反映，也可以从销售、生产、供应等某一经营环节来反映企业资金运动规律。

2.财务管理

可以从筹集资金、运用资金、分配资金等某一方面来反映，也可以从财务预测、财务决策、财务计划、财务控制、财务评价等某一管理环节来反映资金运动规律。

（三）系统化

所谓系统化是指企业应按建立的财会管理系统及其要求进行财会管理工作。财会管理是一个系统，按其内容分别建立会计信息系统和财务管理系统。

1.会计信息系统

会计信息系统包括信息收集、加工、传递、存储、输出等会计信息处理程序，它要求会计信息收集渠道的多样化、加工的规范化、传递的最优化、存储的检索化和输出的有效化。会计核算工作应按会计信息系统的处理程序和要求来开展，并为财务管理活动提供其所需的会计信息。

2.财务管理系统

财务管理系统包括财务预测、财务决策、财务计划、财务控制和财务评价等财务管理过程，它要求实行财务目标管理，贯彻执行财经法规和财务制度，正确处理各种财务关系，不断降低成本，提高经济效益，实现股东财富最大化。

（四）先进化

所谓先进化是指企业要以先进的现代财会理论为指导，采用先进的财务管理和会计核算方法、管理手段来进行财会管理工作。具体表现为：

1.以先进的现代财会理论为指导

先进的财会理论是现代化的科学理论在财务管理和会计核算中应用的体现，诸如：财务预测理论、财务决策理论、财务计划理论、财务控制理论、会计核算理论、会计行为理论和财会数学理论等。

2.采用先进的财务管理和会计核算方法

诸如目标管理法、价值工程法、变动成本法、边际贡献法、ABC分类管理法、经济批量法、量本利分析法和责任会计方法等。

3.采用先进的财务管理和会计管理手段

主要是运用电子计算机、自动化系统等进行财会管理工作。

五、现代企业运营中会计科目的设置原则

会计科目是会计账户设置的基础和依据，决定了会计核算的准确性与会计信息质量披露的可靠性，对企业经济业务和管理产生重大影响。随着会计信息化逐步取代会计电算化，云计算、大数据时代的到来，自动化程度越来越高，会计信息系统的初始化设置变得尤为重要，对会计科目设置的合理化与规范化程度要求空前提高。同时，会计科目的设置还对会计信息系统功能的拓展产生重要的制约作用，直接影响会计信息系统的运行效率。

（一）会计科目的产生

会计的对象是会计人员在其工作中进行反映、核算、监督、分析、预测与控制的会计事项。为满足会计报告的需要，会计要素对会计对象第一次分类，按照交易或事项的经济特征将其分为资产、负债、所有者权益、收入、费用和利润六要素。然而，这样的分类仅能够满足有关信息使用者的部分需要，如资产要素，仅反映企业拥有资产量，而不知道其具体内容。因此，需要对会计要素再分类。在这种情况下，会计科目油然而生。会计科目是根据会计要素具体内容做的进一步分类，作为设置账户的依据，有序地反映企业经济业务增减变动情况，通过整理汇总反应会计要素的增减变动情况及其结果，从而提供相应的会计信息。

（二）会计科目设置的重要性

会计科目是会计制度的重要组成部分。通过设置会计科目，可以把企业复杂的经济业务清晰地归类，转换成易于识别的会计信息。就企业的资产核算而言，通过设置会计科目

可以把企业的资产实物与其价值形式有机结合,达到对企业资产的有效控制。会计科目设置必须做到科学、合理、严谨、规范,才能够全面、系统地核算和监督企业各项经营业务的发生情况以及由此引起会计要素的增减变动。因此,基于合法的前提下提出以下会计科目的设置原则:穷尽性、互斥性、同一层次性、方法的一致性和客观性。

1. 穷尽性

穷尽性是指所设置的会计科目能使所有的经济业务都能找到自己的账目归属。设置会计科目要做到一个反映、一个适应和三个涵盖。一个反应、一个适应是指会计科目的设置要反应会计准则的内涵,在满足信息使用者需要的同时,适应经济发展和行业发展的需要。

三个涵盖的第一个涵盖是指会计科目的设置应涵盖会计要素的各个方面,形成一套科学、完整的体系。即科目应该包括资产、负债、所有者权益、收入、费用和利润六个方面的信息,不能有任何遗漏。并且各个会计科目之间既相互独立,又联系紧密。第二个涵盖是指会计科目的设置应涵盖所有行业,如一般制造业、服务业、采掘业、金融行业等各行业交易事项,并根据各个行业自身的特点设置恰当的会计科目。例如:工业制造业从事生产材料采购、生产制造、市场销售。它的会计科目设置应反映其材料采购、生产和市场营销过程,涵盖所有会计要素,如"原材料""生产成本""制造费用""销售费用""管理费用"等;金融行业(银行业、保险业、信托业、证券业和租赁业),除了前面所提到的五大类科目,还包括共同类科目,如"清算资金往来""外汇买卖/货币兑换""被套期项目"等。第三个涵盖是指会计科目的设置要涵盖所有可能的经济业务内容。例如:在处理应收票据贴现业务时,票据到期前,贴现方始终存在风险,如银行为规避风险而附加追索权后,风险就更大了,然而在会计科目的设置上却没有相关的期权科目。

2. 互斥性

互斥性是指每一笔经济业务只归属于某一个,同时也是唯一的一个会计科目。借用映射的概念,假设 f 是集合 A 到集合 B 的一个映射,那么 A 中的每个元素 a,在 B 中有唯一确定的元素 b 与之对应,并且,集合 A 中所有元素的像(集合 B 中的元素)的集合成为映射 f 的值域,将此概念运用到会计科目设置中,即会计对象、会计科目、会计制度分别对应集合 A、集合 B、映射法则 f。反之则不然,如:当某一笔业务既可以归属于管理费用,又可以归属于财务费用时,这样的科目设置就不利于会计分析。

目前,我国现行的会计科目体系中,会计科目类别之间存在交叉,不能形成完全独立的会计科目类别。例如:"成本类"会计科目,尽管其能较好地反映企业内部生产过程中各种经济资源被利用的情况,但其归根结底仍属于"资产",只是资金的占用形式发生了变化。所以,在设置会计科目时,首先,设置的科目类别要做到清晰、明确。建议可以将现行的六大类科目改为七大类——资产类、负债类、权益类、收入类、费用类、损益利得类和损益损失类。即将原成本类科目归入资产类,原共同类科目拆分,分别纳入资产或负债类;将原损益类科目拆分成收入和费用类,并增设与营业外收入和营业外支出相对应的损益利得类和损益损失类科目。

3. 同一层次性

同一层次性是指会计科目分类之后，类别之间层次相同、关系对等。例如：会计科目对会计要素核算的具体分类中，其中资产、负债、权益类科目，层次相同、关系对等。而会计科目的六大分类本身并非同一层次，因为成本是资产的一种，共同类与资产、负债、权益类科目是交叉关系。本质的，同一层次性原则的核心思想就是为信息使用者提供相关的、可比的会计信息。例如：狭义概念上的费用，第一层次分类，按其经济用途分为生产成本和期间费用。第二层次分类：生产成本按其能否直接追溯到单个的产品或成本对象中，分为直接材料、直接人工、制造费用；与之类似，期间费用按其具体内容分为管理费用、财务费用、销售费用。以这样具有层次性的分类方式对费用进行逐层细分，可以更加清楚、明确地反映直接用于产品生产的材料费用、工人工资以及耗用于组织和管理生产经营活动上的各项支出情况，从而有助于企业管理者了解费用计划、定额、预算等各方面的执行情况，有利于进一步掌握成本费用支出，加强成本管控。

4. 方法一致性

方法一致性是指不同会计期间，企业会计科目的设置方法保持相对稳定，且使得单位会计核算方法、核算程序保持一致，防止企业随意变更核算方法与程序，粉饰会计报表，操纵利润，扰乱经济秩序。其包含两个层次，第一，设置会计科目时采用相同的设置方法，遵循相同的准则。第二个层次就是会计科目设置后其核算方法与核算程序保持一致，防止企业舞弊行为扰乱社会经济秩序。会计科目设置在实际成本法下，存货发出计价方法有先进先出法、个别计价法、月末一次加权平均法和移动加权平均法四种方法可供企业选择，不同的选择导致本期发出及结存的存货成本不同，如果上期与本期核算方法不一致，而本期销售收入不变，那么必然影响本期利润，进而达到操纵利润的目的。例如：企业在存货价格大幅上涨的情况下，存货的核算方法由先前的移动加权平均法变更为先进先出法，由于先前的低价购入却先结转成本，按公允价值核算，其变相压低了成本，虚增了利润。但也并非绝对的一致性，企业可以根据经济环境的变化，在保证能满足会计信息的客观性、相关性与可靠性等要求的前提下，对会计核算程序与核算方法进行适当的变更。

5. 客观性

客观性是指会计科目设置能够确切地反映经济业务发生的实质，保证会计信息的真实性与可靠性。会计科目设置应更加具体化，明晰化，以提高会计信息披露真实性与准确性，反映经济业务实质。如："营业税金及附加"与"主营业务收入""其他业务收入"科目设置没有很好的对应，科目设置较为笼统含糊，未进一步细化，无法确切地反映企业实际经济业务。再如，企业对持有的待销售资产虽然签订了不可撤销的卖出协议，其资产的所有权发生转移，本应该在会计科目上有所反映，但是在实务操作中，其仍保留在原科目上，未能反映资产的权属，无法反映经济业务发生的实质。而如果增设"持有待售资产"这一科目，根据资产的权属、类别设置相应的明细科目，同时，停止计提相关资产的折旧，并将相关资产账面价值转入"持有待售资产"，调整为公允价值，则能清晰反映经济业务实际发生情况。

第二节　现代企业会计管理的内容

会计管理是企业管理的重要内容，而其概念界定与理论研究均属空白，管理要素未形成统一认识，具体管理内容依赖于会计人员对各种会计规定与管理经验的综合。

一、企业会计活动

结合企业生命周期、经营管理过程，企业会计活动主要可以分为以下部分：

（一）设置会计机构，配备会计人员

会计人员是会计管理的实施者，也是会计活动的主要执行者。没有会计人员或委托外部机构代理记账，只能是会计活动的开始，而谈不上会计管理的开始。

（二）制定会计制度

会计制度是企业在遵守国家有关法律法规和《企业会计准则》（或其他会计制度）的前提下对企业内部会计核算的规范与规定，属于企业会计核算的"基本制度"；同时为便于操作执行，在制定制度时还要确定会计政策，即同一经济业务存在多种选择时企业采用的会计处理方法。

（三）会计核算

会计核算，是会计工作的基本职能之一，是会计工作的重要环节。会计核算也称会计反映，以货币为主要计量尺度，对会计主体的资金运动进行的反映。它主要是指对会计主体已经发生或已经完成的经济活动进行的事后核算，也就是会计工作中记账、算账、报账的总称。合理的组织会计核算形式是做好会计工作的一个重要条件，对于保证会计工作质量，提高会计工作效率，正确、及时地编制会计报表，满足相关会计信息使用者的需求具有重要意义。

1. 会计核算的方法

会计核算方法是对会计对象（会计要素）进行完整的、连续的、系统的反映和监督所应用的方法，主要包括以下七种。

（1）设置会计科目

设置会计科目是对会计对象的具体内容分类进行核算的方法。所谓会计科目，就是对会计对象的具体内容进行分类核算的项目。设置会计科目就是在制定会计制度时事先规定这些项目，然后根据它们在账簿中开立账户，分类地、连续地记录各项经济业务，反映由于各经济业务的发生而引起的各会计要素的增减变动情况和结果，为经济管理提供各种类型的会计指标。

（2）复式记账

复式记账是与单式记账相对称的一种记账方法。这种方法的特点是对每一项经济业务都要以相等的金额，同时记入两个或两个以上的有关账户。通过账户的对应关系，可以了解有关经济业务内容的来龙去脉；通过账户的平衡关系，可以检查有关业务的记录是否正确。

（3）填制审核凭证

会计凭证是记录经济业务、明确经济责任的书面证明，是登记账簿的依据。凭证必须经过会计部门和有关部门审核。只有经过审核并认为正确无误的会计凭证，才能作为记账的依据。填制和审核会计凭证，不仅为经济管理提供真实可靠的数据资料，也是实行会计监督的一个重要方面。

（4）登记账簿

账簿是用来全面、连续、系统地记录各项经济业务的簿籍，是保存会计数据资料的重要工具。登记账簿就是将会计凭证记录的经纪业务，序时、分类的记入有关簿籍中设置的各个账户。登记账簿必须以凭证为依据，并定期进行结账、对账，以便为编制会计报表提供完整系统的会计数据。

（5）成本计算

成本计算是指在生产经营过程中，按照一定对象归集和分配发生的各种费用支出，以确定该对象的总成本和单位成本的一种专门方法。通过成本计算，可以确定材料的采购成本、产品的生产成本和销售成本，可以反映和监督生产经营过程中发生的各项费用是否节约或超支，并据以确定企业经营盈亏。

（6）财产清查

财产清查是指通过盘点实物、核对账目，保持账实相符的一种方法。通过财产清查，可以查明各项财产物资和货币资金的保管和使用情况，以及往来款项的结算情况，监督各类财产物资的安全与合理使用。在清查中如发现财产物资和货币资金的实有数额与账面结存数额不一致，应及时查明原因，通过一定审批手续进行处理，并调整账簿记录，使账面数额与实存数额保持一致，以保证会计核算资料的正确性和真实性。

（7）编制会计报表

会计报表是根据账簿记录定期编制的、总括反映企业和行政事业单位特定时点（月末、季末、年末）和一定时期（月、季、年）财务状况、经营成果以及成本费用等的书面文件。会计报表提供的资料，不仅是分析考核财务成本计划和预算执行情况及编制下期财务成本计划和预算的重要依据，也是进行经济决策和国民经济综合平衡工作必要的参考资料。上述各种会计核算方法相互联系、密切配合，构成了一个完整的方法体系。在会计核算方法体系中，就其工作程序和工作过程来说，主要有三个环节：填制和审核凭证、登记账簿和编制会计报表。在一个会计期间，所发生的经济业务，都要通过这三个环节进行会计处理，将大量的经济业务转换为系统的会计信息。这个转换过程，即从填制和审核凭证到登记账簿，直至编出会计报表周而复始的变化过程，就是会计循环。其基本内容是：经济业务发生后，经办人员要填制或取得原始凭证，经会计人员审核整理后，按照设置的会计科目，运用复式记账法，编制记账凭证，并据以登记账簿；要依据凭证和账簿记录对生产经营过程中发生的各项费用进行成本计算，并依据财产清查对账簿记录加以核实，在保证账实相符的基础上，定期编制会计报表。

会计核算是会计工作的基础，会计核算必须遵守《中华人民共和国会计法》和有关财务制度的规定，符合有关会计准则和会计制度的要求，力求会计资料真实、正确、完整，保证会计信息的质量。《中华人民共和国会计法》明确规定，下列事项必须办理会计手续，进行会计核算：第一，款项和有价证券的收付；第二，财物的收发、增减和使用；第三，债权、债务的发生和结算；第四，资本、基金的增减；第五，收入、支出、费用、成本的计算；第六，财务成果的计算和处理；第七，其他需要办理会计手续、进行会计核算的事项。

2.会计核算的内容

会计核算的内容，是指应当及时办理会计手续、进行会计核算的会计事项。

（1）款项和有价证券的收付

款项是作为支付手段的货币资金。可以作为款项收付的货币资金，包括现金、银行存款和其他货币资金，如外埠存款、银行汇票存款、银行本票存款、在途货币资金、信用证存款、保函押金和各种备用金等。有价证券是具有一定财产权利或者支配权利的票证，如股票、国库券、其他企业债券等。

款项的收付是经常发生的，有的单位其发生额还很大。有价证券收付的频繁程度在多数单位要低一些，但发生额一般都比较大。款项和有价证券收付的业务涉及较易受损的资产，绝大部分业务本身又直接造成一个单位货币资金的增减变化，影响单位的资金调度能力，所以通常要求进行严密、及时和准确地核算。实际工作中在这方面存在的突出问题是，有的单位款项收付未纳入单位的统一核算，而是转入了"小金库"；或者单位资金管理失控，被非法挪用，甚至发生贪污、抽逃等问题。因此，必须加强对款项、有价证券的管理，建立健全内部控制等管理制度。

（2）财物的收发、增减和使用

财物是一个单位用来进行或维持经营管理活动的具有实物形态的经济资源，包括原材料、燃料、包装物、低值易耗品、在产品、自制半成品、产成品、商品等流动资产和机器、机械、设备、设施、运输工具、家具等固定资产。

财产物资在许多单位构成资产的主体，并在资产总额中占有很大比重。财物的收发、增减和使用业务，是会计核算中的经常性业务，有关核算资料往往是单位内部进行业务成果考核，控制和降低成本费用的重要依据。此外，财务会计核算还对各种财产物资的安全、完整有重要作用。对国有企业、事业行政单位来说，这也是保护国家财产的一个重要关口，但在有的国有单位，这个关口的职能被大大削弱，经常发生国家财产被毁损、浪费，或者被不法分子侵吞，造成了国有资产的浪费和严重流失。作为会计人员，应当加强对财产物资的核算和管理。

（3）债权、债务的发生和结算

债权是一个单位收取款项的权利，包括各种应收和预付的款项。债务则是一个单位需要以其货币资金等资产或者劳务清偿的义务，包括各项借款、应付和预收款项以及应交款项等。

债权和债务都是一个单位在自己的经营活动中必然要发生的事项。对债权、债务的发生和结算的会计核算，涉及单位与其他单位以及单位与其他有关方面的经济利益，关系到单位自身的资金周转，同时从法律上讲，债务还决定一个企业的生成问题，因而债权、债务是会计核算的一项重要内容。会计基础工作薄弱的单位，往往不能正确、及时办理债权、债务的会计核算，使单位的信誉和经济利益蒙受损失。也有的单位利用应收、应付款项账目隐藏、转移资金、利润或费用，涉嫌违法乱纪。对此问题，会计人员必须进行制止和纠正。

（4）资本、基金的增减

资本一般是企业单位的所有者对企业的净资产的所有权，因此亦称所有者权益，具体包括实收资本、资本公积、盈余公积和未分配利润。基金，主要是指机关、事业单位某些特定用途的资金，如事业发展基金、集体福利基金、后备基金等。

资本、基金的利益关系人比较明确，用途也基本定向。办理资本、基金增减的会计核算，政策性很强，一般都应以具有法律效力的合同、协议、董事会决议或政府部门的有关文件等为依据，切忌盲从单位领导人个人或其他指示人未经法定程序认可或未办理法定手续的任何处置意见。

（5）收支与费用、成本的计算

收入是一个单位在经营活动中由于销售产品、商品，提供劳务、服务或提供资产的使用权等取得的款项或收取款项的权利。支出从狭义上理解，仅指行政事业单位和社会团体在履行法定职能或发挥特定的功能时所发生的各项开支，以及企业和企业化的事业单位在正常经营活动以外的支出或损失；如从广义上理解，支出是一个单位实际发生的各项开支或损失。费用的涵义比支出窄，通常使用范围也小一些，仅指企业和企业化的事业单位因生产、经营和管理活动而发生的各项耗费和支出。成本一般仅限于企业和企业化的事业单位在生产产品、购置商品和提供劳务或服务中所发生的各项直接耗费，如直接材料、直接工资、直接费用、商品进价以及燃料、动力等其他直接费用。

收入、支出、费用、成本都是重要的会计要素，体现着对一个单位的经营管理水平和效率从不同角度进行的度量，是计算一个单位经营成果及其盈亏情况的主要依据。对这些要素进行会计核算的特点，是连续、系统、全面和综合。在实际工作中，问题突出的有虚报收入（人为压低或拔高）、虚列支出和乱挤乱摊成本、费用等。这已成为严重影响会计信息质量的根源之一，会计人员有责任制止和纠正这种现象的继续发生。

（6）财务成果的计算和处理

财务成果主要是企业和企业化的事业单位在一定的时期内通过从事经营活动而在财务

上所取得的结果，具体表现为盈利或是亏损。

财务成果的计算和处理，包括利润的计算、所得税费用的计算和利润的分配（或亏损的弥补）等，这个环节上的会计核算主要涉及所有者和国家的利益。在实际工作中存在的问题，主要是"虚盈实亏"和"虚亏实盈"，一般视单位的所有制性质而异，呈典型的利益驱动倾向，其共同特点是损害国家或社会公众利益，是一种严重的违法行为。

（7）其他会计事项

其他会计事项是指在上述六项会计核算内容中未能包括的、按有关法律法规或会计制度的规定或根据单位的具体情况需要办理会计手续和进行会计核算的事项。单位在有这类事项时，应当按照各有关法律、法规或者会计制度的规定，认真、严格办理有关会计手续，进行会计核算。

（四）会计报告

不论是国家税务、债权人、出资人等主体需求，还是企业经营管理需要，以会计核算为基础反映企业一定时期内的财务状况、经营成果、现金流量等信息的报告文件是会计管理工作的阶段性成果之一。

财务会计报告包括财务会计报表、财务会计报表附注和财务情况说明书。财务会计报表主要包括资产负债表、利润表、现金流量表及相关附表。财务会计报表附注是为了便于会计报表使用者理解会计报表的内容而做的解释。财务情况说明书是对企业生产经营、财务等重要情况做进一步的文字说明。财务会计报告对投资者、债权人等的经济决策有着重要的作用。

（五）会计监督

这是会计的基本职能之一，对企业来说，会计监督主要是会计机构和会计人员依照法律的规定通过会计手段对经济活动的合法性、合理性和有效性进行的监督，目的在于防范与控制企业管理风险，保障企业经营目标的实现。

1. 会计监督的内容

会计人员进行会计监督的对象和内容是本单位的经济活动。具体内容包括：第一，对会计凭证、会计账簿和会计报表等会计资料进行监督，以保证会计资料的真实、准确、完整、合法；第二，对各种财产和资金进行监督，以保证财产、资金的安全完整与合理使用；第三，对财务收支进行监督，以保证财务收支符合财务制度的规定；第四，对经济合同、经济计划及其他重要经营管理活动进行监督，以保证经济管理活动的科学、合理；第五，对成本费用进行监督，以保证用尽可能少的投入，获得尽可能多的产出；第六，对利润的实现与分配进行监督，以保证按时上缴税金和进行利润分配，等等。

2. 会计监督的作用

（1）有利于维护国家财经法规

财经法规是一切经济单位从事经济活动必须遵循的基本准绳和依据。会计监督正是依据国家财经法规，对各单位经济活动的真实性、合法性、可行性等进行检查，从而促进各单位严格遵守国家财经法规。会计工作是财政经济工作的基础，一切财务收支都要通过会计这个"关口"。因此，有效地发挥会计监督职能，对于防范和制止违反财经法规的行为，保护国家和集体财产的安全完整具有非常重要的意义。

（2）有利于强化单位内部的经营管理

会计监督是经济管理的一种手段，其最终目的是促进各单位改善经营管理，提高经济效益。通过对单位经济活动的真实性、合法性、合理性等方面的监督，保证各单位的经济活动在遵守国家财经法规的同时，符合本单位的计划、定期、预算和经营管理要求，以便提高经济效益，或避免不必要的经济损失。

（六）会计档案

会计档案是指会计凭证、会计账簿和财务报告等会计核算专业资料，是记录和反映企事业单位经济业务发生情况的重要史料和证据，属于单位重要经济档案，是检查企事业单位过去经济活动的重要依据，也是国家档案的重要组成部分。

1. 会计档案的定义

会计档案是国家档案的重要组成部分，也是各单位的重要档案，它是对一个单位经济活动的记录和反映，通过会计档案，可以了解每项经济业务的来龙去脉；可以检查一个单位是否遵守财经纪律，在会计资料中有无弄虚作假、违法乱纪等行为；会计档案还可以为国家、单位提供详尽的经济资料，为国家制定宏观经济政策及单位制定经营决策提供参考。

2. 会计档案的特点

与文书档案、科技档案相比，会计档案有它自身的特点，主要表现在三个方面：

形成范围广泛。凡是具备独立会计核算的单位，都要形成会计档案。这些单位有国家机关、社会团体、企业、事业单位以及按规定应当建账的个体工商户和其他组织，一方面会计档案在社会的各领域无处不有，形成普遍；另一方面，会计档案的实体数量也相对其他门类的档案数量更多一些。尤其是在企业、商业、金融、财政、税务等单位，会计档案不仅是反映这些单位的职能活动的重要材料，而且产生的数量也大。

档案类别稳定。社会上会计工作的种类繁多，如有工业会计、商业会计、银行会计、税收会计、总预算会计、单位预算会计等，但是会计核算的方法、工作程序以及所形成的会计核算材料的成分是一致的，即会计凭证、会计账簿、财务报告等。会计档案内容成分的稳定和共性，是其他门类档案无可比拟的，它便于整理分类，有利于管理制度的制定和实际操作的规范、统一。

外在形式多样。会计专业的性质决定了会计档案形式的多样化。会计的账簿，有订本式账、活页式账、卡片式账之分。财务报告由于有文字、表格、数据而出现了16开或8开的纸张规格以及计算机打印报表等。会计凭证在不同行业，外形更是大小各异，长短参差不齐。会计档案外形多样的特点，要求在会计档案的整理和保管方面，不能照搬照抄管理其他门类档案的方法，而是要从实际出发，防止"一刀切"。

3.会计档案的内容

会计档案的内容一般指会计凭证、会计账簿、会计报表以及其他会计核算资料等四个部分。

（1）会计凭证

会计凭证是记录经济业务，明确经济责任的书面证明。它包括自制原始凭证、外来原始凭证、原始凭证汇总表、记账凭证（收款凭证、付款凭证、转账凭证三种）、记账凭证汇总表、银行存款（借款）对账单、银行存款余额调节表等内容。

（2）会计账簿

会计账簿是由一定格式、相互联结的账页组成，以会计凭证为依据，全面、连续、系统地记录各项经济业务的簿籍。它包括按会计科目设置的总分类账、各类明细分类账、现金日记账、银行存款日记账以及辅助登记备查簿等。

（3）会计报表

会计报表是反映企业会计财务状况和经营成果的总结性书面文件，主要有会计指标快报，月、季度会计报表，年度会计报表，包括资产负债表、损益表、财务情况说明书等。

（4）其他会计核算资料

其他会计核算资料属于经济业务范畴，与会计核算、会计监督紧密相关的，由会计部门负责办理的有关数据资料。如：经济合同、财务数据统计资料、财务清查汇总资料、核定资金定额的数据资料、会计档案移交清册、会计档案保管清册、会计档案销毁清册等。实行会计电算化单位存贮在磁性介质上的会计数据、程序文件及其他会计核算资料均应视同会计档案一并管理。

4.会计档案的作用

会计档案是会计活动的产物，是记录和反映经济活动的重要史料和证据，其重要作用表现在以下方面：第一，会计档案是总结经验、揭露责任事故、打击经济领域犯罪、分析和判断事故原因的重要依据；第二，利用会计档案提供的过去经济活动的史料，有助于各单位进行经济前景的预测从而进行经营决策，编制财务、成本计划；第三，利用会计档案资料，可以为解决经济纠纷，处理遗留的经济事务提供依据。

此外，会计档案在经济学的研究活动中，发挥着重要史料价值作用。

各单位必须加强对会计档案管理工作的领导，建立会计档案的立卷、归档、保管、查阅和销毁等管理制度，保证会计档案妥善保管、有序存放、方便查阅、严防损毁、散失和涉密。

二、企业会计管理要素

（一）会计机构与会计人员

对于会计机构的设置《会计法》没有明确规定，《会计基础工作规范》中规定"各单位应当根据会计业务的需要设置会计机构"。这主要是因单位所处发展阶段、发展规模不同，但是从企业管理角度不设置会计部门或在其他部门人员中配置专职会计人员无疑是对会计管理工作的轻视与弱化，同时也不利于会计管理活动的开展；对于多层级管理企业来说，机构与人员的设置与配置不仅是管理级次与管理跨度的问题，同时反映着上级单位对下级单位的管控能力。为此企业会计管理首要考虑的应当是会计机构的设置与会计人员配备。

有了会计机构与会计人员，企业的会计活动才能与企业管理融为一体，与机构和人员相关的管理活动才能有效展开，具体有：

1. 会计管理跨度与管理层次

企业的扩张会带来企业经营的扩展与企业管理层次的增加，会计管理无论是调整管理跨度还是增加管理层次都需要征求会计机构的意见与建议，同样企业的收缩也是如此。

2. 岗位设置

要根据不同的管理层级与经济业务管理需要进行科学的岗位设置，这是分工的需要，也是稳定人员队伍的需要，否则会因能力与岗位不匹配而产生工作效率低下或人才流失的问题。

3. 岗位轮换

岗位轮换是内控管理的需要，同时也是人才培养的需要，特别是大中型企业，没有不同会计岗位的历练很难驾驭整个企业的会计管理工作。

4. 业务培训

将会计业务与企业业务结合，将制定的会计制度与政策在企业内部推行实施，将国家新出台的制度、政策在本企业的落实与具体执行等，这些不论是会计岗位的新进员工还是老员工，对人员定期不定期进行业务培训才能使会计人员不断地提升服务企业的能力。

5. 继续教育

继续教育是国家的规定，同时也是个人更新知识的有效途径，对人员与管理层次较多的企业来说，要做好继续教育组织与企业业务工作的协调。

6. 工作交接

工作交接主要指人员离职离岗造成的，不同于岗位轮换，具体管理要分一般会计人员的工作交接与会计机构负责人、会计主管人员的工作交接。

（二）会计制度

从20世纪90年代至今，我国会计制度从多种行业会计制度逐步统一到《企业会计准则》，其主要目的之一就是为了会计信息的"可比"。对国家而言《企业会计准则》是涵盖全面并适用于所有企业的，但这并不意味着具体企业只需"拿来"使用就可以了，《企业会计准则》对大部分企业而言只能是指导意义上的"规则"，要变成企业内部管理的"制度"需要按照《企业会计准则》要求，结合本企业实际制定用于指导和规范会计业务的企业内部会计制度，特别是会计主体层级较多的企业；同时《企业会计准则》对业务处理有多种方法，选择时具体企业执行哪种方法——即会计政策也需要明确。无规矩无以成方圆，会计作为国际通用的商业语言，本质就在于"规则"性，没有"规则"下的会计信息就是一堆杂乱的信息，因此会计制度与政策对企业会计活动来说是必须明确的基本事项，这也是企业对外"会计报表附注"中首先明确告知"会计制度与政策"的根本原因。以《企业会计准则第4号——固定资产》为例就具体管理进行说明：

1. 制定会计业务的核算规则

第一是划分固定资产的分类以及在此基础上制定"固定资产"会计科目的明细科目；第二对会计科目使用进行说明，这一点类似于《企业会计制度》中的"会计科目使用说明"。

2. 明确会计业务中采用的办法

需要明确每项或每类固定资产的折旧年限、折旧方法、预计净残值或残值率等。

3. 做好与其他管理制度的衔接

企业的会计制度侧重于价值管理，而固定资产管理制度侧重于实物管理，同一企业针对固定资产的两个制度要做好制度的设计衔接，主要有固定资产的确认标准、划分类别、折旧（使用）年限等。

4. 设计内部管理报表（若有）

重大固定资产的年维修费、年产出、年使用时间等信息可以根据内部管理需要设计报表进行管理，这不属于规定的"披露"内容，但对于固定资产比重较大的企业来说却可能属于重要的管理信息。

5. 制定会计报表的合并规则

这一点对于集团型企业或存在内部交易的关联方企业来说是至关重要的，否则集团公司或母公司的合并报表就难以及时合并。

6. 协调会计业务中的管理关系

会计年报时，固定资产管理部门需要提交盘盈盘亏固定资产的相关处理意见，以便会计部门采取挂账或是损益处理；有诉讼官司的需要法务部门提交有关资料，以供会计部门判断是否需要对预计负债进行确认；人事劳资部门需要提交年终奖金的发放方案，以便会计部门进行成本分配或费用确认，等等。

（三）会计核算

会计核算是会计工作的基础与重要环节，也是财务会计日常工作的重要组成，在会计电算化出现以后，会计核算在会计工作中占有的比重逐步下降，现在会计信息化的推进过程中会计核算已部分实现了人工智能，但会计核算在会计工作中的"基础"地位仍然没有改变——因为会计核算是以会计科目作为信息归集手段的，而会计科目是会计核算的专业标签。对此管理主要有：

1. 根据内部管理需要选择会计凭证类别

选择1类（记账凭证）、3类（收付转）还是5类（现收付、银收付、转账凭证），取决于企业实际与管理者对货币资金的关注程度。

2. 会计科目的管理权限要集中

对于内部往来或关联交易较频繁的集团化企业，合并会计报表编制前首先要做的是会计科目与相关经济事项的对接，其次才是分析并编制抵销分录。如果各个会计主体有权对会计科目（主要是明细科目）进行设置并随意增减，合并报表就比较困难。从企业整体管理出发，为了会计信息的归口统一与报表合并，在初设会计科目时要充分调研企业内部各会计主体的科目使用情况，科学设置明细科目，同时会计科目的管理权限要集中。

3. 原始凭证的再复核

会计核算是原始凭证与会计凭证的会计处理窗口，经过会计核算，原始凭证将成为具有档案性质的会计凭证的组成部分，因此会计人员要对已经财务管理程序审核（批）过的原始凭证再复核，防止财务审核（批）后与会计记账前的丢失、抽换。

4. 规定结账前的工作要求

这一点理论明确、实际操作程序固定，不多重复赘述，重点要关注损益的完整、配比情况，因为除损益外的会计核算与定期结账的关系不大，或者说会计定期结账工作的主要目的之一就是核算企业的损益情况。

（四）会计信息

会计信息首先是运用会计制度、法规、方法和程序对经济数据的加工和整理，其次是对会计信息的进一步分析和解读。一般来说，会计信息主要由外部会计报告、内部会计报告和其他经济信息组成，其中外部会计报告属于会计信息的主要组成，也是国家规定了体例和组成内容的会计报表体系；相比外部会计报告，内部会计报告内容更加详实、提出的问题更透彻，报表组成和格式具有灵活性；其他经济信息主要指为满足管理者某一对象、方面或某一领域的需求而基于会计知识和法规对有关信息进行整理分析后的信息。对会计信息的管理主要有：

1. 按统一的口径与格式编写信息

这一点主要针对内外会计报告，属于"会计制度"的执行与"会计核算"结果的整理、合并、分析等。外部会计报告对内要为经营管理服务，对外要满足不同信息使用者的需求。对单层级企业来说，基本是会计部门为主就可以"编制"完成的，但对于多层级管理的企业来说，除在企业内部"会计制度"中予以明确外，还需要会计部门协调同级部门与所属管理企业之间的业务配合，具体上文已经述及。内部会计报告主要为企业管理者服务，信息内容上弥补了外部会计报告综合而不明细的缺陷，报告着眼点于"分析未来"，而不仅仅是"反映过去"。报表编制以会计部门编制为主，报告分析要体现会计的专业性，简单说内部会计报告是立足财务会计而形成的管理会计报告。

2. 信息的协作、分享

第一是在信息搜集上做好与相关部门的协作，这是业财一体化的发展要求，也是记账型会计向管理型会计转变的基础步骤；第二是在信息的整理加工中做好部门内部的协作，会计岗位的划分与业务工作处理流程决定了整体工作需要内部分工与协作；第三是做好信息的内部分享，这是提高部门工作效率的办法，也是内部岗位轮换机制确立的基础措施。

3. 信息的保密

未公开的会计信息属于企业秘密的组成部分，在管理上要服从企业对信息密级管理的相关规定，也要结合会计信息的生成过程进行相应的管理，具体管理措施有：第一是在岗位分工基础上的信息分层，这一点在会计电算化时代已经成熟，同一系统不同的岗位角色与权限设定自然就将信息访问范围进行了划分，只有"会计主管"以上的岗位角色才能看到全面的会计信息；第二是设计信息的传递路径与格式，这是会计信息协作与分享基础上的会计信息集中，而非反之；第三是签订保密协议，这一点针对的主要是对企业会计报告进行审计的社会审计机构。

4. 会计信息化管理

从会计电算化的兴起、普及到会计信息化的发展，会计信息的智能化程度正在迅速提高，对此可分为非常项和常项管理，其中非常项管理的内容有：会计软件的配备，会计软件与企业其他信息系统的兼容，会计软件与银行、供应商、客户等外部单位信息系统的互联等；常项的管理有信息系统的日常维护、安全管理等。

（五）会计档案

会计档案作为具有保存价值的会计资料，是企业档案的一部分，其管理要服从《档案法》与企业档案管理的相关规定，同时也要突出会计档案的特点，具体管理要点有：

1. 规定会计档案的范围

《会计档案管理办法》第六条对会计资料的归档范围进行了分类归纳，但是"其他辅助性账簿"与"其他具有保存价值的会计资料"在具体企业适用时需要结合实际情况予以明确，以便内部管理执行，如果继续代之"其他"将失去内部管理制度的必要性。

2. 会计档案的收集、整理、立卷

第一，以职责形式明确到具体责任人，纳入个人考核与部门考核内容；第二，分类规定完成时间，如可要求会计凭证在月度结束30天内完成整理归档、会计账簿在年度结束90天内完成整理归档等；第三，规定立卷的次序，此处就要体现会计档案的特点，总体按照会计凭证、会计账簿、会计报表的次序装订，具体类别次序建议为：会计账簿按银行存款日记账、现金日记账、总账、明细账（按会计要素次序）、辅助账次序装订，会计报表按月、季、半年、年次序分别独立装订（因为保存期限不同）；第四，制定不同会计资料的具体规格与封面、扉页填写内容；第五，其他，如会计凭证附件的粘贴要求、附件过多或特殊是否单独装订等。

3. 临时保管

第一，规定临时保管期限、保管地点，指定保管人；第二，保管期内的工作职责，如编制《会计档案保管清册》。

4. 会计资料的归档

第一，移交时编制《会计档案移交清册》；第二，档案管理部门按企业档案管理要求对会计档案的整理（若需要）；第三，编制《会计档案案卷目录》与《会计档案案卷目录索引》。

第三章　现代企业会计管理的作用

第一节　健全企业管理体制

现代企业管理体制建设可以通过建立健全各项财务管理制度来完善，而会计管理则是企业管理的重要组成部分。如建立审批、审计制度，建立财务公开和民主管理制度，可以使企业运营更为规范化、制度化，使企业由上至下接受财务监督，并且有效地杜绝了违法违纪行为的发生。

一、会计管理对企业运营成本的影响

在企业的发展中，企业运营成本是企业进行财务统计与规划的重要环节之一，运营成本控制得好坏将直接影响到企业的经济效益。因此，对于每个企业来说，都应该加强对企业运营成本的控制，而会计预算是企业运营成本控制的重要环节，企业只有将会计预算制度切实落到实处，才能在一定程度上推进企业的发展，才能有效控制成本，以便使企业得到健康、持续的发展。

（一）企业运营成本简要概括

一般来说，企业的运营成本包括企业原材料的采购、商品的生产环节，以及成品的销售。这三部分构成了企业的运营成本。

1. 企业的采购成本

企业内部的采购成本主要包括物流、材料以及人工成本等等，这几类的成本之间是相互关联的，如果中间某一个环节出现了问题，那么其他方面也会随着受到影响，因此，企业必须要加强对这些具体成本的控制，保证运营成本控制在每一个环节都顺利进行。

2. 企业的生产成本

生产成本在企业运营中是至关重要的环节，是企业要极度重视的问题，是企业盈利、创造价值的关键环节，也是企业创造价值的前提条件。在这一部分所产生的成本，除了采购成本以外，还涉及折旧费用和对相关能源的消耗，因此要采取有效措施加强对这一环节的控制以便为企业运营控制提供保障。

3.企业的销售成本

对于企业来说，销售成本的好坏是企业运营成本控制的重点和难点，对企业的运营将产生直接影响。在当前竞争非常大的市场中，谁占据着销售成本的优势谁就抢占了整个市场，因此，销售成本的控制将对企业产生巨大的影响。由于企业对市场的资金投入具有一定的分散性，因此企业按照传统的方式来对销售成本进行控制的话，将不利于企业的发展。

（二）会计预算的功能优势以及影响原因

1.会计预算的主要功能

我国所处的时期是市场经济时期，正处在传统企业转型的阶段，大多数企业面临着市场的冲击，还有不少同行的竞争，因此如何在激烈的市场中保持一个不败的地位是很多企业考虑的问题。每一类企业在其生产过程中，都少不了对材料的采购、生产和销售的过程，因此，企业在进行会计预算时一定要对此加以重点关注，并根据市场发展阶段的变化作出相应的分析，确定在每一个时间段企业的成本投入与支出分别占多少比例才是最为合理的，从而根据企业的实际情况制订出一套科学有效的预算计划。

2.会计预算管理功能的影响因素

对于企业来说，加强对会计预算的控制会对采购、生产上的成本产生积极的影响。当企业通过预算手段确定采购成本之后，会影响市场条件，在市场环境不稳定的情况下，企业只有提高自身的抗风险能力才可以更好地发挥会计预算的功能。在一般情况下，一旦运营成本确定之后，企业就要转变自身的经营行为，不断地调整经营策略，只有通过这种方式，才可以在一定程度上减少对成本的影响。

（三）会计预算对企业运营成本的影响

会计预算对企业运营成本的影响主要体现在以下几个方面：

第一，企业对运营成本的管理控制将会影响到企业的各个方面，因此只有在不断的实践中加深对它的理解，才可以保证会计预算制度的作用得到有效发挥。企业重视的运营成本问题就是指产品从企业内部走向市场并生成经营资金管理问题、产品质量问题，以及在生产过程中所产生的人工费用等等，所有企业的重点也都是以上几点。企业在对资金重视的同时往往忽视了企业的核心问题——企业管理问题，对企业管理不够重视的话，往往会发生增加运营成本的问题。因此，在企业内部，相关部门要加强企业管理，会计部门要发挥自身职能，提高会计工作的准确性，减少企业在财务方面的失误，以此来降低企业管理的风险。

第二，企业在进行运营成本管理控制时，一旦确定了运营成本，就要对相应的风险进行详细的分析。多数企业在经营过程中总会出现一些状况，针对这些状况，要采取措施进行及时处理。问题一旦不能及时地得到相应的处理就会对企业产生很大的影响，严重的还会影响到企业产品的销售和运营。因此对于企业来说，要有科学发展观，要采用科学、合理的态度来分析影响运营的问题，在此基础上，要多了解市场的发展特点，了解更多的市场信息，在材料的采购上，要在保证质量的前提下减少对资源的浪费，实现资源运用的最优化。从会计预算管理制度执行的好坏程度上可以一目了然地看到企业的发展情况，因此，企业要加强对会计预算管理制度的重视程度，在会计预算管理制度的实施执行中要不断地发现问题，并找到解决问题的方案，保证企业在竞争激烈的市场中稳定发展。

第三，企业在采购成本的控制上，往往会设立一个专门的采购经费项目。该经费项目的设立往往是建立在企业的需求和企业内部的生产能力上的，并且按照科学合理的制度来确定原材料的采购。这种预算控制方法不仅可以降低企业在采购环节中的物流成本，还可以在一定程度上促进企业对资金进行合理的分配。在企业的生产过程中，对于原材料的使用一定要合理，一旦使用的量减少可能会影响到企业的正常生产，使用过多则会导致增加物流费用，产生浪费，因此对采购成本的专项经费的合理预算，是企业控制运营成本的重要举措，是企业稳定发展的重要环节。

第四，企业对于成本的控制管理没有到位，是由于收集到的信息不及时导致的，也就是说企业在生产过程中没有综合考虑市场的实际需求，一旦发生了供大于求的情况，则会浪费企业的资源，这种现象存在于大多数的企业中。企业一旦发生这种情况，可以通过灵活运用会计预算制度来控制生产成本，要根据市场的相关需求来决定企业的生产。与此同时，在生产成本的控制上，要加强对员工的管理，使生产成本与员工绩效挂钩。在企业内部，设立专门的生产成本相关制度，要求员工在进行生产的时候，在保证质量的前提下，减少资源的浪费，进而控制企业的生产成本。

第五，与生产阶段相似，在企业的销售阶段也会出现信息收集不全的情况。这种情况是由企业内部的销售人员决定的。企业销售人员往往存在着巨大的不稳定性，企业对销售人员的管理也没有一套相关的制度来约束，因此在销售人员流动性大的情况下，企业无法完成对销售成本的控制。针对这种情况，企业可以利用预算资金的可分性，确定每一个销售人员的费用支出定额，避免因为费用支出过高而产生浪费。同时也可以采用机制设计的方法，例如销售部门可以与销售人员直接签订合同，以合同内的数量作为销售人员业绩的标准，而根据这些相关的数据就可以对销售环节进行资金的预算管理。制定资金预算的过程中，要依据市场发展的变化，结合企业自身的情况，提高销售资金的使用价值。通过这类制度的制定和执行，企业不仅可以完成对销售成本的有效控制，还能在一定的范围内控制企业运营成本，在提高企业利润的情况下，保证企业的稳定发展。

二、会计核算对现代企业财务管理的影响

企业会计为贯彻执行现代企业运营发展的财务经济方针制度提供了坚实牢靠的基础保障。企业领导管理层通过制定一系列切实可行的会计工作的指导方针、控制政策以及运营制度，使得企业财务会计工作的流程步骤得以细化具体。

（一）会计核算在企业财务管理中的重要作用

1. 有助于促进资源优化配置

会计核算在企业财务管理工作中的应用优势较为突出。在财务管理工作中，会计核算

作为主要的工作重点，有效地提高了财务管理的工作水平。随着企业的不断发展，所面临的环境逐渐地复杂，为了减少对企业发展产生的影响，和财务管理要求相互匹配，要逐渐地改进当前的工作方案，使财务管理工作能够更加顺利进行。在实际工作中企业需要根据当前的发展现状和内部环境，按照会计核算内容来编制报表中的信息资料，为后续决策工作提供重要依据，及时地发现当前管理工作中存在的问题，之后通过内部报表信息的有效整合确定自身的资源整合方向，避免出现资源浪费。

2. 有助于促进企业价值目标导向的最大化

会计核算工作通过对企业业绩和成本数据的深入分析，间接地反映企业当前的发展情况，同时也可以快速地发现在企业发展进程中的各项腐败问题，起到良好的监督作用，和战略目标相互匹配，使各项工作能够更加有效地落实。企业在发展进程中需要根据会计核算的要求为投资提供重要的参考，并且还需要为后续筹资提供重要依据，通过对会计报表的深入分析掌握企业的发展方向以及发展规模等等，从而满足效益和价值的现实要求。

另外，在会计核算的过程中，还可以根据企业的发展现状提供有价值的信息，满足价值目标导向的发展标准。在现代化市场结构的背景下企业面临的问题多种多样，为了从根本上杜绝出现主观臆断的风险，需要配合数据准确分析的方式，拟定后续的发展决策方案，使各项工作顺利地实施，加强对会计核算调整的创新程度。

3. 履行管理层的受托责任

企业投资者虽然没有参与到整个经营决策管理中，但是要实时地掌握被投资企业的财务动态，为后续工作顺利实施提供重要的资料支持，之后再进行持续投资或者是撤资，避免出现个人利益受损的问题。在实际工作中需要配合着完善的会计核算管理模式，以会计报表真实性为主要的前提进行经营业绩和成本系统的优化分析，同时企业还需要考虑投资者本身的切身利益，防止出现腐败问题的发生。企业要通过会计核算中的相关内容了解当前的发展特点，也可以为后续融资工作提供重要的基础，从宏观的角度做好会计核算工作的全面监督以及优化，切实履行本身的受托责任，建立良好的合作关系，使企业能够在取得平稳的进步，提高企业当前的发展水平。

（二）会计核算在企业财务管理中的应用

1. 规范会计核算的程序

在企业财务管理工作中需要充分地发挥会计核算本身的优势，规范会计核算的工作程序，从而保证各项工作的顺利实施。在市场经济发展进程中，企业需要明确自身的发展重点，并且考虑信息的质量以及搜集范围，认清时代发展的形势，掌握会计核算对企业发展重要性，为会计核算的顺利进行提供重要的保证。企业在发展的进程中需要严格按照国家的相关规定和要求，适当地提高会计核算的工作水平，满足投资者和利益群体的需求，保证企业的可持续发展，在后续工作中还需要强化内、外部的监督力度。

为了提高会计核算有效性，需要健全内部管理机制，从内、外部管理的角度入手认清时代发展的新形势，凸显会计核算本身的优势，进一步提高会计核算的监督效力，使会核算工作能够具备较强的规范性。为了促进会计核算工作更加有序地进行，在实际工作中需要设立内部监管部门，完善内部控制制度，规范会计核算的各项工作流程，使会计信息获取和传输能够具备较强的时效性，防止各种矛盾问题的发生。要加强执法力度，对违反法律法规的行为进行严厉惩罚，使会计人员能够严格地按照国家的法律法规来进行会计的核算，和财务管理目标进行相互匹配，逐渐地改进当前的会计处理模式，使会计核算质量能够得到全面的提高，促进企业各项工作的顺利进行。

2. 健全企业会计核算制度

第一，在健全会计核算制度时，需要按照实际情况调整以往财务管理的工作模式，充分地发挥会计核算在财务管理工作中的重要价值，使各项工作实施效果能够得到全面的提高。会计核算制度要按照企业的自身经营特点遵循我国的相关法律法规，其中包含了岗位设置和会计岗位职责设置方面，要完善当前的会计核算模式，从而使会计核算优势得到全面突出。另外还可以督促人员按照会计核算要求来整合不同的财务信息，更加高效率地完成当前的会计核算任务。为了激发会计人员的工作热情和工作积极性，需要在内部建立相对应的薪酬机制，配合着不同的激励模式，提高人员的工作热情，从而各项工作能够更加顺利地进行。同时还需要配套完善的检查机制，使会计核算信息能够具备加强真实性以及准确性，约束好不同的核算行为，提高整体的工作效果。

第二，在后续工作中还需要强化员工的法律意识，规范会计核算工作模式，更加认真地完成当前的会计核算任务，减少各种偏差问题的发生。在实际会计核算时，需要相关人员彻底地认识个人财产和企业财产之间的关系，划分不同的界限之后，再贯彻落实相应的法律法规，规范不同的会计核算程序，使会计核算能够朝着更加规范化的方向不断地发展，消除在以往工作中落后的局面。要全面监督会计核算中所存在的违法乱纪行为，在内部扩大惩罚机制的宣传渠道，从而引起员工足够的认识，防止各种矛盾问题的发生，促使会计核算能够具备较强的通畅性，避免产生诸多的矛盾问题，从而使会计核算能够逐渐步入正轨，提高整体的发展水平。

3. 完善会计核算数据资料

会计核算资料的准确性对后续各项工作有重要推动作用，因此在实际工作中需要加强对会计核算数据资料的有效管理，使数据信息能够具备较强的真实性，避免对企业各项活动的顺利实施造成一定的影响。会计核算资料要代表企业当前的经营情况，同时还需要反映企业未来的发展前景。企业需要加强对会计核算资料的有效研究，保证会计核算的质量，避免对决策造成较为严重的干扰。

在实际工作中企业需要加强对会计核算工作程序的深入性解读，规范人员各项会计核算行为，严格按照程序的内容来约束好自身的工作行为，并且配合着信息化的手段完成核算资料的归档以及整理之后，在内部构建电子档案资料库，在出现新的核算信息时能够马上上传到信息系统中进行全面的分析，突出会计核算本身的即时性特征。同时在会计核算资料整合方面需要通过人工的方式定期完成有效的审核，并且也可以在信息系统中下发不同的指令，自动化地完成信息的整理之后再上传到不同的模块中，方便人员进行统一的管理，避免出现会计核算信息质量太低的问题。创新当前的工作模式，使会计核算工作效果能够得到全面的提高。规范化的会计核算模式，促进企业的稳定以及持续发展。在信息化系统建立方面需要做好定期的维护，防止对会计核算工作产生诸多的干扰，再按照企业的发展实际，提出有效的信息化管理模式，以此来提高整体的管理水平。

4. 优化会计核算方法

一部分企业虽然在以往发展中进行了会计核算，但是从实际实施情况来看，还存在着太过单一的问题，因此需要优化会计核算的方法，推动会计核算工作顺利进行。

首先，在实际工作中需要将全面预算和会计核算进行高度的协调，实现不同成本开支项目的有效管理，同时还需要对每年度和每季度的基础性开支进行有效的整合，比如原材料的采购和员工工资等等。通过固定编制的方法进行开支的科学控制，然后再采取弹性预算编制的模式，更加清晰地了解不同资金的使用情况，保证会计核算工作的顺利进行。

其次，在后续工作中需要将企业生产经营和会计核算相互融合，尽可能减少各个环节中的成本开支，要充分地考虑企业未来的发展需求，完善当前的成本核算模式。同时还需要和各个业务进行相互对接，保证决策的科学性。

最后，在进行会计核算时，需要严格按照成本控制管理制度来优化当前的工作流程，掌握财务管理的工作目标，形成完整的制度模式，避免对后续工作产生诸多的干扰。另外在会计核算工作中需要解决以往工作中混乱和散漫的状态，企业可以在内部建立会计核算控制工作办公室来负责当前会计核算工作，同时还需要和成本管理进行相互对接，构建专人负责专业决策的工作体系，使各项工作能够具备较强的科学性。并且还需要具备一定的反思意识，认真地分析在当前会计核算中所产生的矛盾问题，调整现有的工作重点，真正凸显会计核算工作本身的优势。

第二节 实现投资收益最大化

企业可以从项目的可行性、合理性和经济性出发，运用会计核算对不同投资方案进行对比，立足于企业发展全局筛选出最优的投资方案，如将预期投资结果与投资总额进行对比，并通过运用净现值法对投资方案进行动态分析测算一系列指标，得出投资收益率是否满足预期投资目标，从而实现最大化的投资收益。

一、有助于优化企业资金管理

企业实施资金管理过程中，要明确资金来源，发挥会计管理工作的作用，基于此，制订资金使用计划，合理安排资金，从而保证资金使用的有效性。落实会计管理工作，采用科学有效的控制方式，能够保证资金高效利用，避免资金使用过程中的盲目性。会计管理人员还可以发挥监督作用，对资金进行严格管理。强化会计管理工作可以促使企业高效利用资金，将资金使用风险控制在最低。当前经济环境下，要保证会计管理质量，一项重要的工作就是强化资金管理，确保资金使用合理化。为了有效控制其中的风险，实施会计管理是非常重要的，其可以提高资金利用率，避免大量浪费。经济环境不断发生变化，企业必然受到影响，通过强化会计管理能够及时发现日常工作的一些问题，其中一个重要原因是资金管理不当。对此，需要及时解决，避免造成不良后果。项目启动中需要投入大量资金，因此，在企业开展会计管理工作时，就要保证资金科学合理使用，以控制成本，提高收益。如果企业能够有效把控市场运行规律，并合理配置资金，那么就有能力将财务风险控制在最低，所以会计管理人员就要审视市场运行规律，明确资金配置情况。此外，企业财务管理部门要强化会计管理工作并合理控制资金使用量，以确保企业在生产经营过程中有充足的资金，这对于提高运营效率是非常有利的。

首先，企业会计管理和资金管理都涉及企业的财务管理和决策，它们通过收集和分析财务数据，为企业的决策和管理提供重要的信息和支持。企业会计管理主要包括财务会计、管理会计和成本会计等方面。会计核算和分析，帮助企业了解自身的财务状况和经营情况，制订合理的财务计划和决策。而资金管理则关注企业的现金流和资金使用情况，通过对企业资金的流向和使用进行监控和管理，提高资金利用效率，保障企业的资金安全和财务稳定。

其次，企业会计管理和资金管理之间也存在着相互影响的关系。企业会计管理的数据和信息对资金管理决策和控制具有重要的参考价值，资金管理则对企业的资产和财务状况进行监控和管理，为会计核算和分析提供了数据支持。例如，企业在进行现金流量分析时，需要通过会计核算和财务分析来确定现金流量的来源和去向，从而制定合理的资金管理策略。

最后，企业会计管理和资金管理也需要相互配合和协调，共同实现企业的财务目标和经营目标。企业应该根据具体情况和发展阶段，制定科学的财务管理策略和资金管理策略，加强沟通和协调，形成有效的内部控制机制，从而提高企业的经济效益和市场竞争力。

综上所述，企业会计管理和资金管理是企业内部控制体系中的重要组成部分，它们相互作用、相互支持，对于提高企业的经济效益和市场竞争力具有重要的意义。

二、有助于提升企业经济效益

企业在开展经营活动时，所要实现的重要目标是提高经济效益。企业强化会计管理工作，使成本得到有效控制，经济效益大大提高。所以，企业会计管理与经济效益之间存在相关性，相辅相成、缺一不可。会计管理人员在开展工作中，要保证各项工作到位，保证管理质量，才能提高企业经济效益，这是企业顺利开展经济管理工作的重要保障。会计管理部门要积极有效处理企业生产运营中产生的各项经济信息，从中了解企业资金流动情况，提出具有参考价值的见解，以有效控制成本，使经济收益实现最大化。

企业加大会计管理工作力度，确保各项业务工作开展的过程中合理应用资金，以降低成本，提高经济效益，这是企业经济快速发展的关键。加大会计管理工作力度是提高经济效益的基本前提，同时企业的经济状况良好，可以为会计管理工作的顺利开展提供良好的环境，两者相互促进。将会计管理工作做到位，每天产生更多有价值的会计信息，提供给企业管理人员，保证管理决策的科学有效性，对企业发展起到一定的促进作用。

企业会计管理对于提升企业的经济效益起着至关重要的作用。

（一）财务决策支持

会计管理可以为企业提供重要的财务信息和数据，帮助企业管理层做出正确的决策，比如投资、融资、资产管理等，从而提高企业的经济效益。会计管理为企业的财务决策提供了必要的支持和信息，这是其最基本的作用之一。以下是几个方面的说明：

财务报表分析：企业会计管理可以根据财务报表的分析结果，为企业管理层提供详尽的财务信息。通过这些财务信息，企业可以了解到其财务状况、利润和现金流等关键信息，从而制定更明智的财务决策。

预算和规划：会计管理可以帮助企业进行预算和规划，制定有目的的财务目标。通过会计管理的监控和管理，企业可以了解资产、成本、收入和支出等情况，从而预测未来的收益和风险，为企业制定合理的财务预算和规划提供重要的信息。

资本投资决策：会计管理可以为企业资本投资决策提供支持。通过会计管理的数据分析和预算规划，企业可以对不同的投资项目进行比较，从而决定投资哪个项目，或投资多少。这可以降低风险，提高企业的回报率。

融资决策：会计管理可以帮助企业进行融资决策。通过会计管理的财务信息，企业可以确定其可承受的负债水平，并选择合适的融资方案，以最大限度地提高资金利用效率。

综上所述，会计管理是企业财务决策的重要支持，可以为企业管理层提供必要的信息和数据，帮助企业制定明智的财务决策，提高企业的盈利能力和市场竞争力。

（二）成本控制

会计管理可以帮助企业对成本进行管理和控制，比如分析各项成本的组成和影响因素，减少无效支出，降低成本，提高利润率。企业会计管理可以帮助企业进行成本控制，从而提高企业的经济效益。以下是企业会计管理在成本控制方面的作用：

成本分类和分析：会计管理可以将企业的各项成本进行分类和分析，从而帮助企业了解成本的组成和影响因素。企业可以根据不同的成本类别进行分析，找到成本高的原因，从而采取控制成本的措施。

预算制定：会计管理可以帮助企业进行成本预算的制定，根据历史数据和市场趋势等因素，预测未来的成本变化趋势，为企业制定合理的成本预算提供支持。

监控和管理成本：会计管理可以帮助企业监控和管理成本。通过对成本进行实时跟踪和监控，企业可以及时了解成本的变化情况，并采取相应的措施进行调整，从而控制成本，提高经济效益。

利润分析：会计管理可以帮助企业进行利润分析，确定产品或服务的盈利水平。通过利润分析，企业可以找到不盈利或盈利较低的产品或服务，并对其采取相应的措施，从而提高企业的利润率。

费用节约：会计管理可以帮助企业节约费用。通过对费用的分类和分析，企业可以发现一些冗余和不必要的费用，进而采取相应的节约措施，减少无效支出，降低成本，提高经济效益。

综上所述，会计管理可以帮助企业进行成本控制，从而提高企业的经济效益。企业可以通过会计管理系统实现成本分类、成本分析、成本预算、成本管理等功能，从而提高经济效益和市场竞争力。

（三）经营预测

会计管理可以提供历史数据和趋势分析，为企业管理层提供有关未来预测和预算的信息，帮助企业更好地制定未来的发展战略，增加收入和利润。

企业会计管理可以帮助企业进行经营预测，从而提高企业的经济效益。以下是企业会计管理在经营预测方面的作用：

财务分析和预测：企业会计管理可以通过对历史数据的分析，预测未来的财务状况和趋势。这些财务指标包括收入、成本、利润、现金流等，可以为企业经营预测提供有力的支持。

预算制定：会计管理可以帮助企业制定年度预算，根据企业的经营目标和市场趋势等因素，制定合理的收入和支出预算，以指导企业的日常经营活动。

成本控制：会计管理可以帮助企业控制成本，降低企业的经营成本，从而提高企业的盈利能力和市场竞争力。

资本投资决策：会计管理可以帮助企业进行资本投资决策，通过对投资项目的分析和评估，提供关键的财务信息和指标，为企业的投资决策提供有力的支持。

风险管理：企业会计管理可以帮助企业管理风险，包括财务风险、市场风险、信用风险等。通过对风险的识别和评估，企业可以采取相应的措施进行风险管理，保护企业的利益和经济效益。

综上所述，企业会计管理对于经营预测非常重要。通过对企业的财务状况、成本、资本投资、风险等方面的分析和管理，企业可以更好地进行经营预测，制定明智的经营策略，提高经济效益和市场竞争力。

（四）税务管理

会计管理可以帮助企业遵守税法规定，避免因税务问题而造成的经济损失。企业会计管理和税务管理密切相关，税务管理是企业会计管理的一个重要组成部分。以下是企业会计管理在税务管理方面的作用：

纳税申报：企业会计管理可以帮助企业进行纳税申报工作，根据税法规定，将企业的收入、成本、利润等数据进行分类和计算，以满足税务部门的要求。

税务筹划：企业会计管理可以帮助企业进行税务筹划，通过优化企业的财务状况、合理安排企业的税务结构，降低企业的税负，从而提高企业的经济效益和竞争力。

税务审计：企业会计管理可以为企业的税务审计提供支持，包括审计前的准备工作、审计中的数据提供和处理、审计后的整理和报告等。

税务风险管理：企业会计管理可以帮助企业管理税务风险，包括合规风险、税务争议风险、税务违法风险等。通过对税法的深入了解和合规管理，可以避免企业因税务问题而产生的不良影响。

税务咨询：企业会计管理可以为企业提供税务咨询服务，包括税务政策解读、税务规划、税务筹划、税务培训等。通过提供全面、专业的税务咨询服务，帮助企业规避风险，提高税务合规性和经济效益。

综上所述，企业会计管理和税务管理密不可分，企业会计管理在税务管理方面的作用非常重要。通过对企业税务管理的全面支持，可以帮助企业降低税负、优化税务结构、管理税务风险，从而提高企业的经济效益和市场竞争力。

（五）资产管理

会计管理可以帮助企业对资产进行监控和管理，确保其资产利用效率最大化，从而提高经济效益。资产管理是企业会计管理的重要组成部分之一，它主要包括对企业各种形式的资产进行管理、记录、评估、清查和监控等工作，旨在最大化资产的价值，提高企业的经济效益。以下是企业会计管理在资产管理方面的作用：

资产清查与记录：企业会计管理可以帮助企业进行资产清查和记录工作，将企业的资产按照种类、数量、规格等进行分类管理，清查资产状况并进行记录，保障资产的安全、准确和完整。

资产评估：企业会计管理可以为企业进行资产评估，包括对固定资产、流动资产等的评估，以确定资产的实际价值和折旧情况，帮助企业制定科学合理的资产管理政策。

资产监控：企业会计管理可以为企业进行资产监控，及时了解资产的运营状况，掌握资产流动和变动的情况，从而更好地管理和运营资产。

资产处置：企业会计管理可以帮助企业进行资产处置，包括对不再使用的资产进行处置，包括出售、报废或捐赠等，从而实现资产再利用，降低企业的成本。

资产管理规划：企业会计管理可以帮助企业制定资产管理规划，包括明确资产管理目标、制定资产管理制度、提高资产使用效率、实现资产价值最大化等，以实现资产管理的科学化和规范化。

企业会计管理在资产管理方面的作用非常重要。通过对企业资产的清查、记录、评估、监控和处置等全面管理，可以更好地实现资产的价值最大化，提高企业的经济效益和市场竞争力。

综上所述，企业会计管理对于提升企业的经济效益至关重要。一个高效的会计管理系统可以帮助企业管理层做出正确的决策，提高企业的盈利能力和市场竞争力。

三、有助于辅助企业进行决策

企业在发展的过程中，各项决策都要切实可行，其中，做好预测是关键。会计管理工作之所以发挥重要作用，在于其能够对经济前景做出预测。会计管理人员要充分考虑企业的总体发展目标，明确经营方针，了解企业的经济运行规律，要充分考虑企业的经济实力，发挥经营方针的指导作用，将合理量化模型制定出来，用以预测企业销售成本以及能够获得的利润。通过运用模型，使资金变动趋势一目了然，将如此有价值的会计信息提供给企业管理人员，以对其制定经营决策起到参考作用。管理人员做出正确决策，能够有效预测企业风险因素并加以控制，由此提高企业经济效益。企业在开展生产经营活动中，比较常见的问题是没有制定决策。因此，会计管理人员应发挥其应有的价值，用专业技术获得有价值的信息并提供给决策者，包括会计学、数学以及统计学等方面的知识都要合理运用。通过采用先进的技术方法，制定数学模型，将复杂的经济活动简单化，并且将其内在联系揭示出来，保证数量关系最优，由此使管理人员更容易做出决策。此外，企业开发产品的时候，会计管理人员要充分运用预测技术、分析技术以及决策技术，预估产品生命周期中每个环节需要投入的成本，预测产品进入到市场后的情况，对可能获得的经济效益进行测算并做出评价，最终在多个开发投资计划中选择最优的一个。在这项操作过程中，会计管理人员要对产品设计人员进行指导，使其对成本有效控制，减少投资量。而产品设计人员、研究开发人员经过指导、设计、研究开发出高效率产品，并提高回报率。以下是企业会计管理在决策方面的作用：

（一）经营决策

企业会计管理可以为企业提供有关财务状况、经营成本、销售利润等方面的信息和数据，帮助企业做出经营决策，如扩大投资、增加生产、改进产品等。以下是企业会计管理在经营决策方面的作用：

1. 资本预算决策

企业会计管理可以为企业提供关于资本支出的信息，帮助企业评估投资项目的经济效益。这些信息包括现金流、折旧和摊销、资本成本等。

2. 成本控制决策

企业会计管理可以为企业提供有关生产成本、销售成本、营运成本等方面的信息，帮助企业控制成本，减少浪费，提高盈利能力。

3. 产品定价决策

企业会计管理可以为企业提供有关产品成本和市场需求的信息，帮助企业制定合理的产品定价策略，提高市场竞争力。

4. 资金管理决策

企业会计管理可以为企业提供有关现金流量、资产负债等方面的信息，帮助企业做出资金管理决策，如选择投资方式、控制现金流等。

5.经营计划决策

企业会计管理可以为企业提供有关财务预测、预算等方面的信息，帮助企业做出合理的经营计划决策，如确定销售目标、制订预算计划等。

6.债务管理决策

企业会计管理可以为企业提供有关债务和债务成本的信息，帮助企业做出债务管理决策，如确定借贷额度、选择贷款方式等。

总之，企业会计管理对于企业的经营决策有着至关重要的作用。通过提供财务、会计和成本等方面的信息和数据，帮助企业做出明智的经营决策，从而提高企业的经济效益和市场竞争力。

（二）投资决策

企业会计管理可以为企业提供有关资本、流动性和盈利能力等方面的信息和数据，帮助企业做出投资决策，如选择投资方向、判断投资回报率等。

1.投资决策分析

企业会计管理可以为企业提供有关投资项目的财务分析和会计分析的信息，帮助企业制定有效的投资策略和决策。

2.投资项目评价

企业会计管理可以为企业提供有关投资项目的评价和选择的信息，帮助企业选择具有良好前景的投资项目，提高企业的经济效益。

3.投资组合管理

企业会计管理可以为企业提供有关投资组合的信息，帮助企业制定有效的投资组合策略，降低风险，提高收益。

（三）财务决策

企业会计管理可以为企业提供有关现金流、资产负债、财务风险等方面的信息和数据，帮助企业做出财务决策，如财务规划、债务管理、资金筹措等。

1.资金管理和筹资

企业会计管理可以为企业提供有关资金管理和筹资的信息和建议，帮助企业管理和控制现金流量，制订有效的筹资计划，从而确保企业的资金安全和流动性。

2.利润分析和管理

企业会计管理可以为企业提供有关利润分析和管理的信息，帮助企业评估业务的盈利能力，优化业务结构，提高企业的盈利能力和效益。

3.财务风险管理

企业会计管理可以为企业提供有关财务风险管理的信息和建议，帮助企业识别和管理财务风险，降低财务风险的影响，提高企业的稳健性和可持续性。

4.财务绩效评价

企业会计管理可以为企业提供有关财务绩效评价的信息和数据，帮助企业评估财务表现，确定业务的优势和劣势，从而调整经营策略和决策，提高企业的经营效率和效益。

总之，企业会计管理在财务决策方面的作用非常重要。通过提供各种财务、会计和成本等方面的信息和数据，帮助企业做出更明智的决策，优化业务结构，提高企业的盈利能力和效益。

（四）税务决策

企业会计管理可以为企业提供有关税收政策、税务筹划等方面的信息和数据，帮助企业做出税务决策，如减少税收负担、合理避税等。以下是企业会计管理在税务决策方面的具体作用：

1. 税收筹划

企业会计管理可以为企业提供有关税收筹划的信息和建议，帮助企业制定有效的税收筹划方案，降低税收负担，提高税收优惠的利用率。

2. 税务合规

企业会计管理可以帮助企业了解税务法规，规范企业的税务行为，确保企业的税务合规性，避免税务风险和罚款的发生。

3. 税务风险管理

企业会计管理可以为企业提供有关税务风险管理的信息和建议，帮助企业识别和管理税务风险，降低税务风险的影响，保护企业的税收利益和形象。

4. 税务筹资

企业会计管理可以为企业提供有关税务筹资的信息和建议，帮助企业制定有效的税务筹资方案，降低筹资成本，提高融资效率。

5. 税务优惠利用

企业会计管理可以帮助企业了解各种税务优惠政策，并利用这些政策降低税收负担，提高企业的盈利能力和效益。

总之，企业会计管理在税务决策方面的作用非常重要。通过提供各种税务筹划、税务合规、税务风险管理、税务筹资和税务优惠利用等方面的信息和建议，帮助企业降低税收负担，规范税务行为，提高税收利用率，从而提高企业的经营效益。

（五）风险管理决策

企业会计管理可以为企业提供有关风险管理、内部控制等方面的信息和数据，帮助企业做出风险管理决策，如制订风险管理计划、建立内部控制制度等。以下是企业会计管理在风险管理决策方面的具体作用：

1. 风险识别和评估

企业会计管理可以为企业提供有关风险识别和评估的信息和建议，帮助企业了解潜在的风险因素，对风险进行分类和评估，并制定相应的应对措施。

2. 风险控制

企业会计管理可以帮助企业实施风险控制措施，降低企业面临的风险，确保企业的经营稳定和可持续发展。

3.风险应对

企业会计管理可以为企业提供有关风险应对的信息和建议，帮助企业制定应对措施，降低风险的影响，减少损失。

4.决策支持

企业会计管理可以为企业提供有关风险管理决策的信息和建议，帮助企业制定风险管理策略和方案，提高决策的科学性和精准性。

5.绩效评估

企业会计管理可以帮助企业评估风险管理绩效，检查风险管理措施的有效性和实施情况，及时纠正问题和优化措施。

总之，企业会计管理在风险管理决策方面的作用非常重要。通过提供有关风险识别和评估、风险控制、风险应对、决策支持和绩效评估等方面的信息和建议，帮助企业规避潜在的风险，提高风险管理效益，从而保障企业的经营稳定和可持续发展。

第三节　提高会计信息质量

管理型是现代企业会计管理的会计工作模式，在这种工作模式下，可以提高会计信息的质量，把过去一段时间内企业经济业务的情况提供给会计信息使用者。管理型会计工作模式改变了传统的核算型会计工作模式，使会计信息变成动态、具有时效性的信息，并且实现了会计管理与企业生产管理等环节的交融，为企业管理者做出正确的经营决策提供可靠依据。

一、会计信息质量在企业管理中的重要作用

现阶段，在谈及企业管理模式的时候，不得不提到财务管理。主要是因为，财务管理工作是企业发展和决策的重要依据，同时也是投资者对内部信息给予了解的主要方式，更是对经营业绩进行评价的重要尺度。另一点，会计信息是进行财务管理，财务数据分析的重要资源，因此，企业的管理者想要及时对各个方向提供合理、完整，而且有效的财务分析，那么就必须对相关的会计信息给予关注。会计信息的质量是由三个环节来决定的，这三个环节分别是：记录、传递，以及保存。这三个环节中的任一环节都会对管理者的认知造成一定的影响。所以，强化三个环节的工作质量便显得尤为重要起来。

（一）会计信息在企业管理中的作用

会计信息的作用主要是体现在企业的财务管理和财务分析上面，同时也会受用在生产经营，以及产品开发等工作当中。因此我们可以说，在当前的企业管理中，财务管理工作

是基础核心，因为合理的分析会计信息，可以有效地将管理中存在的一些问题及时找出，所以，很多投资者也会通过会计信息来了解企业。而现阶段，在进行财务分析工作的时候，主要是针对资金周转和资金使用两点。

当企业的需求开始膨胀的时候，管理者可以结合对会计信息的合理分析对资金流动、融资，以及有效利用等给予良好的控制，从而达到以最低成本来获得最大发展空间的目的。通过上述论点不难发现，会计信息在企业管理中占据着重要位置。财务分析的主要源头为会计信息，而在当前科技飞速发展的时代中，只要利用完善的科学技术，那么在对相关信息进行采集的时候，不论是信息传递还是记录，都会变得无处不在。所以，在对会计信息进行分析理解的时候，首先可以从财务分析着手。财务分析不仅具备传统的报表形式，也具备着一事一议的形式，因此，在进行财务分析的时候，所选择的方式并不固定。当前，在谈及一事一议这一分析方式的时候，其实主要是指针对某个固定时期的特殊情况的分析，分析这个时期中，管理存在的一些问题，以及外界影响所引发的各种问题等。这种分析方式具有多样化，不拘一格的特点。另一点，典型的财务分析其实就是一种考核评分模式，其中的每一项评分都会与财务分析相连接，这充分说明财务分析对企业评价有着极为重要的意义。同时，在企业进行生产经营，以及营销的时候，合理准确的会计信息可以发挥出很大的作用，比如映射出产品的生产周期。

同时，在进行经营的时候，还可以根据信息的记录来进行前期判断，这样可以让工作人员进一步掌握市场的需求。而且，开发人员在对新型产品进行研发的时候，还可以根据会计信息中所涉及的走向进行选则，从而开发出符合市场需求的产品，这样不仅可以节省大量的时间，还能够取得事半功倍的效果。

（二）信息记录

首先，在对会计信息进行合理的记录时，需要记录人员具备一定的从业资格，以及良好的判断能力。比如记录的时候，记录人员可以事先进行判断，分析该采用何种记录方式才可以达到最终效果，并不会对日后的分析工作带来影响。同时，良好的记录可以有效地降低分析工作的时间和工作量，而科学的记录则可以有效提升分析的准确性。

其次，在对财务工作进行分析的时候，通常都是呈现出多元化趋势的，这便要求记录工作满足完整性要求。记录者不可根据自己的意愿进行信息删减，因为这种删减的情况会严重影响日后分析工作的准确性。同时，由于企业的管理模式常常会出现变化，并非单一固定的，而会计信息的记录量又非常的庞大，这便要求记录者必须认真对待记录工作。

最后，当记录完信息之后，记录者必须反复地核对，这样才可以确保其准确性和精确性。同时，在记录的过程中，记录者还要严格安排流程，确保流程的合理性，这样能够在一定程度上避免错误的发生。

（三）信息传递

传递工作是对信息的第二次核对，具有极为重要的作用。其中，因为该类信息往往具有非常庞大的数据量，因此在对其进行传递的时候，也会伴随着一定的信息简单汇总分类，因此，我们完全可以说这个过程是对信息的第二次核对。同时，当会计在对信息进行核对的时候，必须对每一笔都给予高度的重视，因为一旦一个地方出错，那么将会对整体造成严重的损失，甚至会造成经济的损失。所以，在传递的过程中严谨地核查信息，这是确保信息可靠准确的重要保障。

传递是及时找出信息中隐含问题的关键，也是及时制定出解决方式的重要依据。其中，在日常信息传递的时候，会计可以及时在查核的过程中发现相应的问题，并采用合理的措施将其改正，而这个过程也是提醒相关工作人员的有效途径。众所周知，大问题都是因为小问题而形成的，所以及时在信息传递的过程中发现问题，并解决问题，这是避免大问题出现的重要方式之一。同时，这个过程也是提高会计工作能力的重要途径。

传递工作需要会计人员具备良好的合作精神。首先需要会计人员之间相互交流，沟通，熟知彼此的工作方式，互相学习，这个过程中要严格避免闭门造车的情况出现，因为这将会对信息的传递造成影响。同时，在对会计信息进行传递的时候，也不可以完全地依靠科技能力，人为的传递也是极为重要的。

计算机技术还存在着一定的风险，而通过人为传递，可以在一定程度上确保信息的真实性和有效性。所以，将科技与人为动力相结合，可以让信息的传递变得更加准确有效。

（四）信息保存

在进行信息保存的时候，因为该类信息的种类较多，而且数量非常庞大，这便使得会计必须对其进行分门别类的管理，只有这样才能确保信息的合理性和清晰性。其中，通过合理的保存，企业人员可以有效地对前期工作给予了解，这样，便可以避免工作中的问题重复出现。同时，通过对保存的资料再次查阅，会计人员还可以及时明确前期工作中的重点环节，这样便于后续工作的衔接，从而确保工作的完整性。对此，企业内部控制的管理和完善，是确保国有资产增值保值的基本手段，对进一步提高企业经济效益，最终实现企业的战略目标有重要意义。

二、企业会计管理有利于提高会计信息质量

（一）提高会计信息的准确性

企业会计管理可以帮助企业制定规范的会计核算制度和操作流程，确保会计信息的准确性和真实性。以下是会计管理对提高会计信息准确性的作用：

1. 规范会计核算

会计管理可以制定会计准则和会计制度，对企业进行规范管理，确保企业会计核算符合法律法规和行业规范，提高会计信息的准确性。

2. 加强内部控制

会计管理可以建立健全内部控制制度，包括制定规范的会计核算流程和授权制度，确保会计信息的准确性和真实性。

3.提高会计信息系统的建设和维护

会计管理可以加强会计信息系统的建设和维护，确保系统的稳定性和安全性，提高会计信息的准确性和可靠性。

4.定期进行财务审计

会计管理可以定期进行财务审计，对企业财务状况和经营情况进行全面审查和检查，发现会计信息中的错误和遗漏，提高会计信息的准确性和真实性。

5.加强会计人员培训

会计管理可以加强会计人员的职业道德教育和专业技能培训，提高会计人员的工作能力和素质，确保会计信息的准确性和真实性。

（二）提高会计信息的及时性

企业会计管理可以促进企业的信息化建设，加强财务信息系统的建设和维护，提高会计信息的获取和处理速度，保证会计信息的及时性。以下是会计管理在会计信息及时性方面的作用：

1.建立及时的会计信息系统

会计管理可以建立高效的会计信息系统，确保会计信息的实时更新和准确记录。这有助于企业及时掌握经营情况，及时调整经营策略。

2.定期进行财务审计

会计管理可以定期进行财务审计，对企业财务状况和经营情况进行全面审查和检查，发现会计信息中的错误和遗漏，及时进行更正和补充。

3.加强会计信息披露

会计管理可以加强会计信息披露，及时向内外部用户披露企业的财务状况和经营情况，方便用户了解企业的运营状况，支持用户的决策和投资。

（三）提高会计信息的完整性

企业会计管理可以通过对会计信息的审计和检查，发现和纠正会计信息中的错误和遗漏，保证会计信息的完整性和全面性。会计管理对于会计信息的完整性具有重要的作用，主要表现在以下几个方面：

1.建立完善的会计制度

会计管理应建立完善的会计制度，规范会计核算流程和会计信息披露要求，确保会计信息的完整性。

2.做好会计信息记录

会计管理应做好会计信息记录，包括凭证的准确填写和会计账簿的规范管理，避免会计信息的漏报或误报。

3.定期进行财务审计

会计管理可以定期进行财务审计，对企业的财务状况和经营情况进行全面审查和检查，发现会计信息中的错误和遗漏，及时进行更正和补充，保证会计信息的完整性。

（四）提高会计信息的可比性

企业会计管理可以帮助企业制定统一的会计政策和核算方法，使不同时间、不同企业之间的会计信息具有可比性，方便企业对自身的财务状况进行评估和比较。会计管理对于会计信息的可比性具有重要的作用，主要表现在以下几个方面：

1. 建立统一的会计政策

会计管理应建立统一的会计政策，规范会计核算的方法、程序和基本原则，使不同时间、不同企业之间的会计信息具有可比性。

2. 标准化财务报表

会计管理可以采用标准化的财务报表格式和内容，使财务报表之间具有可比性，从而方便不同企业或不同时间的财务报表进行对比分析。

3. 统一核算标准

会计管理可以采用统一的核算标准，对不同企业或不同时间的财务数据进行比对和分析，从而使得财务数据的可比性更加明显。

4. 加强信息披露

会计管理应当加强信息披露，将企业的财务状况和经营情况向内外部用户进行公开披露，使用户了解企业的真实状况。同时，应披露的信息不仅包括财务报表和注释，还应包括企业的经营计划、风险因素、重要业务合同、管理层讨论与分析等。

5. 做好会计档案管理

会计管理应做好会计档案管理工作，保留完整、准确的会计记录，使不同时间、不同企业之间的会计信息可以进行对比分析。

（五）提高会计信息的透明度

企业会计管理可以加强会计信息的披露和公开，使会计信息更加透明，为内部管理和外部投资者提供更多的信息支持。

1. 建立公正、独立的审计制度

会计管理应当建立公正、独立的审计制度，对企业的财务报表进行审计，并向内外部用户公开审计意见。审计意见能够为用户提供关于企业财务状况和经营情况的第三方认证，提高用户对企业财务信息的信任度，增加透明度。

2. 保障数据安全

会计管理应当加强数据安全保障，确保财务信息的保密性、完整性和可靠性。同时，应当采取有效措施防范内部员工和外部黑客对财务信息的非法获取和篡改，保障信息透明度。

3. 提高信息质量

会计管理应当通过规范会计核算方法和程序、加强财务人员培训、建立健全的内部控制体系等措施，提高会计信息的准确性和真实性，进一步提高信息透明度。

第四章　现代企业会计管理的体制

第一节　我国会计管理体制的发展趋势

一、我国会计管理体制的概念与发展历程

（一）我国会计管理体制的概念

会计管理体制，为了从理论上深入研究会计管理体制与社会经济环境之间的关系，首先必须明确会计管理体制的涵义。在这方面，比较典型的表述有如下两种：

第一，会计管理体制可以解释为某一国家（或地区）政府出于自身的需要对本国（或本地区）会计活动的各个方面进行组织、管理和约束的总和，它包括三部分的内容，即会计工作领导体制、会计人员管理体制和会计制度（会计准则）制定权限。不难看出，这种表述将会计管理体制理解为组织、管理和约束本身，这显然偏离了"体制"的涵义。而会计管理体制包括会计工作领导体制、会计人员管理体制及会计制度制定权限，这种界定尚有待进一步探讨。

第二，会计管理体制是指一个国家或地区依据需要对本国（或本地区）会计活动进行组织和管理的方式。对这种表述将会计管理体制概括为一种组织和管理的方式，显然不是十分全面。除了组织和管理方式外，会计管理体制还有更为广泛的内容。

（二）我国会计管理体制的发展历程

我国会计管理体制发展历程可以分为以下几个阶段：

初期探索阶段（1949年—1978年）：中华人民共和国成立后，我国开始建立社会主义市场经济体制，会计管理体制也随之建立。这个阶段主要是对会计工作的初步探索，建立了初步的会计法规和规章制度。

规范化建设阶段（1978年—1992年）：改革开放以来，我国会计管理体制经历了大规模的改革和建设。在这个阶段，我国制定并颁布了一系列的会计法规和规章制度，对会计工作进行了规范化建设。

完善制度阶段（1992年—2001年）：在这个阶段，我国会计管理体制逐步完善，制定了《会计法》《会计准则》《企业会计制度》等重要法规和制度，建立了企业会计准则

体系，推动了我国会计管理体制的现代化发展。

走向国际化阶段（2001年至今）：进入21世纪以来，我国会计管理体制进一步加强和完善，与国际接轨步伐加快，参与国际会计准则制定，推行国际会计准则实施，提高了我国会计管理的国际化水平。

总体来说，我国会计管理体制在不断完善和发展中，从初期探索到规范化建设，再到完善制度和走向国际化，不断适应经济社会发展的需要，为我国的经济发展和社会进步做出了重要贡献。

二、会计管理体制的内容

会计管理体制是指一个企业或组织内部用于进行财务管理和会计核算的组织结构、制度和规范。一个良好的会计管理体制能够确保企业的财务信息准确、及时、可靠地反映企业的财务状况和经营成果，为企业决策提供支持。一个完整的会计管理体制通常包括以下几个方面：

（一）会计组织结构

会计组织结构是指一个企业或组织内部会计部门的组织架构、职责划分、人员编制等方面的规定。一个良好的会计组织结构应该合理、科学、高效地运行，以确保企业内部的财务信息准确、及时、可靠地反映企业的财务状况和经营成果。

一个完整的会计组织结构通常包括以下几个部分：

1. 会计部门

会计部门是企业内部负责会计工作的部门，负责编制和管理企业的财务报表、资产负债表、损益表、现金流量表等。会计部门需要根据企业的规模和需求，合理设置和调配人员。

2. 职责划分

会计部门内部需要根据不同的职能分工，对会计工作进行合理的分工和协调。比如，会计部门内部可以设置财务会计、成本会计、税务会计、审计会计等不同的职能部门。

3. 人员编制

会计部门的人员编制需要根据企业的规模和需求，合理设置和调配人员。同时，会计人员需要具备扎实的会计专业知识、较强的沟通协调能力和团队协作能力，以确保会计工作的准确性和高效性。

4. 管理层领导

会计部门的管理层需要对会计工作进行全面的领导和管理，制定并监督执行会计工作的规章制度、流程和标准，确保企业内部财务管理的规范、有效和安全。

一个完善的会计组织结构应该根据企业的特点、规模和经营模式等因素进行量身定制，以满足企业的财务管理需求。同时，会计组织结构应该与企业内部其他部门协调配合，实现信息共享和协同工作。

（二）会计核算制度

包括会计科目体系、会计账簿的设立和管理、会计核算方法和制度等。会计核算制度需要符合国家财务会计准则和相关法律法规。会计核算制度是指一个企业或组织内部的会计核算方法和制度，它是企业内部财务管理的重要基础，能够确保企业的财务信息准确、及时、可靠地反映企业的财务状况和经营成果。一个完整的会计核算制度应该包括以下几个方面：

1. 会计科目体系

会计科目体系是会计核算制度的基础，它是根据国家相关法律法规和会计准则制定的，用于记录企业所有的财务交易和经济业务。会计科目体系需要根据企业的实际情况进行合理设计和调整，以满足企业的财务信息需求。

2. 会计账簿的设立和管理

会计账簿是记录企业财务交易和经济业务的主要工具，它包括总账、明细账等。会计账簿需要根据企业的实际情况进行合理的设立和管理，以确保财务信息的准确性和及时性。

3. 会计核算方法和制度

会计核算方法和制度是指企业内部的会计核算流程和规范，包括会计政策、会计估计、会计确认、会计处理等方面的规定。会计核算方法和制度需要符合国家相关法律法规和会计准则，并根据企业的实际情况进行合理地制定和调整。

4. 财务报表的编制和披露

财务报表是企业向内部和外部有关方面披露企业财务状况和经营成果的主要工具，它包括资产负债表、利润表、现金流量表等。财务报表需要根据国家相关法律法规和会计准则进行编制和披露，并确保财务信息的准确性和真实性。

一个完善的会计核算制度应该根据企业的特点、规模和经营模式等因素进行量身定制，以满足企业的财务管理需求。同时，会计核算制度应该与企业内部其他部门协调配合，实现信息共享和协同工作。

（三）财务报告制度

包括企业内部财务报告的编制、审核、发布和使用等方面的规定。财务报告制度需要符合国家相关法律法规和会计准则。财务报告制度是指企业或组织制定的财务报告编制、审计和披露的规定和流程。财务报告制度的实施有利于提高企业的财务透明度，增强投资者、债权人和其他利益相关者对企业的信任度，有助于企业在市场中获取资金和信誉，进而推动企业发展。财务报告制度通常包括以下几个方面：

1. 财务报表编制规定

财务报表编制规定是指企业或组织内部制定的财务报表编制的相关规定和流程。包括财务报表内容、编制时间、编制要求和标准等。财务报表审计规定是指企业或组织内部制定的财务报表审计的相关规定和流程。包括审计要求、审计标准、审计时间和审计程序等。

2.财务报表披露规定

财务报表披露规定是指企业或组织内部制定的财务报表披露的相关规定和流程。包括披露方式、披露时间和披露内容等。

3.财务报告的内部控制规定

财务报告的内部控制规定是指企业或组织内部制定的财务报告编制、审计和披露的内部控制规定。包括内部控制目标、内部控制标准和内部控制程序等。

财务报告制度需要根据企业或组织的实际情况进行制定和调整,以保证财务报告的准确性、真实性和完整性。同时,企业或组织需要加强内部控制,确保财务报告的编制、审计和披露流程的规范性和有效性。

(四)财务内部控制制度

包括企业内部财务控制的制度、流程和规范,以确保企业内部财务管理的规范、有效和安全。财务内部控制制度是指企业或组织为了保护自身利益,防止财务风险和损失,保证财务信息真实、准确、完整和及时的内部控制措施和程序。它包括企业或组织在经营、管理、内部审计、财务会计等方面制定的一系列规章制度和操作程序,以规范企业或组织的各项经济活动,防范财务风险,保障财务信息的准确性和真实性。财务内部控制制度一般包括以下几个方面:

财务管理规定:制定财务管理规定,包括制定预算、会计制度、资金管理规定等。

财务授权制度:建立财务授权制度,明确各岗位的职责与权限,避免重复办理、漏洞操作。

财务审批制度:建立财务审批制度,规定财务收支业务的审批流程,严格控制财务支出。

财务核算制度:建立财务核算制度,规定会计核算方法和会计核算程序,确保会计核算准确可靠。

财务监督制度:建立财务监督制度,监督财务收支业务的操作过程,发现问题及时纠正。

财务档案管理制度:建立财务档案管理制度,规定财务档案的管理、保存、利用和销毁等程序。

财务内部控制制度的实施可以提高企业或组织的经济效益和管理水平,保证财务信息的真实性和准确性,降低财务风险和经济损失,为企业或组织的发展提供保障。

(五)税务管理制度

包括企业的税务筹划、纳税申报、税务审核、税务合规等方面的制度和规范。一个完善的会计管理体制应该根据企业的特点、规模和经营模式等因素进行量身定制,以满足企业的财务管理需求。企业税务管理制度主要包括以下几个方面:

1.税务策略制定

企业应该根据自身的业务特点、经营模式以及所在的行业和地区等情况,制定合理的税务策略，如选用合适的税务政策和利用税收优惠政策等，以最大程度地降低企业税负。

2.税务合规管理

企业应该积极履行纳税义务，加强与税务机构的沟通和协作，及时了解税收政策和法律法规的变化，保证及时申报纳税，避免逾期申报和漏报等问题，以维护企业的税务合规性。

3.税务风险管理

企业应该及时了解税收政策和法律法规的变化，评估自身的税务风险，加强风险控制和防范，避免违规操作的行为，减少不必要的税务风险和损失。

4.税务专业人才建设

企业应该加强对税务专业人才的引进和培养，提高税务管理和运营水平，加强企业内部税务管理和风险防范能力，提高税务合规率和财务效益。

通过建立和完善企业税务管理制度，企业可以提高自身的税务合规性和运营效益，避免因税务问题带来的经济损失和企业信誉受损等问题。同时，也有利于加强国家税收征管的效率和稳定性，维护税收秩序和公平性。

三、现代会计管理的发展趋势分析

知识经济会计模式是一种以决策有用与经营责任为会计目标的、多种计量属性并存的、多种确认制度同时存在的会计模式，知识经济会计模式的实现策略主要是充分应用计算机技术和网络技术，并对现有的会计模式进行改造。

（一）会计管理重视人本管理

在市场经济条件下，市场竞争是经济实力、科技进步和管理水平之间的竞争，而这些竞争最终又是人才的竞争。重视对人的管理，是管理之根本。会计管理一方面要重视企业人力资源管理，培养竞争性的管理人才和技术人才，并创造条件调动这些人才的创造性工作；另一方面，还要重视会计人才的管理，培养竞争性的会计人才，并充分发挥其作用。

1.人本会计在企业规范化管理中的理论支持

（1）以人为本，是人本会计在企业规范化管理的理论基础

在知识经济和消费主导型市场需求的条件下，"人"是企业价值增长的主要动因，人本会计的提出和完善使得人的价值在企业实现价值最大化过程中的重要程度加深。

在人本会计中，通过人的相关价值的计量和披露，以凸显人力资本的重要性，进一步完善物本会计。在知识经济时代，以价值为导向的企业不得不以人本会计为起点，加强企业人本规范化的管理，在管理中凸显人的价值，在企业中利用人的价值。一方面，把人看成"经济人"，强调人在组织和技术的重要作用。发挥好组织的功能，特别强调专业化，同时要求企业管理中有明确的分工、明确的权力路线和各人相应的职责范围，主张遵从严格的纪律和服从命令，使人们开展的活动有计划进行。另一方面，把人看成"社会人"，突出人的行为、人与人，人与群体的关系和集体的影响。人本会计注重自主，同时又强调满足被管理者个人的想法跟需要，用激励的机制来启发调动员工的创造性和积极性，最终

达到组织的目标。

市场竞争是经济实力、科技进步和重水平的竞争，而这些竞争最终又是人才的竞争。马克思说："人的本质并不是单个人所具有的抽象物，实际上，它是一切社会关系的总和。"当今，人本会计提出的"以人为本"，就是企业管理首先要确定个人的合法性、个人利益的正当性，在会计工作中强调维护全体员工的共同利益，同时也积极维护和实现全体员工的每个人的利益。企业重视人本管理，不仅要重视企业人力资源管理，还要多方面培养竞争型的管理人才和技术人才，并且创造条件调动其能动性和积极性。重视企业会计人才的管理，培养竞争型的会计人才。企业经济的发展要靠人去发展，加强本企业的会计规范化管理势在必行。

（2）以人为纲，是人本会计在企业规范化管理的主要内容

人本会计文化建设需要过程，在这个过程中，不断丰富会计管理工作内容及要求。首先作为企业的会计负责人一定要以身作则，坚持与弘扬实事求是、开拓进取的思想理念，坚守会计职业道德：爱岗敬业、诚实守信、廉洁自律、客观公正、坚持准则、提高技能、参与管理、强化服务。会计负责人的价值观念、职业操守、文化素质及工作准则对一个企业的会计系统形成起着极大的作用，同时对企业的其他会计人员的思想观念跟价值标准产生极大的影响，决定着是否能形成企业的规范化管理。人本会计更加注重的是员工的心理活动、思想观念。是否重视了员工的需求，能否挖掘员工的潜力，可否实现员工的利益是人本会计需要充分考虑的内容。

2. 人本会计在企业规范化管理中的应用

（1）完善人才激励机制

在任何企业的经营管理中，人都是首要的因素。这是因为，企业目标是通过人来完成跟实现的。人本会计中如何运用会计管理手段来诱导、激发和控制人的行为，是企业规范化管理的首要问题，而激励机制是其中主要的管理手段。企业要坚持科学发展观，全面协调可持续发展，在此基础上统筹兼顾，建立科学的绩效评估系统，不断完善人才激励机制，激励员工在自己的工作岗位上做出最大的贡献，从而实现自身价值最大化。

第一，物质奖励。完善薪资与福利机制。根据每个员工个人完成的业绩目标和个人素质能力来考核再确定给每个员工的薪资。这样既可以拉开档次，又可以激励员工对工作的积极性，目标完成得好，收入就比较多，使员工更加勤奋工作，从而减少员工偷懒的情况，让被管理者实现自我管理是管理者最轻松的事。当然，不同工不同酬，针对不同的类型、不同的工作性质、不同的单位和部门，企业应当制定不同的薪资方案，从而发挥激励作用。除了国家规定的相关福利外，还可以采取技术入股、利润分红、销售提成等措施，通过公平公开公正的分配机制，实现员工利益与企业利益的一致性，从而使员工知道：天道酬勤，一分耕耘一分收获。

第二，精神奖励。提供晋升机会作为激励员工的最重要方式，带薪休假作为激励员工的最重要途径。除此之外，还可以通过沟通激励、尊重激励、认可激励、信任激励等手段

来激发员工的积极性，创建一个和谐向上的企业管理环境。奖励机制明朗了，员工就会努力把自身精力集中在工作上，发挥其积极性和创造性。员工可以从中实现自身价值最大化，企业可以实现经济效益最大化，个人与企业相辅相成、密不可分、共同可持续发展。

（2）完善培养人才机制

人本会计的宗旨是"以人为本"，人才资源是最根本的资源，吸引外部人才、发现内部人才、培养后备人才是企业得以发展的最根本做法。在此理念上，吸引大量的优秀人才，重点抓好学科建设和科研项目，特别是重视学术技术带头人的引进。企业内部要先创造和谐的工作氛围，加强企业内部之间、员工之间的沟通，使人人的利益得到实现，从而减少摩擦，这样的企业文化环境才能吸引更多的优秀人才进驻。但是作为中小型企业来说，找到一位合适又优秀的人才并非易事，这就需要企业在管理的同时不断发现企业内部人才，调动员工的学习性，激励员工的创造性，从而让员工在企业发展并为之所用。着重在实践中使用人才，努力挖掘项目发展和结合员工个人成长，把专业技术人才放在重点工程、重点项目和重点岗位进行锻炼，有计划有目的地开展多岗位锻炼，激发工作潜能。不论学历、不论职称、不论资历、不论身份，全方位地栽培、选调和使用人才，促进企业员工在做好本职工作中实现个人的价值发展。

（3）建立人本会计账目分录，明确责任管理

在人本会计及基础上建立账目分录，通过引入行为元素，丰富了会计信息，也可以更好地使员工产生责任意识，督促员工改善自己的行为，提高单个行为的价值。在企业管理中，以人为本的管理，为人谋福的同时要明确每个员工的责任，包括岗位责任、企业责任、社会责任和环境责任。通过以人名为关键词的行为价值责任明细表，可以清晰地看到每个员工的行为日、月、季、年的价值净额。一种经济行为的发生，要将该行为带来的价值影响在行为类账户中登记，记账符号可定为"责任"（简称"责"），将该行为带来的资产价值变动在资产类账户中登记，将该行为关联价值的归属在权益类账户中登记，登记时仍然使用借贷记账法。每种经济行为及其价值流动登记后，同项账户余额必须相等。

（二）会计管理重视内部管理

企业要建立现代企业制度，需要重视内部管理，要以建立现代企业制度为目标，建立企业会计管理系统，满足企业内部经济机制的需要。企业会计管理系统，包括开展会计预测、会计决策、财务计划、会计控制、会计检查、会计考核和会计分析等工作，以便对企业的经营活动进行全过程的管理。

1.努力提高企业内部控制意识

内控制度是企业管理制度中的一个特定概念，包括制度设计、制度执行、制度评价等诸多方面，是一个监督制约经营业务运作过程的动态控制体系，是规范经营行为、有效防范风险的关键。为此，我们要采取有效措施，使会计人员充分认识内部控制的意义、作用和紧迫性，树立"内控优先"观念，深入研究风险形成的环境因素，以思想指导行为，从而达到有效实施会计内部控制的目的。

2. 正确处理业务发展与深化内部控制的关系

在激烈竞争的市场环境下，各企业努力开拓市场、完善服务手段、提高服务质量本无可非议，但是以不遵守会计法规和制度为前提的竞争行为我们要坚决予以制止。比如为了多争取一些客户，做虚假广告欺骗消费者，这些都是以牺牲原则和制度作为代价的，会给企业带来风险。企业搞改革，归根到底是为了吸引顾客、扩大销售量、增强竞争力，但改革的同时必须要注意处理好业务发展与内控的关系，开办和处理任何业务都要以制度作保证，明确操作规则、程序和各项具体要求，实行稳健经营。

3. 改进和完善现行的会计稽核方式

会计稽核是会计管理的一个重要环节，是防范会计风险的一道有效屏障，企业必须对现行的会计稽核方式进行改革和完善，充分发挥先进科技工具在会计稽核工作中的作用，研制和开发一套切实可行的稽核软件。实现会计稽核软件与会计核算系统软件的联动，逐步用计算机稽核系统代替传统的人工操作方式，从而降低劳动强度，缩短会计稽核的时间，提高工作效率。

4. 完善企业会计电算化功能

目前的会计核算系统为企业的业务拓展提供了基础，但计算机的功能还远远没有发挥出来，应尽快将会计管理机制引入计算机系统，使会计核算和管理制度置于计算机程序的硬控制之下，从而加强内部控制，实现会计内部控制从"人控"到"机控"的飞跃。

5. 整章建制，完善会计内控制度

在研究和确定需要建立、修改哪些制度的基础上，尽快拟订、修订有关的内控制度。首先应对各类内控制度和业务规定加以提炼，形成规范化文件，明确控制的目标、对象、原则、手段、终点控制环节和要求，使每个会计岗位的操作都有章可循。其次，要重视内控制度的更新，该补充的补充，该废止的废止，利用优势，随时把最新的、切合实际的内控制度传达到前台会计人员，避免有章难循和情理中的有章不循现象的发生。

6. 建立一支高素质、懂业务、会管理的会计队伍

会计内控机制的成效最终还要依赖于会计人员所具备的素质。一要把好进人关，加强对会计人员聘用环节的审核，严格程序，做到不懂业务的不上岗，有劣迹的不上岗。要培养一支素质好、有较强组织能力、敢于管人、善于用人、坚持原则的会计主管队伍，对于不合适继续在会计岗位工作的人员，会计部门有责任向主管领导提出调换人员的建议。二要加强对会计人员的法纪政纪、反腐倡廉、洁身自好和职业道德等方面知识的宣传，加强会计人员自我约束的意识和能力，自觉遵守法规，做到奉公守法、廉洁自律。三要认真学习和贯彻新的《会计法》，采取多种方式对全体会计人员按照工作岗位和业务程序要求进行业务知识的培训，特别要做好岗前培训和在岗培训，坚持会计人员持证上岗，强调各级会计人员各负其责，更好地完成会计工作。

（三）注重会计信息的相关性

由于知识型企业充满风险，信息使用者将更加关注企业的未来信息。因此，需要增加

报表披露的次数，缩短公布报表的时间间隔，如提供季报、月报、周报等，以保证信息的及时性。会计信息的相关性成为保证会计信息质量的首要因素，信息用户可据此评价信息风险，调整其经济决策。

1. 会计信息相关性的概念

是指会计信息必须与使用者的决策相关，要对使用者有用，能够影响其决策。要求财务报告所提供的会计信息应与投资者、债权人和其他部门或人员所做的投资、信贷和类似的经济决策相关，有助于投资者等财务报告使用者对企业过去、现在或者未来的情况做出评价或者预测。会计信息要与投资者、债权人等使用者的投资和信贷决策相关，就必须通过帮助其过去、现在和将来事件的结果作出预测或者是证实或更正先前的期望，从而具备在决策中导致差别的能力。我国企业会计制度指出：企业提供的会计信息应能够反映企业的财务状况、经营成果和现金流量，以满足会计信息使用者的需要。可靠的会计信息只有与决策相关才会有用，信息的价值在于与决策相关，有助于决策。

相关性包括预测价值、反馈价值和及时性三个基本质量标志。预测价值是指信息使用者能通过有关企业过去与现在的财务报告，预测企业未来的财务状况与经营业绩；反馈价值是指财务报告能帮助使用者证实或修正期望值的能力；及时性是指要及时收集会计信息、及时对会计信息进行加工和处理以及及时传递会计信息，不及时的会计信息是无用的。根据美国财务会计准则委员会（FASB）的规定，会计相关性是指会计信息要具有影响使用者的决策能力，要求信息能够及时反映企业的财务状况和经营效果，帮助使用者及时、准确地做出各种判断、预测和决策。在国际会计准则委员会（IASC）的《编报财务报表的框架》中是这样表述的，"信息要成为有用的，就必须与使用者的决策需要相关，信息的相关性受到其性质和重要性的影响。"在我国财政部颁布的《企业会计准则——基本准则》第二章中也规定，"企业提供的会计信息应当和财务会计报表使用者的经济决策需要相关，有助于财务会计报告使用者对企业过去、现在或者未来的情况做出评价或者预测。"实际上，我国关于相关性的解释与国际上通用的解释是一致的。

会计信息是否有用，是否有价值，关键是看其与使用者的决策需要是否相关，是否有助于决策或者提高决策水平。相关的会计信息应当能够有助于使用者评价企业过去的决策，证实或者修正过去的有关预测，有助于使用者根据财务报告所提供的会计信息预测企业未来的财务状况、经营成果和现金流量。例如区分收入和利得、费用和损失，区分流动资产和非流动资产、流动负债和非流动负债以及适度引入公允价值等，都可以提高会计信息的预测价值，进而提升会计信息的相关性。

2. 相关性在实务中的运用

相关性和可靠性在经济事务中可以说是处处有用，因为它们牵涉到的事务特别多，所以，在日常的工作中要特别注意，把握住这两个的特性，将其很好地在会计事务中得到运用。尤其在不同的会计计量属性下，会计相关性和可靠性这两者体现得特别明显。

（1）会计计量属性下的相关性

历史成本计量模式就是可靠性与相关性相权衡的结果。在此模式下，资产、负债、所有者权益等项目的计量都基于经济业务的实际交易价格或成本，而不考虑市场变化的影响。历史成本是所有会计计量属性中最具有可靠性的，其依据的是实际发生时的数据，较少需要会计人员的估计与判断，比较客观，容易确定，加之其有各种原始凭证作为依据，可随时验证，能够减少任意操纵与歪曲事实的行为。而且，历史成本具有中立性，有利于协调不同集团和个人之间的利益冲突，容易得到各方的认可，做到不偏不倚。但是同时可以看到，历史成本缺乏相关性，即使在资产的取得，历史成本、市场价值和未来现金流量的现值是相等的，但市场价值和未来现金流量的现值会随着时间以及市场条件的改变而改变。

不过，虽然历史成本并不直接报告企业未来的投资回报，但是由于客观地反映了过去，人们可以通过一些模型预测企业未来盈利能力，从而预测企业未来收益，所以历史成本在一定程度上与决策是相关的。

传统会计在权衡可靠性与相关性时，偏重于前者，而且认为使用历史成本导致相关性的减少所带来的损失没有超过增加可靠性所得到的利益。由此可以看出，在历史成本下可靠性、相关性既要体现在每项具体的会计信息上，也要体现在总体会计信息上，即从微观和宏观两个方面提供与决策有关的信息，增强使用者预测决策能力，对其投资及其他的经济行为产生积极影响。对比公允价值与历史成本两个计量属性，前者更能准确地披露企业所获资产、负债，现金流量等相关财务信息，更能确切反映企业的经营能力、偿债能力与承担风险的能力，有利于投资者正确评价企业的投资机会和管理当局的业绩、为企业内外部会计信息使用者提供有力的支持，从而使他们做出理性的决策。比如当交易时间、交易市场的活跃程度、交易资产和负债性质与计量日企业所持有的资产负债有差异时，就要对公允价值计量所依据的市场价格进行调整，进而提供更为有用的信息来反映企业的价值。

（2）会计信息相关性实务

信息与使用者决策的需要相关联，构成相关性信息有无重大差错、能否如实反映意欲反映的情况则构成可靠性。在会计信息质量特征体系中，相关性和可靠性是两个最为重要的信息特征，这两项主要信息质量缺一不可。一般地说，相关性取决于专业判断，而可靠性由于含有可验证性，具有排斥主观估计的能力，可较好地防止任意性。如果相关性不以可靠性为基础，相关性也就失去了其意义，就会使决策者的决策失误；如果可靠的信息离相关性甚远，对信息的需要者来说也没有意义。由此可见，既不能离开相关性谈可靠性，也不能离开可靠性谈相关性。但两者之间经常存在矛盾，相关的信息未必可靠，可靠的信息有时未必相关，如何在可靠性与相关性之间达到平衡是一个相当棘手的问题。我国的会计环境与西方国家存在着较大的差异，会计发展水平和职业规范也存在着较大的差别，在对会计信息质量的选择上也难免存在差异。根据我国目前的实际情况，在会计信息失真问题尚未得到根本改观的情况下，我国对会计信息质量的现实选择应该是：首先强调可靠性，强调可靠性的基础地位；然后在可靠性得到基本保证的前提下，再去尽量提高相关性，进而全面提高会计信息的有用性。根据我国的具体国情，目前对会计信息的可靠性和相关性进行权衡时，会计信息的可靠性应放到首要位置上，如果急于提高相关性则无异于舍本取末，因此应重点解决我国现阶段的主要矛盾——会计信息的可靠性。

虽然可靠性是现阶段的当务之急，但这并不意味着我国会计信息的相关性可以淡化。相反，随着我国国民经济由社会主义计划经济模式向社会主义市场经济模式转轨的逐步完成，经济体制改革的不断深入和对外开放力度的进一步加大，以及加入世界贸易组织，经济结构和经济成分必将发生重大变化，各方面对会计信息的相关性需求将显得越来越迫切。就我国目前会计现状来看，可靠性问题更加突出，更迫切需要解决，但绝不能由此忽视相关性的重要。从根本上说，相关性是比可靠性更为重要的一项质量特征。因此，虽然目前我国会计信息相关性问题还并不十分突出，但针对今后的发展趋势，应给予前瞻性的关注，改进现行财务报告披露的内容和形式，以期在现有报告的基础上，提高会计信息的相关性和可靠性。

（3）加强会计信息的相关性

提高会计人员素质。目前，我国企业财务会计人员业务素质普遍偏低，会计基础工作不规范，导致所披露的会计信息往往相关性和可比性上不能得到保证，不能真实、完整地反映企业的财务状况和经营成果。因此，要大力提高会计从业人员的素质。一是认真执行会计从业资格管理制度，促使会计人员加强会计理论和会计知识的学习，掌握会计法律，学习计算机及相关领域知识，努力提高业务水平；二是增强其法律意识和职业道德修养，促使会计人员自觉抵制违法乱纪行为，依法履行岗位职责；三是要加大执法力度，对违法违纪的会计人员要依法取消其从业资格，追究其法律责任；四是要建立和完善激励机制，依法调动会计人员的工作积极性。

加强和规范会计基础工作。第一，实施会计委派制，防止单位负责人操纵会计人员。单位负责人是一个易被忽视的影响会计信息可靠性的重要因素。在《会计法》没有修订以前，一直没有法律依据，因此给单位负责人留下了美化业绩、谋取私人利益的空间，提供了操纵会计信息的便利。实施会计委派制，降低了单位负责人对会计人员进行操纵的机会，在某种程度上保证了会计信息的可靠性；第二，会计准则的制定要体现公平性与公开性。在我国，由于诸多因素的影响，会计准则的制定不得不依赖于政府部门。会计准则体现的是政府的意志，会计准则存在的理由主要是政府给出的理由。因此，会计准则制定机构就成为宏观调控的工具，其是否能代表所有相关方的利益就很值得怀疑。所以在制定准则的时候，应增补一些来自社会不同部门、具有制定准则所需要的相关人员到准则制定机构中去，这些人应对各自原先所处的各类型的企业和所属行业的利益有着敏锐的直觉。

强化财务监管会计信息是资本市场基础建设的一个重要组成部分，它会影响到资本市场的稳定和社会资源的配置。会计信息由于存在"公共产品"特性，会出现市场失灵而导致社会资源配置偏离"帕累托"最优状态，由于资本市场的竞争性本质，它还会诱导一些企业提供相关性和可靠性不强甚至是误导性的会计信息。当然，注册会计师审计无疑是保证会计信息质量、提高会计信息相关性和可靠性的一个重要手段，注册会计师按照审计准则对上市公司经理人提供的财务报告的合法性、公允性和会计处理方法的一贯性发表意见，可以在一定程度上有助于强化信息的相关性和可靠性。但由于现代资本市场股权极度分散，使真正意义上的审计委托人即全体股东行使委托权并不现实，实际的审计委托权往往是由大股东控制的董事会乃至董事会控制的经理人行使的。

加强法制制度为企业系统的运行创造一个良好的社会环境，我国会计信息质量不高的一个原因是会计规范建设上存在缺陷，因此，我们应当加强会计规范的建设工作，尽快健全和完善我国的会计规范体系，这样上文构建的体系中的合法性特征可以得到充分保障。对于我国会计制度的制定过程中博弈主体不到位这一问题，在会计改革之初，为了减少会计制度变迁的阻力，使会计准则早日出台，以规范市场经济条件下的新会计实务，尽早实现与国际惯例的衔接，即由政府直接参照国际会计准则来制定中国的会计准则应是无可厚非的。与此同时，每个具体会计准则的制定和修订都要充分征求各方意见，进行反复讨论和论证，最终使准则能为各博弈方所接受。政府机构应当维护该机构制定的准则的权威性，对违反准则的行为要进行处罚，目的是使违反准则而提供失真会计信息者得不偿失，其私人成本接近或等于社会成本，从而消除会计信息失真的外部不经济现象。这样，会计信息供给方就会愿意提供真实而相关的会计信息，使各博弈方都能得到合作利益，不愿提供真实会计信息者只能使自己遭受损失，从而提供失真会计信息的经济利益动机得以消除。

第二节　现代会计管理体制的理想模式

一、会计委托制

对于会计委托制来说，主要指的就是在国家或上级单位所指派的相关工作人员的工作下，对我国的国有企业进行会计管理的一种制度。这种会计管理模式，充分地体现了国家对国有企业的重视程度，同时通过国家所委任的专门的人员进行会计工作，也能够充分地体现出国家对该企业的市场投资、财政管理等工作给予相关的建议以及全面的监督与管理等工作。

（一）会计委托制概述

一般认为会计信息失真的原因，可以从内外两个方面来探讨：就内因来说，即受托管理企业的代理人，往往利用信息优势，追求自己的经济利益而损害委托人利益，在财务会计信息上造假；就外因来说，是源于外部监督乏力，代理人制作的会计信息，需要经过一定的甄别阶段，例如注册会计师的审计或者监督者对这个过程的监督和检查，但是这个阶段往往存在一定的空白或者别的利益追逐，导致甄别失效，从而"纵容"了虚假的财务会计信息。那么，从内因的治理来说，为了避免这样的道德风险和代理人的逆向选择，会计委托制就应运而生了，它能一定程度地抑制或减少会计信息失真的现象。但是从在我国的实践来看，并没有得到推广及广泛应用，这也是有一定原因的。

1.会计委托制的含义

会计委托制是和会计自主控制相对应的，就是指企业根据自身需求向会计公司进行委托，要求会计公司委派会计人员，甚至为其设置所需的会计岗位，编制会计信息，整理会计凭证等。在这个过程中，企业需要向会计公司支付一定的费用，也可以随时根据需要要求会计公司进行调整，企业的出纳和财务管理人员等，企业可以自行安排，也可以委托会计公司；而会计公司在这个过程中，需要对自己派出的会计核算人员等进行考核，对自己编制的会计信息和会计凭证等承担保密责任并对会计信息的质量负一定的责任，同时要接受监督部门的监督和审计。

简单来看，在一些小微企业中，会计委托制就是代理记账行为。会计委托制不同于会计委派制，会计委派制适用于预算拨款的单位，是政府派人去监督行政事业单位对国有资产的运用情况，防止国有资产流失，主动权是政府会计主管部门而非企业；有政府会计主管部门对行政事业单位的会计质量进行监督，当然，也有接受外部审计机构的监督。

2.会计委托制的流程和结构层次

一般来说，企业需要会计委托，就要与会计公司签订委托合同，协商委托事项；而监督体系则包括三个层次：一是企业和会计公司，二是财政监管部门和外部审计机构，三是直接或者间接的利益主体，例如债权人、股东等。

3.会计委托制的特征

会计委托制之所以原理上能有效地确保会计信息质量，是源于它与会计自主制相比，具有两重特征。一是有层次的监督体系，更加具有约束能力。会计委任制不仅可以监督企业会计信息的产生，还可以监督会计处理的及时性、完整性和合规性，加上外部的两层监督，有力地确保了会计信息质量的真实性、可靠性。相比之下，会计自主制只有财政监管部门监督和外部审计监督。二是更专业，约束力更强。在会计委托制下，会计人员是由会计公司派出，专业能力较强的执业人；会计人员不仅受到会计公司的业绩考核，也受到企业自身的约束，他们做假账、造假等都会付出较高的代价，受到会计行业协会的直接约束，在这样的约束环境下，能更加有效地保障会计信息的真实性，确保会计处理得及时、正确和全面。

（二）会计委托制在实践中有待克服的缺陷

会计委托制的出现，不是一个新兴的事物，但是这么多年来一直都没得到广泛的推行，也是有一定内外原因的。当然，很多的企业在发展壮大中不断完善财务治理结构，不需要再实行委托制。但是，我们不得不承认，这些年来，会计委托制在实践中确实还有诸多问题急需解决。

第一，现代企业制度与会计委托制的矛盾无法解决。现代企业制度的核心特征是"产权明晰,权责明确,政企分开,管理科学",但是,国有企业的会计委托制,则是由政府选派会计公司,政府监督更为集中,政府的直接干预更强。

第二,会计人员的双重监督,但是人事任免却只有一方,其地位较为尴尬。会计委托制下,会计人员的德、勤、绩、效是由会计公司来考核的,一方面受到委托企业和会计公司的双重监督;另一方面,也是代表会计公司来监督委托企业,其身份又是监督者。这种地位比较尴尬,一方面,要尽量让自己编制的会计信息美化;另一方面,却又要求委托企业提供的会计信息真实、完整。其中便存在矛盾。再者,会计人员是监督者身份,他们的人事任免在派出的会计公司,其成绩的优劣,与委托企业的发展联系不是很大,无法促使会计人员以主人翁的姿态加强企业的财务会计管理,无法为会计核算献言献策,从会计管理来加强企业的整个管理,也就是大家通常说的,会计委托制下的会计人员已经失去了管理者的职能,非常被动,这对整个企业的发展和成长来说是不利的。

第三,会计委托制下寻租空间较大。在会计委托制下,被委托的会计机构甚至是会计人员,对企业的财务会计以及其他等信息了解深入,对整个经营状况和经营战略都有了解,编制企业的财务会计报告,掌握了企业重要的财务指标和经济指标。虽然会计公司和委托企业有着保密协议,会计人员有保密的义务,但是,这也留下来较大的寻租空间。会计人员可能在履行监督者职能的同时,和委托企业"同流合污",或者要挟委托企业进行寻租,追求经济利益,这在实践中并不少见。有的企业对会计人员实行轮换,在这种情况下,会计人员的流动性更大,秘密的保守更难得到执行。

二、财务总监制度

财务总监制度指的就是国家对企业进行比会计更加高一级的管理,其中主要包括对企业内部工作人员的监督与管理、对国有企业内部实际的经营收入情况进行详细的上报与管理以及对股权的绝对控制,与会计委任制相比,财务总监制充分地体现了国家对国有企业的高度管制,并且也体现了更加严格、全面的管理以及相关人力的具体投入力度。对于这类型的国有企业,国家需要定期指派专门的监督人员对企业财务进行全面的监督与管理。

在推行财务总监制时,应该严格把握以下三个方面,首先应该慎重选择财务总监,从而确保财务总监制的有效性,其次应该对财务总监的职责权限与实际地位进行明确的规定,最后应该在合理的情况下,允许其他投资主体对财务总监职务的竞争。

一般来说,财务总监制度包括以下内容:

(一)财务总监的职责和权力

1. 全局管理者

财务总监一般是董事会成员,在公司中的地位仅次于董事长和总经理。总经理是公司的总领导,对整个公司的一切行为都负有责任。财务总监一般是由董事会派出的,因此董事会希望财务总监对财务及其控制负责,以此形成良好的协作和监督体系。现今的财务总监已不仅仅只关注财务及相关领域,而是越来越多地成为总经理的经营伙伴,站在同一层面关心企业的前途和发展，负责战略计划的编制和执行，领导着诸多部门。财务总监以其非凡的财务技能和对企业财务状况的了解，直接影响着整个企业的生存和发展。

2. 战略计划领导者

战略计划对一个企业来说，一般是 3~5 年的战略框架，由管理层提出后，经董事会批准通过。现如今，战略计划和战略指导的任务越来越多地落到了财务总监身上。财务总监要充分运用自己的综合管理能力，确保战略计划的全面性和科学性。战略计划要充分考虑各方面的利益和需要，既要涉及企业长期发展的目标，又要照顾企业短期发展的需要；既要从企业内部情况考虑，又要从市场、环境入手进行分析。好的财务总监能够就企业的任何一项职能、任何一项经营提出切中要害的问题。

3. 企业财务管理者

（1）营运资本管理

营运资本管理也逐渐成为公司理财的一项重要内容。一般来说，营运资本管理包括现金和有价证券管理、应收账款管理、信用管理和存货管理等内容。财务总监应解决好以下问题：处理好营运资本获利能力与风险之间的关系；决定流动资产的最佳水平；决定流动资产的融资结构，处理好短期融资与长期融资的比例关系。

（2）投资决策

企业投资大致可以分为两类：企业技术改造投资和企业开发投资。企业技术改造投资是指在现有的生产经营规模下，为提高效率所进行的投资；企业开发投资与长期战略相匹配，需要涉及新业务开辟新产品开发等内容。财务总监应积极参与投资的可行性评估，确保选取的投资方案是在战略、计划所确定的方向上，能够在合理的时间内收回投资。财务总监可能不直接领导和执行所有的投资评估，但要对投资评估所遵循方法、原则的一致性负责。

（3）筹资决策

对企业来说，筹资方式主要有：内部资金积累、银行贷款、发行公司债券、发行股票、寻找风险资本等。企业进行内部融资时，不会发生融资费用，成本要远远低于外部融资。但随着技术的进步和生产规模的扩大，单纯依靠内部融资已经很难满足企业的资金需求，所以外部融资日益成为企业获取资金的重要方式。企业进行外部融资时，财务总监要考虑的一个基本问题是资本结构决策。资本结构决策是企业财务状况和发展战略的一项基础因素，财务总监要妥善处理好影响资本结构决策的各种因素，根据企业生产经营的需要，确定合理的负债规模，在合适的时机，以最合适的方式融资到资金，实现企业价值的最大化。

（4）股利政策

股利分配既是企业利润分配的一部分，也是企业筹资决策不可分割的一部分。股利支付率决定了企业留存收益的数额，但是企业将当期盈余的大部分留存下来，意味着可用于当期股利支付的资金较少。因此，企业股利分配政策的一个主要方面就是决定企业利润在增加留存收益和支付股利之间的合理分配比例。财务总监进行股利决策时应在综合考虑法律规定、企业资金需求、经营风险、流动性、控制权等多种因素的基础上合理选择股利政策。

4. 内部控制及监督者

现代企业制度的最大特点是所有权和经营权分离，经营者可能为了自身的利益而损害股东或其他利益相关者的利益。同时，随着科学技术的不断发展和经济环境的不断变化，各个企业都面临着来自内部和外部的不同风险。所有这些都需要企业建立合理、有效的内部控制制度来进行监督、评估和防范。内部控制制度是由企业董事会、经理阶层和其他员工实施的，为营运的效率性、财务报告的可靠性等目标的达成而提供的合理保证，是企业董事会的职责，其中财务总监要起到领导、指导、监督的作用。

财务总监一般是企业内部审计的实际负责人，是注册会计师首先要接触的人，所以财务总监应该与注册会计师建立一种良好的、建议性的对话关系，并确保企业内部审计人员和注册会计师建立良好的合作关系，协调而客观地开展工作，使之能高效率地完成审计任务。财务总监应定期向董事会和高层管理者报告信息，以便进行前馈管理，同时可以了解企业面临的风险和机会，以对企业的未来做出恰当的预测，并合理预计决策可能会带来的结果。

5. 公共关系管理者

（1）与股东的关系

股东是企业的出资人和所有者，财务总监有责任和义务真实、完整、及时地向其披露企业的相关信息，揭示企业的经营情况和财务状况，以使其做出相对准确的投资决策。财务总监负有保持、保护投资者的资产并使其增值的义务。

（2）与债权人的关系

企业的债权人有各种类型，但其中最主要的是与企业具有借贷关系的金融机构和企业债券的持有者。根据这一性质，财务总监有责任真实、完整、及时地向其披露企业的财务信息，如企业的长短期偿债能力、投资项目的盈利能力等，以使其做出正确的信贷决策。

（3）与政府部门的关系

政府部门主要指财税部门、证监会及其派出机构等。财务总监向财税部门提供有关经营过程的财务信息，以便其了解企业的纳税情况；向证监会及其派出机构提供财务信息，以便其对企业的经济行为进行有效的监督与管理。

（4）与员工的关系

现代企业规模越来越大，组织形式逐渐扁平化，财务总监不但要善于处理与其他管理者的关系，而且要处理好与企业内部员工的关系。作为管理者的财务总监，应该让人更易接近，良好的倾听对于有效的沟通来说非常重要，而有效地沟通又是管理成功的关键。

（5）与其他利益相关者的关系

其他利益相关者主要是指供应商、企业所在的社区等。财务总监管理着现金流和营运资本，对于其中的应付账款来说，应按照约定的交易期限及时向供应商支付货款，使之按时供货，以保持长期稳定关系和满足生产需要。同时，企业也应该承担所在社区的一定社会责任，更多地关注环境保护，如赞助教育和文化事业等，以创造一个良好的生产经营环境。

（二）财务报告制度

财务报告制度是一个组织或企业用来编制和呈现财务信息的程序和规则。其目的是确保财务信息的准确性、可靠性和一致性，并且要遵守相关的法规和会计准则。财务报告制度通常包括以下步骤和程序：

1. 会计准则选择

选择适合该组织或企业的会计准则，并确保按照准则编制财务报告。

2. 财务报告编制

财务报告的编制包括会计期间的选择、账务记录、分类和归纳、试算平衡、资产负债表、损益表等。

3. 财务报告审计：财务报告需要由独立的审计机构或内部审计部门进行审计，以确保其准确性和合规性。

4. 财务报告发布

审计完成后，财务报告应该发布并提供给相关方，如股东、债权人、政府监管机构等。

财务报告制度对组织和企业非常重要，因为它确保财务信息的准确性和透明度，并且能够帮助组织和企业做出正确的商业决策。同时，它还帮助组织和企业遵守相关的法规和规定，避免法律风险。

（三）财务纪律制度

财务纪律制度是指企业或组织为保障财务管理的合法性、规范性、透明度和安全性而制定的一系列规章制度，其目的是防范财务风险、保护财产安全、加强财务监管、维护财务秩序、提高经济效益。

财务纪律制度通常包括以下方面：

财务管理规章制度：包括财务管理制度、财务授权制度、财务审批制度等。

财务会计制度：包括会计核算制度、财务报告制度、成本管理制度等。

资金管理制度：包括资金筹集、支付、结算、汇兑、外汇管理等。

税务管理制度：包括税务申报、纳税申报、税务审计等。

内部控制制度：包括预算管理、内部审计、风险管理、合规管理等。

财务纪律制度的建立和执行对企业的经营管理非常重要，它能够规范财务行为，减少经济损失，保证企业的长期健康发展。同时，财务纪律制度也能够提高企业的信誉度，增强企业的公信力，促进企业的合法合规经营。

三、稽查特派员制

对于稽查特派员制来说，主要指的就是国家不仅需要对国有企业的财政进行管理与监督，国务院也会指派专门的特派员对企业的日常经营活动与审查活动等进行全面的干预。并且特派员也不只对企业的财政管理进行监督与检查，也全权代表了国家的形象，对企业的实际经营情况进行全面的分析，从而引导企业进行调整与改进，这对于企业的发展与市场经济的发展有十分重要的意义。为了能够进一步发挥稽查特派员的作用，必须严格地选拔稽查特派员与其助理，使其能够坚持原则，对国家的利益进行严格的维护，同时也要对稽查特派员与其助理进行全面、规范化的管理并且建立全面的管理制度。

（一）稽查特派员制的特征

与所查企业完全独立。这样一方面实现了国家对企业的监督，另一方面又不干扰、束缚企业自主权的充分发挥，真正做到政企分开，意味着国家对企业监管形式发生根本性的转变。同时，为保证稽查的客观公正，对特派员实行定期岗位轮换制度。

稽查特派员的主要职责是对企业经营状况实施监管，抓住企业监督的关键。

稽查与考察企业领导人的经营业绩结合起来，管住了企业的领导，也就管好了企业的会计，做到了从对企业会计人员的直接管理向间接管理转变。

国家从国有重点大型企业里所获得的财税收益，同实行稽查特派员制度的开支相比，符合成本效益原则。

（二）稽查特派员制的必要性

稽查特派员制度的一个重要突破是把对领导人奖惩任免的人事管理与财务监督结合起来，迫使企业领导人从其切身利益出发，关注企业的财务状况和经营成果，真正体现业绩考核的基本要求。建立稽查特派员制度是一项长远的制度安排，是转变政府职能，改革国有企业管理监督制度和人事管理制度的重大举措，也是实现政企分开的重大举措；因为稽查特派员只是拥有检查权、评价权以及向国务院及其有关部门的建议权，并不拥有任何资源，也不履行任何审批职能，不至于导致新的政企不分，恰恰相反，稽查特派员制度是政企分开后体现所有者权益的必备措施，即在实行政企分开，放手让国有企业自主经营的同时，强化政府对企业的监督。

（三）企业会计稽查特派员制度的作用

企业会计稽查特派员制度是指财务部门或会计师事务所授权一部分人员，对企业的财务会计核算制度、财务报告制度、成本管理制度、预算管理制度、内部控制制度等进行检查，以发现企业存在的违法违规行为并及时处理的制度。其作用包括以下几点：

1. 提高企业财务管理的合规性

企业会计稽查特派员制度可以规范企业财务会计核算制度、财务报告制度、成本管理制度、预算管理制度、内部控制制度等，促进企业财务管理规范化，提高企业合规性。企业会计稽查特派员制度可以提高企业财务管理的合规性，具体表现在以下几个方面：

（1）规范会计核算制度

会计稽查特派员可以对企业的会计核算制度进行检查和审计，发现和纠正存在的违法违规行为，保障企业会计核算制度的规范化和合规性。

（2）规范财务报告制度

会计稽查特派员可以对企业的财务报告制度进行检查和审计，发现和纠正存在的违法违规行为，保障企业财务报告制度的准确性、透明度和规范性。

（3）规范成本管理制度

会计稽查特派员可以对企业的成本管理制度进行检查和审计，发现和纠正存在的违法违规行为，保障企业成本管理制度的规范化和合规性。

（4）规范预算管理制度

会计稽查特派员可以对企业的预算管理制度进行检查和审计，发现和纠正存在的违法违规行为，保障企业预算管理制度的合规性和规范化。

（5）规范内部控制制度

会计稽查特派员可以对企业的内部控制制度进行检查和审计，发现和纠正存在的违法违规行为，保障企业内部控制制度的规范化和合规性。

总之，会计稽查特派员制度有助于规范企业财务管理制度，发现和纠正违法违规行为，提高企业的财务管理合规性和规范化程度。这不仅有利于企业内部管理和运营，也可以提升企业在外部的信誉和形象，增加投资者和其他利益相关方的信任和支持。

2.加强对企业财务管理的监督

企业会计稽查特派员制度可以增强财务部门或会计师事务所对企业财务管理的监督和管理，及时发现和处理企业存在的违法违规行为，保障企业财务管理的规范化和透明度。会计稽查特派员是企业内部的一种监督机制，主要是负责对企业的会计、财务、成本管理等方面的监督和检查，确保企业的财务管理规范合规，有效防范和纠正违法违规行为。

具体来说，会计稽查特派员与企业财务管理的监督主要表现在以下几个方面：

（1）监督企业财务核算的合法性和准确性

会计稽查特派员可以对企业的会计账簿、票据、财务报表等进行检查，发现并纠正存在的会计核算违法违规行为，确保企业财务核算的合法性和准确性。

（2）监督企业成本管理的合法性和规范性

会计稽查特派员可以对企业的成本核算、成本控制、成本分析等方面进行检查，确保企业成本管理的合法性和规范性，防止成本管理方面的违法违规行为。

（3）监督企业财务预算的合法性和准确性

会计稽查特派员可以对企业的财务预算、预算执行情况等方面进行检查，确保企业财务预算的合法性和准确性，防止预算管理方面的违法违规行为。

（4）监督企业内部控制的有效性和规范性

会计稽查特派员可以对企业的内部控制制度进行检查，发现并纠正存在的内部控制方面的问题，确保企业内部控制的有效性和规范性。

总之，会计稽查特派员作为企业内部的一种监督机制，可以有效提高企业财务管理的规范性和合规性，保障企业的经营和发展。

3. 提高企业财务管理的效率

企业会计稽查特派员可以协助企业进行内部审计、风险管理等工作，优化企业财务管理流程，提高企业财务管理的效率。会计稽查特派员在企业财务管理中扮演着重要的角色，能够提高企业财务管理的效率，主要表现在以下几个方面：

（1）发现问题及时解决

会计稽查特派员通过对企业的会计、财务、成本管理等方面进行监督和检查，能够及时发现财务管理中存在的问题和不规范的行为，帮助企业及时解决问题，减少错误和纠正成本。

（2）加强内部控制

会计稽查特派员可以对企业的内部控制进行检查，帮助企业加强内部控制，提高财务管理的有效性和规范性。

（3）优化财务流程

会计稽查特派员可以对企业的财务流程进行检查，发现并纠正流程中存在的问题，帮助企业优化财务流程，提高财务管理的效率。

（4）提高财务管理的透明度和可信度

会计稽查特派员通过对企业的会计、财务等方面进行监督和检查，能够确保财务信息的真实性和准确性，提高财务管理的透明度和可信度，为企业的发展提供有力的保障。

综上所述，会计稽查特派员在企业财务管理中发挥着重要的作用，可以提高企业财务管理的效率，保障企业的经营和发展。

4. 预防和减少企业财务风险

企业会计稽查特派员制度可以通过检查企业财务会计核算制度、财务报告制度、成本管理制度、预算管理制度、内部控制制度等，及时发现企业存在的风险隐患和违法违规行为，采取相应措施预防和减少企业财务风险。会计稽查特派员在预防和减少企业财务风险方面发挥着重要作用，主要表现在以下几个方面：

（1）预防财务风险

会计稽查特派员可以定期对企业的会计、财务等方面进行检查，发现并纠正存在的问题，帮助企业及时发现并预防潜在的财务风险。

（2）减少财务风险

会计稽查特派员对企业的会计、财务等方面进行监督和检查，能够及时发现存在的财务风险，采取有效措施予以减少或消除，避免财务风险的扩大和蔓延。

（3）提高风险防范意识

会计稽查特派员通过对企业的财务管理进行监督和检查，能够帮助企业加强风险防范意识，加强内部控制，防止财务风险的发生。

（4）保障企业合规经营

会计稽查特派员能够确保企业的会计、财务等方面的合规性，防止企业因违法违规行为而受到处罚和损失。

　　总之,企业会计稽查特派员制度是企业财务管理的重要组成部分,有助于确保企业财务管理的合规性、监督效果和提高管理效率,预防和减少企业财务风险。

第五章　现代企业会计管理的模式

第一节　交叉型管理模式

这种管理模式一定程度违背了行为科学管理的原则，其特点是会计业务由企业会计部门领导参与管理，会计人员由责任单位领导参与管理，为会计人员学习相关专业知识和提高业务水平提供有利条件。现代企业管理的核心是以人为本，而有效地实施管理需要人和事两者紧密结合，因此，在这种管理模式下往往出现有矛盾和困难时就互相推诿，易造成工作混乱。

一、会计交叉型管理模式的概念及特点

会计交叉型管理模式是一种以会计为核心的管理模式，强调会计与其他管理职能之间的交叉融合，实现企业的全面管理。该管理模式将会计视为企业管理的重要环节，通过对各项财务数据的分析和处理，为企业的经营决策提供重要依据。

在会计交叉型管理模式中，会计职能不仅仅是财务报表编制和审核，还要与企业的其他管理职能进行交叉融合，如生产、销售、采购、质量、人力资源等。会计职能通过与其他管理职能的交叉，实现了企业管理的全面性和高效性。该管理模式的主要特点包括：

（一）纵向管理

在会计交叉型管理模式中，纵向管理是一种将会计职能与企业战略管理相结合的管理方式。纵向管理强调通过会计数据的分析和处理，为企业长远规划和发展提供支持。

在纵向管理中，会计职能扮演着重要的角色。会计部门需要向企业高层管理层提供准确的财务数据和分析，为企业制定长远规划和决策提供重要的依据。

会计交叉型管理模式的纵向管理主要包括以下几个方面：

财务分析：会计职能通过对财务数据的分析和处理，为企业高层提供财务分析报告，分析企业当前的财务状况和趋势，帮助企业高层制定合理的财务决策。

投资决策：会计职能参与企业的投资决策，评估投资项目的可行性和风险，为企业高层制订投资计划和决策提供支持。

预算控制：会计职能参与企业的预算编制和控制，通过对预算的监督和分析，确保企

业的资金使用得到有效控制。

资本结构：会计职能协助企业高层管理层制定企业的资本结构，包括资产负债表和资本结构优化等。

通过纵向管理，会计交叉型管理模式可以使企业管理更加科学化和精细化。通过财务数据的分析和处理，企业可以制定长远规划和决策，为企业的发展提供重要的支持。

（二）横向管理

在会计交叉型管理模式中，横向管理是一种将会计职能与企业各部门协同工作的管理方式。横向管理通过强调跨部门合作和信息共享，促进各部门之间的协调和配合，提高企业整体绩效。

在横向管理中，会计职能发挥着重要的作用。会计部门不仅要负责企业的财务核算和报表编制，还需要与其他部门协作，共同解决企业发展过程中的各种问题。

会计交叉型管理模式的横向管理主要包括以下几个方面：

预算编制：会计部门与其他部门合作，制订企业的预算计划，确保各部门的预算计划相互协调和统一。

资金管理：会计部门与财务、采购等部门协作，建立完善的资金管理制度和流程，确保企业的资金使用得到有效的控制和管理。

成本控制：会计部门与生产、采购、销售等部门合作，通过对各项成本的核算和分析，为企业制定成本控制策略和决策提供支持。

绩效管理：会计部门与人力资源等部门合作，建立绩效管理制度和流程，确保企业的绩效考核和激励措施与企业整体战略目标相一致。

通过横向管理，会计交叉型管理模式可以实现各部门之间的协调和配合，提高企业整体绩效。会计职能不再是独立的部门，而是与其他部门协作，为企业的发展提供重要的支持。

（三）信息管理

在会计交叉型管理模式中，信息管理是指将会计信息与其他部门的信息整合起来，通过信息化技术实现信息共享和协作，提高企业管理效率和决策质量。信息管理包括以下几个方面：

1. 信息共享

将企业各部门的信息整合到一个平台上，实现信息共享和互通。通过信息化技术，可以实时获取企业的财务状况和经营情况，为企业管理和决策提供支持。

2. 决策支持

通过会计信息的分析和预测，为企业决策提供支持。会计信息的分析可以帮助企业发现问题，预测趋势，制定决策方案，提高决策质量和效率。

3. 信息安全

确保企业信息的安全性和保密性，防止信息泄露和损失。会计信息中包含企业的财务和税务数据，具有很高的保密性和重要性，必须采取适当的信息安全措施进行保护。

4.信息流程优化

通过信息化技术，优化信息流程，实现信息的自动化处理和管理。例如，财务数据的自动录入和自动对账，可以减少人为错误，提高工作效率。

在会计交叉型管理模式中，信息管理是实现横向管理和纵向管理的关键。通过信息共享和协作，会计部门可以与其他部门紧密合作，提高企业整体管理水平和绩效。同时，通过信息分析和决策支持，会计信息可以为企业制定决策提供可靠的依据。

（四）创新管理

会计交叉型管理模式的创新管理指的是在会计交叉型管理模式下，通过创新的思路和管理方式，提高企业的管理效率和绩效。创新管理包括以下几个方面：

1.数据分析

通过大数据分析和数据挖掘技术，深入挖掘会计信息的内在价值，提高企业的管理决策能力和风险控制能力。例如，通过分析财务数据和客户数据，预测市场需求和销售趋势，制定相应的营销策略和产品策略。

2.智能化应用

通过人工智能、机器学习等技术，实现会计信息的自动化处理和管理。例如，采用自动化会计系统，可以大大提高工作效率和准确性。

3.创新服务

通过创新服务，提高客户满意度，增加客户黏性。例如，通过财务报表分析和财务规划咨询，帮助客户优化财务管理和提高财务效率。

4.信息化管理

通过信息化管理技术，实现信息共享和协作，提高企业的管理效率和协同能力。例如，采用云计算技术，可以实现企业信息的远程访问和共享，方便企业的管理和决策。

5.团队协作

通过团队协作，提高企业的管理效率和绩效。例如，组建跨部门团队，共同制定企业的发展战略和管理方案，协同解决企业管理中的难题。

以上这些创新管理的做法都可以在会计交叉型管理模式下实现，并为企业管理和决策提供更好的支持和服务。

会计交叉型管理模式强调会计与其他管理职能之间的交叉融合，使企业管理更加全面和高效。通过该管理模式，企业可以实现战略规划、绩效评估、成本控制等多方面的目标，从而提高企业的竞争力和创新能力。

二、交叉型管理模式下的现代企业会计知识管理

知识管理是企业管理的一种新趋势，由于目前经济形势的复杂化，企业的生存和发展显得越发困难，要适应利益变化的经济环境，企业就必须关注知识管理，特别是其在企业会计处理方面的应用。另外，经济的全球化发展让企业意识到要想获得生存和持续发展，

要想巩固市场竞争地位，就必须重视人才和创新，重视对企业知识的培训和管理，帮助企业和企业员工迅速成长。

（一）会计部门的知识沉淀与企业价值增长

1. 企业知识管理的重要性分析

经济全球化进程的日益推进和信息技术的不断发展，使得知识这一生产要素越发受到企业管理者的关注，同时，知识管理也开始被企业所重视。著名的管理学者德鲁克曾经分析说知识可能成为未来经济社会发展的重要生产要素而被人们所重视，这也预示着知识经济时代的到来。就目前企业的竞争情况而言，世界经济的发展显然已经迈入到知识经济时代了，因此，现代企业如果想要巩固市场地位，强化核心竞争力，就必须加强企业内部知识管理，提升企业管理效率，促进企业的长远发展。

2. 企业进行会计知识管理的优势

企业的会计管理部门可以维护企业的正常运行秩序不被破坏，同时也能对企业的财务活动进行实时监督和管理，使企业能在复杂多变的经营环境持续发展下去。结合前文中对知识这一重要生产要素的分析，再加上当前全球已处于知识经济的时代之中，企业在优化会计部门的内部管理流程，提高管理效率时，也可以从知识管理的角度重新对会计管理进行审视，继而从企业会计业务流程的角度研究出适合企业会计知识管理的具体流程，以实现企业会计管理的目标。因此，对于企业进行会计知识管理的优势，主要从以下三点展开具体分析：

（1）企业会计人员具备较高的专业素养

会计工作是一门专业性很强的工作，企业的会计从业人员一般都要求具备较高的专业素养。对于企业的会计知识管理而言，企业的会计人员就是实施会计知识管理的主体，他们不仅要促进企业知识管理流程的优化，还要对企业会计知识管理过程中的知识型员工进行改造，让知识管理的理念深入人心，因此，企业的会计人员就是利用会计知识、凭借其专业素养对企业的会计活动进行管理。

（2）会计部门具有较高的信息技术水平

由于信息技术的发展和不断进步，企业也开始引进信息技术手段辅助企业会计人员对会计业务进行处理，这样，会计部门就成为了企业各个业务部门中信息化程度比较高的一个部门了，会计电算化的实施更是加快了会计部门的信息化进程。因此，会计部门人员不仅普遍都具备较高的从业素养，而且也比其他部门具备更多的技术优势，这样也为企业进行会计知识管理奠定了很好的基础。

（3）会计部门具备标准化的业务流程

会计业务是一项专业性很强的业务，因此，对于企业的会计事项的处理一般都是按照一个既定的流程来办理的，即企业的会计业务处理流程是一个标准而统一的业务流程。企业设置会计部门就是为了按照国家的规定，对企业的财务信息进行记录、整理和分析，为企业利益相关者提供真实而准确的会计信息，因此，企业的会计信息记录一定要合法、合规且合理，这样才能通过标准化的业务处理流程实现企业的知识管理。

（二）会计业务流程与会计知识管理关联性分析

1. 会计知识管理概述

会计知识管理主要包括以下方面：

（1）会计知识管理是一种企业战略

企业会计和企业知识是两个不同领域的概念，企业会计知识管理作为一种新型的管理方式来帮助企业会计部门优化会计业务处理流程，提高企业会计管理效率，不仅是对企业管理方式的一种极大补充，更是从会计部门出发，来促进企业既定的总体战略目标的实现，因此，本文认为会计知识管理是一种企业经营战略和管理方法。

（2）会计知识的应用与分享

企业进行会计知识管理主要是针对企业所产生的会计信息而言，会计知识管理也主要是由企业的会计部门从业人员来完成的，他们凭借自身掌握的会计知识和会计业务处理能力对企业的会计信息进行知识型管理，优化企业内部的会计资源，以完成会计目标。

（3）信息化管理模式

会计部门是一个企业中信息化程度最高的部门之一，那是因为会计信息十分冗杂，企业会计信息的记录和处理都十分繁琐，在实行企业会计电算化之后，企业会计人员的信息化处理水平得到了显著提高，在此基础上，依赖企业会计人员自身的专业素养，将当前的信息化会计处理模式逐步向会计知识管理模式方面转变，会为企业更好地实行企业会计知识管理提供有利条件。

2. 企业业务流程与知识管理分析

想要实现知识管理，就必须将知识很好地融入到企业经营管理的每个业务过程中来，实现知识生产向产业化进程转变，以促进知识经济时代的繁荣发展。

（1）业务流程的定义

关于业务流程，很多学者都对其进行了研究，本文结合前人的研究成果和自己的理解，将业务流程定义为：企业将日常经营行为划分为不同的业务活动流程，然后凭借自身资源优势，在企业内部进行资源优化与业务活动再造，使每个业务活动能够相互联系，然后共同提高企业管理水平，并为客户创造更多价值。

（2）业务流程与知识管理流程的关系分析

当前学界对知识管理模式的研究主要是将知识管理的各个流程整合到一起，以企业的业务流程为中心，对企业的知识管理模式中知识的具体运转流程进行分析，即围绕企业业务流程，从知识的生产、应用、传递到储存，对知识在企业管理中的主要活动进行把握，从而梳理出企业的业务流程与知识管理的关系，为后续展开对企业会计知识管理体系的建设和研究打下良好基础。

（3）面向业务流程的知识管理研究

企业进行知识管理的最优状况是将知识管理和企业平时的经营管理活动融入到一起，

将先进的知识与企业的高效管理相结合，共同促进企业业务流程导向的知识管理的实现。而业务流程导向的知识管理是在优化了企业内部现有资源的基础上，对企业管理过程中的知识管理和业务流程再造进行积极融合，使之融为一体，让知识管理的观念深入人心，从企业底层开始逐级强化企业内部的知识管理意识，以促进企业知识管理模式的实施。

（三）基于会计业务流程的企业会计知识管理体系设计

1. 会计知识管理体系设计目标

企业进行知识管理有利于企业会计部门提升自身业务水平，帮助企业管理者提升企业会计管理效率，优化企业会计管理内部流程，并对企业自身市场竞争地位的巩固具有十分重要的意义。因此，在优化企业会计业务流程的同时，企业也将知识这一新型生产要素积极引入企业会计管理体系之中，形成企业会计知识管理的模式对企业的发展具有深远的影响。并且，企业在开展会计知识管理时，还要确定一个适当的整体管理目标，将会计知识管理作为企业战略管理的一部分去完成以提升企业核心竞争力，完成总体战略目标。那么，对于企业知识管理体系的设计而言，企业会计部门就应该设置相应的管理目标，以帮助企业会计部门及其从业人员明确会计知识管理的方向，从而辅助企业总体战略目标的实现。

具体而言，企业会计知识管理体系的设计目标有：第一，提升企业会计部门人员的业务知识水平，保证企业对于会计知识管理的培训能定期举行，让更多的员工明确会计知识管理的意义。第二，提高员工的积极性，促使员工真正重视会计知识管理，从而增强企业会计部门的学习能力和创新能力。第三，促进知识积累，帮助员工深化会计知识管理理论，并鼓励员工将理论积极运用到实际工作中。第四，以企业会计部门为中心，实现企业内部各部门之间的协调运作，提升企业管理效率。第五，建立有效的企业会计知识管理评价体系，对企业会计知识管理的效果进行实时监督和评价，以完善后期会计知识管理体系的设计。

2. 基于会计业务流程的企业会计知识管理架构设计

在会计业务流程的基础之上对企业会计知识管理体系设计的具体架构进行分析，将会计业务处理流程并入企业会计知识管理之中，在企业会计部门进行会计信息记录、整理、分析和归纳总结的同时，建立起适合企业发展的会计知识管理体系，并以会计知识管理目标的实现为前提条件，来促进基于会计业务流程的企业会计知识管理体系的构建。

基于会计业务流程的企业会计知识管理体系设计主要由三部分构成：第一，是企业会计知识管理体系目标的确定；即在符合企业整体战略目标的前提下，根据企业会计部门的实际运转情况，设定企业进行会计知识管理的具体目标，辅助企业战略目标的实现和企业竞争力的提升。第二，在管理目标确定之后，就要开始对企业会计知识管理体系进行具体设计了。这个过程主要包括会计知识的获取、整理、分析、应用，以及会计知识管理体系的测评和后期维护等，企业会计部门的工作人员主要需要对企业会计数据进行采集，然后对其进行加工处理，最后形成会计报表以汇报企业会计信息。第三，企业的知识管理体系的正常运转还需要后台系统的支持和维护，这一后台服务体系主要是由企业的会计工作人员、企业的信息系统以及既定的会计业务处理流程构成的。依靠这一企业会计知识管理体系的后台服务系统，企业可以更好地实现会计知识管理目标。

3. 企业会计知识获取途径

在会计知识管理体系建设过程中，会计知识的获取是最重要的环节，因此，明确企业会计知识的获取途径尤为重要。在进行企业会计信息采集过程中，企业的会计工作人员也要对采集的会计数据进行一定的分析。因为企业的会计信息有两种，一是由会计工作人员直接在各个业务部门采集的原始数据信息，这一部分的信息比较好处理；另外一类则是通过将原始信息进行一定会计处理后派生出来的新的业务数据，并且该派生的会计数据很有可能又会作为下一个派生数据的原始信息被会计人员所采集，因此，准确分析会计数据在每一个会计业务处理环节所承担的不同作用，对于明确会计信息的作用，正确使用会计信息进行后续的会计知识管理的意义重大。上述目标要想实现，也需要企业的会计管理人员以及会计业务工作人员都具备较高的职业素养和业务能力。

4. 企业会计知识的应用

在企业会计知识管理体系的建设过程中，除了准确获取企业会计知识之外，学会适当应用企业会计知识，并将企业会计知识转化为企业会计部门的核心竞争力，提升企业会计部门的运转效率和企业整体的管理效率都显得十分重要。因此，企业的会计管理人员和会计工作人员要学会通过已获取的会计知识信息来处理想要的会计业务，完成企业会计知识管理流程，实现从理论到实践的转变，提升员工自身的业务水平和会计业务处理能力。

三、交叉型管理模式下的企业对会计人员的培养和管理

伴随会计人员数量增加的是企业对会计人员的培养和管理的难度加大，如何利用企业有效的资源加强对会计人员的培养和管理成为我国企业面临的一道难题。

（一）企业加强会计人员培养的必要性

随着市场经济的发展和知识经济的到来，我国的会计制度也不断地发生着变化，对会计的要求也不断提升，企业加强对会计人员的培养和管理是时代的要求，也可以完善企业的会计人员队伍，保证企业财会人员的稳定。

1. 是知识经济时代的客观要求

随着信息技术的发展，我国已经全面进入了知识经济时代。知识经济是以现代科学技术为核心，建立在知识和信息的生产、分配和使用之上的经济。知识经济时代对企业的会计人员提出了新的要求，企业的会计人员必须具备国际视野，了解当前国内外的会计准则，适应经济全球化的趋势，企业只有加强对会计人员的培养与管理，才能让会计具备先进的国际视野。同时，管理信息化也是知识经济时代的另一个特征与趋势，企业的会计人员不仅必须具备相关的财会业务知识，还必须具备相当一部分的信息技术手段，会利用先进的信息技术加强企业对会计业务的管理，加强对会计人员的培养和教育可以让企业的会计人员更好地了解现代化的信息技术，提升企业的财务信息化管理水平。

2. 是稳定企业会计队伍的客观要求

随着高校财会教育的发展以及社会对财会人员的需求不断增多，我国中高级财会人员的数量不断增多，给经济发展带来巨大贡献的同时也给企业带来了巨大的管理困难。企业的会计人员一般都会接触到企业的财务核心，了解企业的很多商务机密，对企业的发展至关重要，企业会计人员的离职不仅仅意味着企业财务管理人才的流失，还会给企业的信息安全带来巨大危机。企业加强对会计人员的培养与管理可以有效地稳定企业会计人员队伍。

3. 可以提高企业会计工作的质量

随着市场经济的不断发展，我国的会计制度也不断地发生着变化，对企业财会人员的素质提出了更高的要求。会计人员是企业财会人员的核心力量，他们的专业素质是企业财会工作质量的保证，只有加强对会计人员的培养与管理工作，才能更好地提高他们的专业素质，才能让他们更好地完成企业的财会工作；同时，会计人员一般都是企业财会部门的主管人员，他们的专业素质也直接关系到和影响到下属员工的专业素质，只有加强对会计人员的培养与管理，才能让他们更好地管理基层财会人员，保证企业所有会计工作的质量。

4. 对企业的认同感和满足感

会计从业人员是企业重要的管理人员，他们对企业的认同感和自身的满足感直接影响到他们自身对财务管理的热情。通过加强对会计人员的培养和教育可以有效地增加他们对企业文化的认同，满足他们对自身发展的需求，让企业的会计人员可以更加全心全意为企业的发展做出自己的贡献。

（二）当代企业对会计人员的培养和管理中存在的问题

企业加强对会计人员的培养和教育既是知识经济时代的要求，又是企业自身发展以及会计人员自身发展的客观要求，当前我国企业对会计人员的培养还存在着一些不足，主要表现在以下几个方面。

1. 会计人员激励机制不完善

会计人员属于企业的重要管理人员，是企业财务管理的核心力量，是企业所有重要财务业务的决策者和执行者，对企业的财务管理至关重要。但企业对会计人员的激励机制尚不完善，没有科学的激励体系，大部分企业仅仅是按照会计的职称水平和从业年数相结合的办法简单地制定会计人员的激励体制，导致会计人员所获得激励仅与工作年限和职称等级相关，与工作的内容及工作能力无关，严重地制约了会计人员的工作能力以及工作热情的发挥，不利于会计人员积极主动为企业的发展做贡献。

2. 会计人员的培训与教育不合理

随着市场经济的发展，我国的会计政策和会计准则也在不断发生着变化，需要企业不断地对会计从业人员跟进相关的培训和教育，让会计从业人员及时地了解到会计行业的变化，随时学习到会计领域最先进的知识。但是需要指出的是，当前我国大多数企业的培训教育工作都是笼统开展的，并没有根据不同知识及业务层次的需求来开展不同的培训与教育。与基层的会计从业人员相比，会计人员具有专业的会计知识，丰富的会计从业经验，从事着企业比较核心的会计业务,有着很强的自学能力和研究能力,对会计人员的培训和教育应该与一般基层的会计从业人员有所区别,应该进一步开发会计从业人员的自学能力和研究创新能力,在满足会计人员学习愿望的同时引导他们积极为企业的财务管理工作做贡献。

3.会计人员的职业生涯计划缺失

会计属于企业的核心管理人员,与企业的长期发展息息相关。伴随着企业的发展,会计也应该不断地实现职业发展规划以及人生价值。但这一切都要以企业完善的人力资源管理为前提。当前我国对会计的人力资源管理相当落后,很多企业没有给会计制度完整的职业生涯规划,不能将自身的发展与企业的发展有效结合,导致会计的职业稳定性比较差,成为职业猎头关注的重点。一些企业的会计成功地被竞争对手挖走,给企业造成了人才的流失和信息安全危机,不利于企业的长期发展。

4.企业高层对会计的培养与管理不重视

会计是企业财务管理的核心力量,企业对会计人员的培养与管理直接关系到企业的竞争力。我国大部分企业长期以来一直忽视财务管理的作用,对会计人员的培养与管理不够重视,将企业的大部分资金放在了市场开发和产品研发之上,会计在企业管理层的地位比较低下,获得资金支持很少,不能在工作中有效地提高个人的素质,对企业没有归属感和认同感,严重地影响了会计人员对企业管理的作用,不利于企业的决策层根据企业的财务现状做出正确的决策,给企业的财务带来巨大的潜在危机。

5.对会计的职业道德教育缺失

会计从事的都是与企业资金相关的管理工作,对从业人员的自律性要求很高,只有具备良好的会计职业道德才能保证相关人员按照企业的规章制度办事,才能从根本上防止财务违规行为的发生。当前企业对财务人员的培养与管理工作明显偏向于专业素质能力的培养,对职业道德素质的教育比较缺失,不能为企业培养出德艺双能的会计人员,导致部分会计人员的职业道德素质低下,为了个人利益损害企业的利益,给企业带来巨大的危害。

(三)强化企业对会计培养与教育的对策

要想改善我国企业对会计人员的培养和教育工作,还需要从以下几个方面着手。

1.强化对会计人员的培养与管理意识

对会计人员培养与管理意识的缺失是造成各种问题的根本原因。会计是企业的核心管理人员,对企业的发展至关重要。企业高级管理层必须要有对会计人员的培养和管理的意识,将对他们的培养与管理与企业的发展紧密结合,改变过去"重研发和销售人员的培养与管理,轻财会人员的培养与管理"的落后思想,将对会计人员的培养与管理工作当成企业的日常工作对待,为企业对会计人员的培养与管理工作投入必要的资金。

2.建立完善的激励机制

缺乏完善的激励机制是会计人员培养与管理所存在各种问题的直接原因。会计人员从事的是企业的核心财务业务,对企业的发展至关重要,直接影响着企业的竞争力。当前我国的会计人员的激励体系普遍过于简单化，不能将会计的能力和贡献与所得到的激励有效结合。我国企业应该建立起完善的激励机制，将会计人员的工作能力与工作贡献有机结合，为会计人员制定全面的、完善的激励体系，引导会计人员积极主动为企业的发展做贡献。

3. 做好会计的职业生涯发展规划

与一般会计从业人员相比，会计更具有学习的欲望和能力，有强烈的职业发展欲望。当前我国很少有企业为会计制订职业生涯发展规划，没有把会计的职业生涯发展与企业的发展相结合。要想调动会计人员的工作积极性，保证会计队伍的稳定性，企业需要根据不同的会计的能力和职业发展愿望，为每一位会计人员制定详细的职业生涯发展规划，并在企业的发展过程中帮助每一位会计人员实现自己的职业愿望，将每一位会计人员的职业发展落实到企业的发展之中，将企业的发展与每一位会计的职业发展紧密结合，有效地促进二者之间的良性循环。

4. 加强对会计人员的个性化培养与管理

会计人员属于企业高级知识型人才，有很强的自学能力和学习愿望。对会计人员的培养与管理工作要与一般的会计人员有所区别，不能通过简单的培训来满足会计人员的学习愿望。企业应该鼓励会计人员的开创性和研究性学习，为会计人员的创新研究创造条件，鼓励会计人员参与一些企业的改革项目的研究以及一些国内的财会交流学术会议，鼓励会计发表一些高水平的会计学术研究成果，提高会计人员的创新能力。同时，企业还不能够忽视会计人员的职业道德教育，良好的职业道德是会计人员发挥其作用的前提，是企业所有教育和管理活动的前提。只有拥有良好的会计职业道德，会计人员才会主动维护企业利益，保护企业信息安全，按照企业的各项规章制度办理会计业务。

第二节 分散型管理模式

会计管理分散型管理模式是指企业中各个部门或单位独立开展自己的会计核算工作，缺乏全局性的协调和统一的管理。这种模式下，企业的会计核算数据分散在各个部门或单位之中，缺乏整体性和协调性，容易导致会计信息重复、不一致、错误等问题。

一、分散型管理模式的概念

会计管理分散型管理模式是一种组织管理模式，其基本概念包括以下几个方面：

分散管理：分散型管理模式是指将管理职能分散到各个部门或单位，让各个部门或单位有更大的自主权和决策权。这种模式下，各个部门或单位可以根据自身的特点和需要进行管理，从而提高管理效率和灵活性。

会计管理：会计管理是指通过会计手段对组织进行管理和控制。在分散型管理模式下，会计管理起到了重要的作用，通过财务报表、成本分析、预算控制等手段，对各个部门或单位的经营状况进行监控和评估，及时发现问题并进行调整。

绩效考核：分散型管理模式下，由于各个部门或单位拥有更大的自主权，因此也需要对各个部门或单位进行绩效考核，以评估其经营状况和管理效果。绩效考核结果可以为组织管理者提供重要的参考信息，帮助其进行决策和调整。

内部控制：在分散型管理模式下，由于管理职能被分散到各个部门或单位，因此需要建立有效的内部控制制度，对各个部门或单位的管理活动进行监督和控制，以保证组织整体的管理效率和风险控制能力。

二、分散型管理模式的缺点

会计管理分散型管理模式的优点是每个部门或单位都能够独立开展自己的会计核算工作，有利于提高工作效率和及时反映各自部门或单位的经营状况。但是这种模式也存在一些明显的缺点：

（一）分散式的独立财务组织效率低下、成本高昂

所谓分散式的独立财务组织是在各分支机构或子公司分别配置一套完整的财务人员，包括财务经理、会计和出纳等。这些独立的财务组织按各自的意愿、标准行事，相互之间没有经常性地沟通。

分散式的财务组织无法在不同单元实现负载均衡。当一个业务单元工作量突然加大时，其他单元的闲置能力无法进行及时的支援和补充，同时，由于无法形成专业化分工，每个人要求掌握全面的技能，对人员素质的要求相对较高，产能不均以及对人员素质的高要求带来了必然高昂的成本。

（二）缺乏对业务的支持和战略推进能力

分散式的财务组织一方面必须面对低效和成本的压力，另一方面也严重地制约了其本应发挥的业务支持和战略推进能力。

这种能力的制约来源于无法摆脱的基础业务。由于会计核算等基础业务是由当地的财务团队自行完成的，他们一方面要面对集团总部，学习最新的制度政策，按时出具各项报表报告；另一方面基层业务单位的报销、支付都必须经过当地财务团队实现，他们必须面对频繁的点对点沟通。

这种情况下，有限的能力和精力被频繁重复的琐碎事务所消耗，深入进行业务支持和协助集团进行战略推进变成一句空话。在这种内外交困的局面下，彻底地摆脱基础业务，释放基层财务人员的能力和精力，能够发挥他们本应发挥的作用，实现真正的财务与业务一体化。

（三）集团缺乏对基层业务单位及子公司的监控能力

分散式的财务组织削弱了集团对基层业务单位及子公司的监控能力。在分散式财务组织形式下，基层财务团队具有相对的自主性和灵活性。集团的政策下发到各基层单位是否能够得到有效地落实和执行成为一个值得怀疑的问题。

对基层业务单位而言，财务人员与其长期共同工作，当地的环境和人际关系会对其造成潜移默化的影响，当集团政策和基层业务单位意愿发生冲突时，财务人员会陷入两难的局面，而很多时候，他们会选择向基层业务单位妥协。对子公司而言，由于它本身是独立法人，具有自主经营、自负盈亏的法律地位，它甚至拥有对财务人员考核和发放薪资的权力。

在这种情况下，要求财务人员坚定不移落实集团政策显然存在极大的困难。这些因素，也最终导致集团对基层业务单位及子公司财务管理、财务监控能力的下降或丧失。

三、会计分散型管理模式在企业管理的应用

在企业管理中，会计分散型管理模式可以应用于以下几个方面：

（一）分部会计管理

企业通常会设置多个分部或子公司来管理不同的业务领域或地域。在分散型管理模式下，可以采用分部会计管理，让各个分部或子公司拥有相对独立的会计制度和财务管理制度。这样可以更好地反映各个分部或子公司的经营状况和财务状况，从而对各个分部或子公司的管理进行监控和评估。

分部会计管理是指在企业的分散型管理模式下，采用不同的会计制度和财务管理制度对各个分部或子公司进行独立的会计管理。在分部会计管理中，每个分部或子公司都独立进行会计核算和财务管理，形成自己的财务报表和财务指标。

分部会计管理的优点在于可以更好地反映各个分部或子公司的经营状况和财务状况，同时也能够给予各个分部或子公司更大的自主权和决策权。此外，分部会计管理还可以更好地实现成本控制和绩效管理。

但是，分部会计管理也存在一些缺点。首先，各个分部或子公司的会计制度和财务管理制度可能存在差异，这可能会导致财务报表的可比性降低。其次，由于各个分部或子公司的会计核算和财务管理都是相对独立的，会计人员需要具备更多的专业知识和技能。最后，由于需要进行财务报表的汇总和分析，分部会计管理也需要较高的信息技术支持。

因此，在采用分部会计管理时，需要根据企业的实际情况进行评估和规划，确保各个分部或子公司之间的协调性和一致性。同时，也需要加强信息共享和协作，以提高分部会计管理的效率和精度。

（二）预算控制

在分散型管理模式下，各个分部或子公司拥有更大的自主权和决策权。但是，为了保证整个企业的财务稳定和盈利能力，需要进行预算控制。通过制定预算和监控预算执行情况，可以确保各个分部或子公司的经营活动不会超出整个企业的财务承受能力。在分散型管理模式下，预算控制是一种常用的管理工具，可以帮助企业实现成本控制和绩效管理。预算控制是指在企业中制定预算，通过对预算的执行情况进行监控和控制，实现企业的目标管理和资源配置。

在分散型管理模式下，每个分部或子公司都有自己的预算，预算的制定和执行也是相

对独立的。因此，预算控制需要在分部或子公司层面进行。具体来说，预算控制可以包括以下几个方面：

1. 制定预算

在分部或子公司层面，制定财务预算和业务预算，包括收入预算、成本预算、投资预算、利润预算等。

2. 预算执行监控

对每个分部或子公司的预算执行情况进行监控，及时发现偏差，及时采取措施进行调整。

3. 偏差分析

对偏差进行分析，找出原因，并提出解决措施，以便更好地控制预算。

4. 绩效评价

根据预算完成情况，进行绩效评价，及时对业绩突出的分部或子公司进行表彰和激励，对业绩不佳的分部或子公司进行督促和调整。

5. 预算调整

随着企业经营环境的变化，需要及时调整预算。预算调整可以根据实际情况制定并及时落实。

预算控制可以帮助企业实现目标管理和资源配置，使企业能够更好地应对市场变化和经营风险。但是，预算控制也需要根据企业的实际情况进行评估和规划，确保各个分部或子公司之间的协调性和一致性，同时也需要加强信息共享和协作，以提高预算控制的效率和精度。

（三）绩效考核

在分散型管理模式下，各个分部或子公司拥有更大的自主权和决策权，但是也需要对各个分部或子公司进行绩效考核，以评估其经营状况和管理效果。绩效考核结果可以为企业管理者提供重要的参考信息，帮助其进行决策和调整。在会计分散型管理模式下，绩效考核是企业管理的重要环节之一，它能够帮助企业对各个分部或子公司的业绩进行评价和管理，从而提高企业的整体绩效。绩效考核需要具备以下特点：

1. 目标明确

对各个分部或子公司的业务目标和财务指标进行量化和明确，明确预期目标。

2. 量化指标

建立科学合理的量化指标，如销售额、利润率、市场份额等。

3. 全面考核

除了财务指标外，还应该考虑非财务因素，如客户满意度、员工满意度、市场反应等。

4. 合理权重

不同指标应该有合理的权重分配，以反映其对企业绩效的贡献。

5. 及时反馈

考核结果应该及时反馈给各个分部或子公司，以便他们及时调整经营策略和实施措施。

在会计分散型管理模式下，绩效考核可以采用多种方式，如个人绩效考核、团队绩效考核和全面绩效考核等。企业可以根据实际情况和需求，选择合适的绩效考核方式，并对其进行持续的改进和优化。

此外，绩效考核还需要考虑员工激励机制。在会计分散型管理模式下，各个分部或子公司的员工需要独立工作，因此应该为他们设置适当的激励机制，以激发其工作积极性和创造性。激励机制可以采用多种方式，如工资奖金、股权激励、晋升机会等。

绩效考核和激励机制的合理设置可以提高企业的整体绩效，促进各个分部或子公司之间的协作和竞争，从而为企业的长期发展打下坚实基础。

（四）成本分析

在分散型管理模式下，各个分部或子公司的经营状况和财务状况可能会有很大的差异。为了更好地掌握各个分部或子公司的成本情况，可以采用成本分析技术，对各个分部或子公司的成本进行分析和比较，找出成本高的部门或项目，提出改善建议，降低成本。在会计分散型管理模式下，成本分析是企业管理的重要环节之一，它能够帮助企业了解各个分部或子公司的成本结构和成本控制情况，为企业的管理决策提供重要依据。成本分析需要具备以下特点：

1. 成本分类

将各项成本按照性质和归属进行分类，如直接成本、间接成本、可控成本、不可控成本、固定成本、变动成本等。

2. 成本核算

对各项成本进行准确核算，如采用作业成本法、部门成本法、标准成本法等。

3. 成本控制

对各项成本进行有效控制，如采用成本控制预算、成本控制报告、成本效益分析等。

4. 成本改进

对各项成本进行持续改进和优化，如采用成本削减技术、成本效益分析、质量成本分析等。

在会计分散型管理模式下，成本分析可以采用多种方式，如成本效益分析、差异分析、贡献分析等。企业可以根据实际情况和需求，选择合适的成本分析方式，并对其进行持续的改进和优化。

此外，成本分析还需要考虑各个分部或子公司之间的协作和竞争。在会计分散型管理模式下，各个分部或子公司之间需要进行协作和竞争，以提高整体绩效。因此，成本分析应该采用协作和竞争的方式，如共同制定成本控制预算、开展成本效益分析等。

成本分析可以帮助企业提高成本控制能力，降低生产成本，提高利润水平，从而为企业的长期发展打下坚实基础。

（五）财务报表分析

在分散型管理模式下，各个分部或子公司的财务报表需要进行汇总和分析，才能反映整个企业的财务状况。通过对财务报表进行分析，可以发现问题、预测趋势、评估绩效，为企业管理者提供重要的决策支持。

综上所述，会计分散型管理模式在企业管理中可以帮助企业提高管理效率和灵活性，降低成本和风险，提升绩效和竞争力。

第三节　统一型管理模式

统一型管理模式克服了交叉型管理模式和分散型管理模式的不足，其特点一是企业会计部门统一信息联网。二是实现现代企业由分权型管理向集权型管理的根本转变，如资金调度权、资产处置权等主要权力集中总机构，而各分支机构只保留经营权。缩小管理半径，减少管理层次，才是最有效的管理体制，以适当集中财务，实现有效监控。

一、会计集中核算的基本概念

（一）会计集中核算的概念及特征

1. 会计集中核算的概念

随着国外大型企业进驻中国，其创新的财务管理模式的实践案例和理论也随之而来，国内企事业单位特别是行政事业单位基于我国国情、综合考虑我国公共财政体系与经济发展状况等，不断进行管理会计制度的改革，以规范财务管理，有效合理分配和使用资金，才逐渐从分散型的财务核算模式向集中核算转变，开始尝试会计集中核算模式的创新，也逐步形成了我国的会计集中核算模式，可以根据组织类型分为行政事业单位集中核算组织模式和大型企业集团集中核算组织模式。

企业集团会计集中核算是对组织结构、业务流程和信息建设进行了再造，一般是以企业集团为会计核算主体，将会计的核算、管理和服务的职能进行了融合。在保留企业集团内各下属单位限定范围内的所有权、使用权、决策权不变的基础上，通过成立独立会计核算中心，统一财务制度与基础信息、核算流程、权限管理，实现一本账管理。通过财务信息系统与前端业务相协同，辅以恰当的人为干预，自动生成会计凭证，进而加快合并会计报表编制速度，增强了集团合并会计报表的及时性和可靠性，让核算集团能更好地了解资金、资产等使用情况，增加企业资源配置和财务监控能力。一般情况下，企业集团会计集中核算根据各集团公司的业务单元或业务流程进行核算岗位设置。根据不同的业务单元进行岗位设置时，总部主要是进行财务管理和财务分析，各分部子公司有自己账套，自己的主管会计，自行核算，根据业务流程的主要环节进行匹配。

2.会计集中核算的特征

(1)集中性

一是将企业在分散式下进行的重复性的业务活动整合到会计核算中心集中处理；二是通过业务财务一体化信息平台建设，将各分部子公司的业务信息集中传输到财务系统整理、加工后成为财务数据，并利用管理软件对财务数据进行分析，出具报告；三是在同一个资金支付平台，定期资金归集集团总部，下属公司依照资金管理要求，在企业预算范围内，安排资金集中收支。

(2)统一性

会计集中核算模式下要将看似分散、独立的集团下属各分部子公司的财务集中核算，需要对一个或多个地点的人员、技术和流程的有效整合，拆分成更加标准的任务单元，不断进行流程优化，就需要一套标准化体系，即统一的会计科目、会计政策、流程标准、信息系统和数据标准。

(3)技术性

会计领域的变革主要是因信息技术的发展和财务管理的需要。会计的工作就是识别、收集、记录、核算、存储财务数据，生成所需要的财务信息，前端为业务提供经营状况反馈，后端为管理决策者提供数据分析报告，支撑决策的过程。此外，还要向相关利益者报送、披露财务信息。由此可见，信息处理越快，财务管理的效率就会越高，从财务会计到财务管理，每个财务领域的发展都离不开高效率、高度集成的软件系统和电子通讯技术的支持。

(4)服务性

一是以信息技术为平台，采集、加工、整理和存储有关业务部门的详细数据，监督业务部门是否按照要求行事，反馈信息给业务部门，同时，为业务管理者提供与运营相关的报告，更好地和业务单元融合，面向业务经营，提供财务服务；二是根据不同会计信息使用者编制相应的报告，并将报告提供给使用者，为其实施决策提供财务信息支持。

(二)会计集中核算模式的意义

1.会计集中核算模式

会计集中核算模式指的是企业财务部门在其部门所成立的一个会计核算中心，在企业的资金所有权以及使用权和财务自主权都未变的条件下，取消了部门会计和出纳，部门只设有报账员，之后通过会计的委派，对行政事业单位办理的会计集中核算业务，由会计核算还有监督管理服务于一体的会计集中核算模式。实行会计集中核算模式是在企业中一种较好地管理企业财务的形式，可以更好地提高企业的工作效率。

2.企业实施会计集中核算模式的意义

会计集中核算是将最新的信息资料和财务核算的相关数据集中管理起来，这在很大的程度上面减少了工作的重复性以及人为干预和财务流程等一些中间的环节，在网络会计信息等一些数据的处理中也降低了一些偶然性和发生错误的概率。会计集中核算模式也是为企业的管理提供了有效强有力的预算帮助，而预算管理也是直接对企业的资金使用情况进行相应的集中管理调配等。目的在于降低企业的资金风险，从而提高企业资金的重复利用效率。会计集中核算和传统的财务核算方法相比较，在一定程度上也是降低了对会计人员的控制和约束，很大程度上保证了其主动性和发展其积极的机会。在工作上发挥其最大工作效率，这样不仅减少了在机构管理岗位安排会计人员所需要的费用，更是清除了会计人员的顾虑。

二、会计集中核算的优缺点

会计集中核算是财务管理的重要环节，是一种有效的会计管理模式，会计集中核算是把会计核算和会计管理监督融为一体，所谓的会计集中核算就是把纳入集中核算的单位在资金的使用权、资产管理权和运营自主权不变的情况下，交与会计核算中心，对单位的资金进行核算和监督。

（一）会计集中核算的优点

1. 加强监督和管理，从源头上遏制和预防腐败现象发生

会计集中核算要求成立核算中心，核算中心集中管理会计人员，统一负责会计人员的各项工作和待遇，这样的做法使会计人员不隶属于被核算单位，能更好地行使会计核算和会计监督的职能，能准确地反映单位的经济活动和监督状况，有效防范财务风险和国有资产流失。

核算中心严格从制度和运作程序上规范了各单位的财务行为，有效遏制各单位私设小金库、坐支、截留、挪用资金、收入等问题，初步形成了具有前瞻性和预防性的监督机制。

2. 增强宏观调控能力

实行会计集中核算后各部门各单位的银行账户由核算中心集中管理，改变了以前资金分散在各单位的现状，在一定程度上有利于对资金进行统一调度和管理，实现了对资金的统筹安排，可以集中财力办大事，增强了内部宏观调控能力。

3. 统一会计政策，规范会计核算

纳入集中核算，统一会计政策，规范会计核算，有利于避免有些会计人员对会计政策、制度等理解不透彻，做出违规的行为，体现了"一起干"的好处。

纳入集中核算，按照统一的政策、统一的标准进行收入、支出的核算，有利于对各单位财务收支状况进行横向比较，增强纳入集中核算的各单位的财务状况的可比性。

4. 提高了会计信息质量

核算中心的工作人员一般都是通过公选、调、录等形式招进来的业务水平较高、具有丰富工作经验的会计人员，严格按照国家统一的会计制度进行核算，从技术层面上保证了会计核算的质量，保证了会计信息的可信度，提高了财务报告的质量。

5. 财务信息更加通畅

财务集中核算后，会计人员将财务数据集中汇总、集中上报，便于领导及时掌握资金动向，为决策提供及时、可靠的财务数据。

6. 有利于财务报表及时、准确上报

实行集中核算后，各单位不再出具财务报告，而是由核算中心统一出具并打印，再交由核算单位上报，提高了工作效率。

（二）会计集中核算的缺点

1. 会计主体责任的定位不明确

在实行了会计集中核算之后，日常记账等会计业务处理发生了空间转移，由单位会计部门转移至会计核算中心进行，有的单位在实行了这一制度后，被核算单位撤销了会计这一岗位，部分管理人员认为，一个单位缺少了会计核算人员就可以不用承担相应的法律责任。

2. 记账与使用账的脱节

由于是核算中心记账，而核算单位上报给主管部门、税务部门、统计部门等的经济数据要从核算会计处取得，然后再上报，这就造成办事效率低，出现了用账的人看不到账的情况。

3. 不能做到及时报账

首先，由于大部分报账单位都远离核算中心，不可能做到单据及时报销，如果出现单据不符合要求而退单的情况，那就更加延长了单据的报账时间。

其次，每个单位基本上只有一个报账员，有的报账员甚至身兼数职而且会计基础知识薄弱，这就导致了因为不熟悉财务知识和相关的制度，在结算报账时，单据书写不规范、经费混淆使用等情况而延长报账时间，降低结算工作的效率。

4. 出现核算单位固定资产账账不符现象

出现固定资产明细账和单位台账不一致，在主观因素上，有的单位的领导对固定资产的管理不够重视，造成单位对固定资产购置、登记和报废等环节的管理工作不细致。在客观因素上，有的单位因为会计集中核算的时间短，造成了资产管理制度不健全，存在漏洞。

5. 会计核算中心人员不足

基本上是一人兼管多个单位账务，每一项工作都有一个忙点，会计工作也不例外，一人同时负责多个单位会计工作，会计核算人员每天的时间都被报账、记账、打印凭证和报表等日常基础工作填满，造成了只强调单位的核算和监督工作，对于预测和决策工作不予理会，也没有时间和精力对企业的业务情况全面掌握。

除此之外，由于核算中心远离原始凭证记载事项的发生环境和地点，脱离了各具体单位的实际业务工作，不了解情况，缺乏对经济活动进行直接、及时、全方位的监督，从而无法保证会计事项的真实性。

6. 档案管理主体不明确

一般情况下，会计档案都存放在核算中心，由于档案管理主体不明确，管理不规范，给核算单位查阅带来诸多不便。

三、会计集中核算的目标与模式

（一）会计集中核算的目标

会计集中核算的目标是以提高财务支撑服务为核心，将获取的信息进行整理、加工、分析、展示，输出内部报告和外部报告，支持企业各项管理所需数据要求，进行经营分析，为企业创造价值。

随着全球化、信息化飞速发展，让本就复杂多变的市场更加难以预料，财务对企业经营管理的支持决定了财务部门的工作不只是基础会计核算、提供报表和对外进行常规税务申报，而是要深入到企业价值链的各个业务单元，为业务提供财务服务，从各个维度分析企业经营业绩的管理报告。

（二）会计集中核算的模式

以集团企业作为会计集中核算模式下的主体，为实现一本账管理，利用信息技术将数据汇总到同一个核算系统中进行规范运行，企业集团总部不再是被动等着数据，而是主动根据需要了解子公司的财务情况和经营结果。根据会计信息集中的层级的不同，可以将会计集中核算模式划分为大集中模式（一级集中）和分级集中模式（两级集中）。

1. 大集中会计核算模式（一级集中）

一级集中模式核算特点：为落实集团一级核算，建立了一级数据中心，即将数据存储、处理和查询的工作都集于集团总部数据库，设立一个会计核算中心完成整个集团基础会计核算、报表编制、资金结算等工作，完成一本账管理目标，下属公司在权限范围内可以通过核算系统连接到一级数据中心进行查询和处理。

2. 分级集中会计核算模式（两级集中）

分级集中会计核算模式下，数据中心由两级构成，即集团总部数据中心和一级子公司数据中心。分级集中是先分级后集中，将层级分成两级，在两层级层面又分别进行数据集中，这两个中心为会计核算中心的建立奠定了基础，使会计集中核算也因此分成两个层级。各级子公司的财务数据都是在二级数据中心核算，二级中心的数据通过信息技术同步给一级中心。根据集团总部在一级数据中心对子公司数据的存储方式，可以将两级集中的模式细分为：分账集中与并账集中。

（1）分账集中

分账集中各一级子公司以独立账套的存储方式将数据同步到集团总部。集团从一级数据中心直接调取各子公司核算情况及报表，及时掌握下属单位财务状况和经营成果，做出财务分析，支持管理决策；但一级子公司还是以独立账套并联在集团总部，集团难免有报表编制、数据对比、内部交易抵消等问题。二级子公司数据在二级数据中心核算其营收、资产、成本费用及资金收付等情况，方便集团总部和一级子公司了解其财务状况，进行实时监控。

（2）并账集中

并账集中方式下，不同二级中心数据同步到一级数据中心后，各子公司不再并联而是串联成一个套账在集团总部，数据全部存储在一级数据中心仓库。并账与分账集中都是一本账，子公司独立核算，主要区别在于各一级子公司数据同步到集团总部后是串联还是并联。相比较而言，并账集中有利于内部交易抵消，可在一个账套内抵消内部交易，也方便对整个集团按一定要求汇总查询与分析。

（3）大集中和分级集中会计核算模式优劣分析

大集中和分级集中会计核算模式各有优劣，并不是每个企业都采用一样的核算方式，需要根据自身战略目标、组织架构、业务流程、技术能力等因素综合考量，并且企业在发展的不同阶段，也是可以进行改变的。

四、会计集中核算模式对企业管理的影响

（一）集中核算模式对企业管理的有利影响

在整体的产生效果来看，会计集中核算的实施在企业的财务管理中有利影响是占大部分的，利大于弊。因此对这个情况，主要是从有利于企业提高财务管理工作的效率和有利于企业财务管理的这两个方面来进行论述。首先是对企业财务管理中工作效率的提高有一定的积极影响，在企业财务管理中实行会计集中核算模式制度可以节省中间很多不必要的流程，减少了发生其偶然性和错误性的概率，避免了产生漏洞以及重复的可能性，这在很大程度上是减轻了企业财务的工作负担并提高了企业财务管理的效率和水平。会计集中核算主要采用的是一种特有的核算软件，工作也都是实行的电算化来进行操作，这样的操作模式不仅提高了财务管理的工作效率，更是能在第一时间发现问题。换一种说法便是能够在财务管理工作中实行事前事中事后等全方位的管理，有利于提升财务管理层次。

（二）集中核算模式对企业管理的不利影响

会计集中核算模式的实施对于企业来说也不都是只有有利的一面，有利亦有弊，总的来说就是体现在财务管理难度方面和技术层面的不可调控性这两点上。第一财务管理难度增加，因为会计集中核算是一种比较全新的核算体系，在全程操作中基本上采用电算自动化来进行模拟操作，这种操作会给操作人员带来很大的压力，也会给财务管理方面增加不小的难度系数。技术层面的不可调控也会给企业的财务管理带来相应影响。会计集中核算模式虽然具备很大的优势，但是在一些特殊情况处理下，可能也不大适应企业财务管理。

（三）企业管理实施会计集中核算模式的方案

会计集中核算在企业财务管理过程中还是有着积极的意义，在保证企业的高效管理中，我们需要采用更好的措施方法进行这一操作。首先可以从建立会计集中核算系统入手。建立会计集中核算运营体系并保证该体系的正常运转，是保证企业财务管理高效的前提。具体就是做到对其体系的运行提供相应的技术支持以及对业务的处理进行规范，对关键的要点进行控制，和对相关的财务政策会计规定进行整理统计。只有落实好相应的基础工作，

才能更好地保证会计集中核算系统的基础运行和提高财务的高效管理。此外则是深化会计集中核算项目的运行，深化会计集中核算项目运行的主要目的也是为了对企业财务管理的提高提供有力的帮助。对和财务管理有关的信息加以整合，对如何监督还有数据统计以及财务预警情况进行研究，建立起企业内部的一些管理体系和创建符合其企业的实际情况的会计集中核算模式的管理体系。只有这样完善才能更好地实现企业管理的高效运转。

第六章　现代企业会计管理的不足

第一节　人才缺乏

人才缺乏会给企业会计管理工作带来严重的不良影响，甚至给企业整体经济效益带来影响。通常情况下，其原因主要在于以下几个方面。

一是企业没有积极开展人才的培养工作，导致既有会计工作人员未获得有效指导和培训，专业技能水平以及综合素养不足，对于自身工作也不够重视。

二是会计工作人员在工作实践中未能充分吸取经验教训，导致自身在开展工作的过程中，不能有效提升工作质量及效率，使会计管理工作的整体效率难以得到提升，也就限制了企业的整体发展。

一、会计人才概述

（一）会计

所谓会计，就是把企业有用的各种经济业务统一成以货币为计量单位，通过记账、算账、报账等一系列程序来提供反映企业财务状况和经营成果的经济信息。会计是以货币为主要计量单位，运用专门的方法，对企业、机关单位或其他经济组织的经济活动进行连续、系统、全面的反映和监督的一项经济管理活动。具体而言，会计是对一定主体的经济活动进行的核算和监督，并向有关方面提供会计信息，即指企业经营活动中，具有一定专门知识和职业资格的员工从事与公司资金运转有关的一系列活动，并据以进行科学的分析与预测，向投资者和债权人等各方面提供准确信息，促进企业不断改善经营管理、提高经济效益的一种专门的经济管理活动。通过这类活动，公司能够正常运转和不断壮大。

（二）会计人才及其特点

1. 会计人才的含义

会计人才指的是在经济社会建设中，掌握一定的会计理论及相关专业知识，在会计实践、管理、教学、理论研究等领域具有突出成绩，为国家的经济建设做出一定贡献的人。会计人才并不是一成不变的概念，随着经济的发展和社会的不断进步，会计人才的能力和素质要与所处的经济环境相适应，因此，会计人才培养也应当与时俱进、符合国情需要、体现时代要求。我国会计人才一般包括初级会计人才、中级会计人才和高级会计人才。

2.会计人才的特点

会计人才是人才的一种，具有人才的一般特征，又有其独特性，会计人才培养要从其特点出发。现阶段，我国会计人才主要体现为七大特点，具体如表6-1。

表6-1 会计人才的特点

特点	说明
专业化	会计是经济管理的工具，具有高专业性、高政策性和宽社会性等特点，会计人才必须掌握一定的会计专业知识，熟悉会计核算流程与方法。
复合化	新时期的会计职能不仅仅是核算和监督，更重要的是预测、计划、控制、分析和决算等。除了要掌握会计专业知识外，会计人才还需要掌握财政、金融、税收、经济及其他相关学科专业知识。
层级化	从结构上看，中国会计人才从初级到中级、高级呈金字塔状。在会计实践中，不同岗位需要不同层级的会计人才，培养应结合行业特点，从实际需要出发，有层次有重点地加以培训。
实用化	理论指导实践，实践推动理论。会计人才在掌握会计及相关专业理论知识的同时，要学以致用，将所学理论运用于实践中。
现代化	既符合国际惯例，又具有中国特色的会计理论和方法体系是我国会计现代化的具体要求，包括会计观念、方法、手段、管理的现代化，是国际化和国家化的结合。客观环境会制约会计观念，会计现代化首先应该是观念的现代化，其标志是会计信息化。
国家化	会计人才培养要以中国的社会经济环境为基础，继承、发扬优秀成果，体现中国特色。
国际化	中国会计要更好地参与国际竞争，走向世界，与国际惯例接轨，会计人才培养还要体现国际化特点。

二、会计人才胜任会计岗位的关键能力

随着科学技术和信息技术的不断发展，企业会计面临很多新变化，企业会计人才岗位胜任要求更高，会计人才需要具备更高的实践技能和职业素养，企业会计人才需要创新理念，树立终身学习的理念，不断提升自身的职业能力与素质，以适应会计岗位新需求。

（一）会计人才胜任会计岗位的战略价值

进入信息化时代，企业被计算机技术、大数据技术、云计算技术、人工智能等各类颠覆性技术渗透，企业经营与管理发生了很大的变化，企业的财务管理趋向智能化。新知识与新技术使得企业会计工作方式发生转变，企业财务持续优化需要会计人才转变角色定位，企业持续竞争力提升需要会计人才胜任力提升。

1.新知识与新技术使得企业会计工作方式发生转变

在新时代，会计政策发生了变化，企业产生的业务更加新型化，企业的信息化水平更高，新知识和新技术使得企业会计信息的内容也更加丰富和复杂，企业会计工作方式发生了很大转变，新的工作方式要求企业的会计人才具备更强的岗位胜任力，能够在工作开展过程中应用更多的新知识与新技术，不断创新工作方法，以提高会计人才的工作实效性。

2. 企业财务持续优化需要会计人才转变角色定位

企业信息化管理水平不断提升，企业财务的智能化程度增强，企业的财务持续优化，需要会计人才具备智能化财务管理的知识与技能，更需要企业会计人才转变自身的角色定位，企业会计不再过于依赖传统的财务管理，主要完成某项具体的工作任务，更需要将财务与业务相互结合。企业的会计人才需要成为企业组织的战略者、凝聚者、完美者、协调者、创新者、推进者、监督者、任务者。

3. 企业持续竞争力提升需要会计人才胜任力提升

企业与企业之间的竞争日趋增强，企业要保持自身的发展优势，就需要保持自身的竞争力，企业持续竞争力提升需要企业会计人才提升岗位胜任力。具有较强的会计岗位胜任能力的会计人才能够为企业编制财务规划、年度经营计划等，能够建立财务分析评价指标体系和投入—产出分析模型，能够不断优化和控制企业的财务结构，能够为企业领导者的管理决策、改善资产质量提出建议，能够分析企业的经济状况，帮助企业作出有利的决策。

（二）会计人才胜任会计岗位的关键能力

企业会计人才胜任会计岗位的关键能力主要包括职业价值观与素养、财会专业知识与技能、领导力等。

1. 职业价值观与素养

会计人才胜任会计岗位的最基本要求是具备较高的职业道德，会计人才在会计岗位上要做到遵纪守法、爱岗敬业、诚实守信，具备较强的工作责任心，保持工作中的主动性和积极性；会计人才要具备一定的全局观，能够全方位考虑企业的人与事，不断优化配置企业资源。

2. 财会专业知识与技能

会计人才胜任会计岗位需要具备专业知识与技能，专业知识的覆盖度要高，财会专业知识的运用能力要强，同时会计人才需要拥有复合型知识，能够掌握最新的行业态势，了解其他领域；企业会计人才要具有一定的学习力，能够坚持学习，能够主动适应工作新要求，适应智能财务管理要求。

3. 领导力

企业会计人才胜任会计岗位还需要具备一定的领导力，能够高效地进行人际交往和沟通交流，要具备自身的沟通风格，具有一定的情商，和跨障碍获得信任的能力；具有谈判与冲突管理的能力，能够妥善处理企业内外部关系，能够积极化解摩擦与冲突；具有团队建设和人员管理能力，能够培养团队成员之间的协作能力与信任能力，打造高效的团队；具备一定的战略思维能力，能够将财务与企业业务有效融合，帮助企业进行战略调整。

三、企业会计队伍建设问题分析

会计工作是企业经济管理工作的重要内容，随着社会经济的不断发展，会计工作也在逐渐完善。近几年，我国国民经济发展速度加快，会计工作面临更大的挑战和机遇，因此，对会计人才的专业素质提出了更高的要求。

（一）强化企业会计人才队伍建设的必要性

1.我国国民经济发展的需要

目前，会计队伍建设受到党和政府的高度重视。财政部提出会计队伍建设的主要任务，其中一个任务是着力统筹开发其他各类各级会计人才。实际上，不管是哪一层次的会计人才，其作用的发挥主要体现在具体的会计工作实践中。

2.企业发展壮大的需要

在社会主义市场经济环境下，人们进入了信息化时代，会计工作在企业的管理中发挥着重要的作用。站在信息的角度上分析，准确、及时的会计信息直接反映着企业已经发生的经济业务状况以及经营成果，会计信息可以体现出企业经营管理等方面的经验，并且可以作为企业经营管理的重要依据。同时，企业的利益相关者以及未来的利益相关者都非常关注企业的会计信息，会计信息的不完整、不真实，则会导致企业与现实利益相关者以及未来利益相关者相脱离，从而影响企业的生存和发展。而会计人员是企业会计信息的生产者，因此，会计人才队伍建设对企业的发展壮大至关重要。另外，有人认为流动资金是企业正常运行和发展的"血液"，而财会部门则是企业发展的"心脏"，会计人才队伍是保证企业"心脏"正常运行的重要基础和条件，并且直接决定着企业"心脏"运行的机能。因此，企业需要加强会计人才队伍建设。

（二）我国企业会计队伍发展现状

1.企业会计人员专业知识不足，专业素质偏低

目前，企业会计人员的专业素质偏低，与市场经济的发展需求不相适应，也与社会经济的发展速度不相符。我国会计人员数量比较大，其中大部分会计人员是通过"师傅带徒弟"的方式从事会计工作的。随着我国陆续颁布了新的会计制度以及相关的会计准则，通过传统方式走上会计岗位的会计人员的知识结构还不够科学，这些会计人员的整体素质偏低。而高素质、高学历的财会人员则相对比较匮乏，尤其是综合型的财会管理人员无法满足市场的实际需求。

另外，大部分的会计人员只是掌握了一些基础的会计知识，对于较为先进的会计核算方式则不够了解，有的会计人员在处理日常的经济业务时，往往是根据以往类似的工作业务的经验进行处理。有的企业的会计人员的基础相对比较薄弱，甚至在某些企业，会计工作成为一种照顾性的工作岗位，企业经常将一些不具备会计专业知识的工作人员放置在会计工作岗位上。随着社会主义市场经济的快速发展，人们对会计工作提出了更高的要求。在这种严峻的形势下，如果企业的会计人员的专业知识与经济发展的步伐不一致，则会对企业的财会管理工作产生严重的影响。

2.企业会计人员法律意识不强，缺乏健全的监督机制

有的企业的会计人员的法律意识比较淡薄，不了解会计法律法规，会计人员不愿意主动学习与会计相关的法律法规，许多会计人员不懂法，甚至不守法。同时，许多会计人员

对会计准则、会计制度方面的知识了解不够，因此，在实际的会计工作中，很少有会计人员能够真正做到遵纪守法、依法办事。另外，目前国内的会计法律监督机制还不够健全，会计的从业规范体系还存在一些问题。在企业的日常会计工作中，有些会计人员没有按照会计准则和会计制度办事，违法现象比较严重，给企业带来了巨大的经济损失。因此，企业会计人员的法律意识淡薄直接影响着企业的发展。

3. 企业的会计人员缺乏独立性

目前，大部分企业的会计人员的独立性受到干扰。企业的负责人与会计人员在工作职位上属于从属关系，也就是说，企业的负责人对会计人员有直接领导权和管理权，这种关系直接导致会计信息的不真实。由于负责人与会计人员是一种上下级从属关系，从而导致企业的会计人员的职业道德也带有一定的从属关系。这种从属性与企业文化、企业负责人的职业道德素质有着密切的关系。有的企业负责人有时为了获取更高的经济效益，经常给企业会计人员施加一定的压力，要求会计人员制造一些有利于企业发展的虚假信息，导致企业会计人员违背会计准则，制造虚假财务报表。因为这种从属关系没有随着企业会计人员的主观意识以及职业道德而转移，所以，大部分会计人员在受到企业管理层施加的压力之后，违背了自己的职业道德和会计准则制造出虚假会计信息。

4. 会计技术职称考试制度不健全

随着社会主义市场经济的快速发展以及全球经济一体化步伐的加快，特别是我国加入世界贸易组织之后，我国重点强调将国内的会计制度与国际会计工作协调发展，不断推进会计行业的改革。同时，对会计工作的专业性提出了更高的要求，要求会计人员具有较高的专业职业技能。另外，新经济体系以及方式的不断创新，为会计学科的发展提供了新的动力，也推动了会计行业的快速发展，对企业的会计人员提出了更高的要求。

第二节　体系不完善

企业内会计管理工作得到有序开展的主要原因在于科学合理的制度体系给予的充分支持。在开展工作的过程中，会计工作人员根据制度体系要求对自身的工作进行充分落实，这样做的目的是全面提高会计整体的管理水平。但是部分企业中并未能够以实际情况为基础，合理优化会计管理体系，导致体系结构不健全，不能为企业整体发展提供有效的支持。另外部分企业对于体系中的细节问题不够重视，使体系整体存在缺失情况，不能在实际会计工作中为相关工作人员提供全面有效参考，甚至可能导致会计工作中存在越来越多、越来越大的漏洞，并使企业发展过程中的提质增效受到严重影响。

一、会计管理体系有待健全

（一）与会计有关的法律体系不健全

就我国现行的与会计有关的法律法规而言，主要存在两个问题，如下：第一，司法实践中，披露虚假信息的过程较为复杂，从原始凭证到公布会计报表存在很多环节，与企业的关系较为密切，例如会计注册师、财务经理、企业监管等。目前，我国的会计法律法规并未对法律责任进行明确规定。第二，会计法律法规中，并没有具体认定虚假的会计信息。

（二）会计的监管方面不严格

现阶段，我国的会计管理体制的监管机制还有待完善。虽然，我国对会计的立法时间较早，但是在实际操作中，会计工作人员仍被当成是企业法定代表人的一种"私人财产"，会计所具有的地位尚未被社会普遍认可，因此实际的会计工作还是企业负责人进行安排，缺乏独立性。

二、公允价值在实际应用中存在的问题

当前我国会计准则体系中，大部分准则都运用了公允价值计量属性，该属性的运用除了给会计计量与金融政策带来直接影响外，还直接影响到非货币性的资产交换过程以及债务重组与非共同控制下的企业合并等交易事项。之所以采取公允价值的计量模式，主要是因为它能很好地体现出实质重于形式的原则，对企业生产经营发挥了重要的指导作用。

（一）现金流量的不确定性使企业难以获得公允价值

随着社会的进步和发展，我国的市场大环境也发生了相应的变化，面对这一形势，公允价值也不易于获取。公允价值的特征就是公平交易，在实际运用时，交易过程必须公平、公正、透明，因此，企业在交易过程中，应在充分了解交易规则与交易情况的基础上自愿买卖。通过这一点可以看出，现实经济环境已严重制约了公允价值的应用。此外，只有市场交易活跃，公允价值才具有现实应用意义，否则将成为一纸空谈。不过，对于多数企业来说，企业中的资产与负债在活跃的市场交易氛围中很难找到与之相匹配的交易价格，所采取的技术措施也只是将未来现金流量参照于现有的折现率折算成目前的现金价值的现值计量，而企业经营的未来的某一个点具有不确定性，使公允价值无法获取。

（二）难以掌控公允价值信息质量的可靠性

通常情况下，认定公允价值包含三种方式。其一是在活跃的市场交易中，交易价格就是公允价值。其二是，当市场中没有发生实际交易，企业应根据同类或者类似的交易记录，以同类交易价格作为计量基础，确定公允价值。其三是如果在交易市场中不存在相关的交易记录，企业的财务部门就应当以交易双方签订的合同为准，或者采取估值的办法，在估值过程中，应尽量保证公平、公正、合理。不过，交易市场中的信息具有多样性，其估值的方法也较为复杂，因此，会计信息的可靠性也难以保证。

（三）企业的治理结构存在缺陷

企业中的债权人及经营者所表现出来的行为目标各不相同，在企业的实际经营中，难免会遇到一方或多方利益受损的情况，因此就产生了主体的利益冲突。加之我国许多企业的内部治理结构尚不健全，企业内部"自己人控制"的局面仍然存在，因此，企业的公允价值也就成为了这些人利用的工具。某些企业中的董事会为了实现利益最大化，甚至强制性地要求会计人员按照自己的意愿行事，使得公允价值失去公允性。

三、企业会计职业道德存在的问题及原因

（一）企业会计存在的职业道德问题

1. 监守自盗

会计作为一个与金钱打交道的职业，天天都能够与金钱接触，很多会计人员在接触时间长了之后就会受一些不良风气的熏染或者利益的诱惑，监守自盗，利用自己的职务之便通过不法手段谋取私利，这种问题对于会计人员来说是极为致命的。

2. 弄虚作假

会计是对企业发生的资金往来进行记录，对企业的发展和决策有着重要的意义，所以会计信息的真实性是极为重要的，但是现在，很多的会计人员在进行会计信息记录时会出现弄虚作假的情况，填制虚假的会计信息，填制虚假的会计凭证。会计的职业道德要求会计人员在工作中要做到客观公正，弄虚作假显然与会计职业道德不相符。

3. 敷衍应付

企业的会计职业道德要求会计从业人员爱岗敬业，就是要会计人员做到对自己的岗位热爱，不断钻研业务，提高业务能力，在工作中严谨认真。所以会计人员在工作中不要做不能做的事情，还要把该做的事情做好，努力提升自己的能力。但是现在的很多企业会计人员对待工作缺乏热情，在工作中经常敷衍了事，遇到工作时并不能及时完成，总是借故拖拉或者不细心，造成很多工作上的失误或者不便，给企业的经济活动造成不利的影响。

（二）问题产生的原因

1. 多元文化的冲击

改革开放之后，我国的社会发生了极大的变革，经济方面我国实行社会主义市场经济体制，在这种经济体制下，很多的外来思想文化对我国的思想观念造成了很大的冲击，人们的思想意识和价值观念都发生了一定的改变，尤其是部分国外的消极观念更是会造成思想观念的混乱。在我国的市场经济体制下，社会的经济成分、就业形式和分配方式等都发生了变化，利益格局从单一走向复杂的多层次，这种利益关系的变化使得我国很多工作者在思想意识上产生道德冲突，可能会因为利益产生很多的纠纷和变化，在利益驱使下的人们会做出一些违反道德的行为。会计人员作为经济社会的重要参与者，受到这种思想观念的影响是必然的，所以在这些观念的驱使下可能会做出违反职业道德的事情。

2.从业环境的影响

会计人员是会计活动的主要参与者之一，也是企业员工之一，所以很多的会计人员在进行工作时都不能将二者处理好。作为企业的员工，会计人员的薪资与升迁是与业绩相关的，当薪资工作与职业道德发生冲突时，很多的会计人员都因难以遵守职业道德而失去工作。会计人员在企业中负责企业经济上资金往来信息的记录，要对会计信息进行真实的记录。

3.职业道德教育的不足

职业道德作为一种行为规范，也是需要进行学习的，不可能单凭自主遵守就可以的，它离不开日常的道德培训和专业的职业道德教育。现在很多学校的会计专业只重视学生的专业素质培养，却忽略职业道德教育，造成了学生专业能力强，但是职业道德不过关的情况屡有发生。

4.外部法律环境的不佳

会计人员的职业道德只是行为的准则和规范，是要会计人员自觉遵守的，但是并不具备法律效力，所以很多的会计人员在出现职业道德的问题时，根本没有办法对其做出相应的惩处，久而久之，这些规范对会计人员的约束力就小了很多。很多违反职业道德的恶劣行为根本没有相关的法律进行惩处，很多的行为即使违反了职业道德但是因为经济发展的关系被选择性地忽视了，难以对相关的行为进行惩处，助长了不正之风。

四、会计机构层级协调困难

所谓公司治理结构主要由董事会、总经理以及公司所有人构成的组织机构，它属于企业机制层面，能够起到制衡企业经营者与所有者之间关系的作用，现代企业中经营权与所有权是分离开的，因此应用公司治理结构能够高效对企业进行治理与控制。而企业内控则是由公司经理、董事会以及全体职工共同实行的业务操作流程、控制手段以及管理方法，能够保证企业所开展的经济活动成果与效率，使企业财务报告具有较强的可行性与牢靠性，从而降低企业运营发展风险，确保企业资产完整且安全。

（一）企业会计内控机制需遵循基本原则

内控需包含企业内部各项活动、各个岗位、各个部门，针对企业业务处理的关键点，来把内控贯彻到决策、监督、执行以及反馈等多个阶段之中。

内控需满足我国相关法律法规以及企业自身具体状况，企业内部全体员工需要依据相关规定来展开实际工作，无论是哪个部门或是个人都不能拥有高于内控的职权。

内控应该确保企业内部权责以及岗位科学配置和有效分工，严格遵守职务不相容的岗位相互分离，保障不同岗位与机构间明确自身职权责任，彼此监督、制约；在企业中比较典型的不相容职务有经办与验收、出纳与会计、会计与经办、批准与经办、稽核与经办、监督与批准、财产保管与会计等。

内控能够正确处理企业效益与成本之间的关系，确保企业成本控制效果达到最佳，从而使企业经济效益达到最大。

（二）公司治理与企业内部控制的关系

1. 企业内控机制属于公司治理机构中的核心组成成分

公司治理制度为了给企业内控营造良好的内部环境，因此内控在处于公司大环境中对公司治理环境进行改善，从而保证内控系统存在的价值充分发挥，使企业业务活动效果与经济效率得以一致，保证企业信息披露的完整性与真实性。从根本层面来看，企业内控是公司治理制度内容的组成部分，其二者之间存在必然联系，互相促进，保障企业经营方向更加全面。

2. 内控产生的基础与公司治理的相一致

企业内控是经营人员与上下级间的代理行为，公司治理结构为企业经营权与所有权分离之上所形成的代理关系的契约。其二者基于本质的角度来看产生具有同根性，皆是以受托经济责任为主体所构成的，主要是通过制约与分析来保证企业效率最佳。此种企业的内控与公司治理结构在实际实行过程中能够互相参照。公司治理的主要手段之一为会计信息系统，在企业中不管是大股东，还是小股东，在企业运营发展中若想对企业进行有效控制，皆需依赖会计信息来实现，因此健全企业内控不但有助于投资者对企业经营权进行有效控制与管理，还能保证企业经济效益实现最大化。

3. 企业内控目标同公司治理相符

公司治理结构存在的主要目的是能更加充分地在各利益有关人员之间展开利益与权限的合理分配，并且需做好各利益有关人员的职责明确工作，进而使管理者与所有者等企业众多人员之间实现相互制衡。企业内控目标与企业发展目标几乎是同步的、相一致的，并且还是在公司治理结构运营的前提下发展起来的，只有对企业内控进行不断优化，才能保证企业信息真实性与可靠性，从而确保企业效率与资产安全，以此才会使公司治理结构的发展目标尽快达成。

（三）我国企业内部控制的现状

1. 我国企业内部控制的现状分析

（1）内部会计控制不健全

会计内部岗位责任制不健全，内部授权不充分，职责划分不明确，财务控制的功能无法充分发挥，还有一些企业内部控制的程序不合理，控制重点不明确，管理漏洞比较大，内部控制作用不能有效发挥。

公司治理机制不完善。内部控制作为由管理当局为履行诸管理目标而建立的一系列规则、政策和组织实施程序，与公司治理和公司管理是密不可分的。由于公司治理机制不完善，往往缺乏有效的控制措施，产生了大量无谓的内耗，无形中提高了公司的经营成本。

管理权责不清。在我国的企业中权责不清现象严重，在企业中往往存在着一些谁都可以管谁又都可以不管的"自由"区域，当这些区域出了问题以后往往是互相推卸责任，无法追究责任，最终不了了之，其间的沟通不畅，常会发生资源的浪费和决策的失误。这都给企业造成了负面影响，也阻碍了企业的持续发展。

激励约束机制不健全。我国企业控制活动中很大的一个薄弱环节就是激励约束机制不够健全、有效。无论我们的制度多么先进、多么完备，在没有有效控制、考核的情况下，都很难发挥出它应有的作用。

（2）组织机构设置不合理

大部分企业属于个体、私营企业，多采用集权制，经营机构和内部组织机构比较简单。管理制度、工作规范等都很少，导致职责分工不明确，容易出现制度执行中的人为失效。另外，企业由于人力、物力、财力、经验等因素的限制，按照功能划分部门，责任明晰，不相容职务相分离实施起来就相对困难，由于人手不足，很多岗位的设置缺乏牵制性和有效的监督。由于企业人员少，没有正规的选人机制，缺乏足够的业务培训，会计人员中许多是无证上岗，对会计制度、会计准则一知半解，难以胜任本职工作。

（3）内部会计控制执行不力

近年来我国市场经济虽然有了较大的发展，会计控制也有所加强，但会计还远未发挥其应有的控制职能。在内控会计制度建设上，普遍存在这样或那样的问题导致企业会计控制弱化。我国会计控制执行不力现象比较严重，具体表现为会计信息普遍失真，费用支出失控，潜在亏损增加，违法违纪现象时常发生。

（4）管理者内部控制意识薄弱

目前我国企业的管理者普遍对内部会计控制制度的认知存在偏差，认为内控会计控制会增加工作环节，束缚企业的发展，或者认为内部会计控制制度就是内部审计监督，或者干脆认为内部会计控制制度就是企业内部成本、资产及资金的控制，参与内控管理者仅限于部分财务人员，却不知企业内部控制是全方位的控制，是全员参与的控制，是由上到下，由内到外的控制；在实际会计控制制度的执行上，企业的执行力不强，丧失了其固有的管理职能；还有些企业虽然建立了内部控制制度，但却流于形式，内容并不全面，只是应对公司或会计部门的检查，最后就是形同虚设；很多企业起点低，领导和管理人员文化程度不高，专业素质欠缺，意识不到内部控制的重要性。其实，绝大多数的企业所有权和经营权没有分离，管理者更容易建立一个高效运作的控制环境。如果企业管理者意识到内部控制对企业生存发展的重要性，他们就会切实地去改善控制环境，达到控制目的。

（5）缺乏科学、统一、有效的会计控制规范

从整体上讲，我国内部会计控制规范建设正处在起步阶段，发展得还很不完善，主要存在以下不足：第一，政出多门、缺乏统一，使企业无所适从；第二，目前许多规范的诸多内容是非原则性的，在现实中的可操作性相对较差，对工作实践缺乏指导意义；第三，内部会计控制法规体系不健全；第四，法律没有规定内部审计人员对企业的内部会计控制制度进行评价，也未对企业管理人员就企业的内部会计控制状况发表公告作出规定。因此，内部会计控制建设缺乏外在动力。

2. 制约我国企业会计内部控制的因素

（1）企业外部环境方面

资本市场发育不完善，对内部控制信息缺乏接受力。目前，我国资本市场运行机制以及相应的法律、法规都很不健全，交易不规范、非法牟取暴利是一种普遍现象。在这种情况下，公司内部控制信息的披露，可能引起投资者的猜测和恐慌，对公司的资本运作产生不利影响。同样，在我国企业内部控制普遍薄弱的情况下，即将申请上市的国有企业如实对外披露相关内部控制内容，可能会给企业带来不必要的负面影响，影响或延误企业的正常上市。

投资者风险意识淡薄，对内部控制的重要性缺乏认知力，股权结构是指公司的流通股、法人股、国家股占全部外发股数的比例及其相互关系，是企业组织形式的核心。在内部人或控股股东等关键人大权独揽的情况下，中小股东的权益根本得不到保障。因此，中小股东主要以二级市场的"逐利"为主，更关心的是企业的运营结果，而对公司的内部控制兴趣不大。

企业内部缺乏制衡机制，对管理系统缺乏制衡力。公司法人治理结构是公司制的核心，而规范的公司法人治理结构，关键要看董事会能否充分发挥作用。国有企业改制以后，形式上也建立了法人治理结构，但很多公司的董事长、总经理由一人担任，董事会成员和经理成员高度重叠，而作为所有者代表的董事会难以发挥监督作用。这种责权部分的公司治理结构，导致内部控制如"空中楼阁"，使监事会也形同虚设，难以有效发挥其监督职能。

（2）企业内部自身的局限性

内部会计控制目标过于简单。内部控制的根本在于内部控制目标的定位。经营者往往只从经营角度出发而很少从治理层面来考虑，因而其更多的是关注合规经营目标，而很少关注经营效率目标。我们应本着前瞻性原则及务实原则，不仅需要借鉴国际上有关内部控制的目标定位，同时还需要考虑中国国情，立足于中国企业的现实，从企业系统整体以及公司治理角度出发，明确内部控制目标不仅应包括会计信息的准确真实完整和有效保护，企业的经营效率、报告的可靠性、对法规的遵守，还应该包括企业的战略目标等内容。

目前，国内企业内部会计控制的目标往往单纯从会计、审计的角度出发，关注的范围仅仅局限于企业作业层的控制，甚至有些公司把内部控制仅仅理解为内部牵制，还没有形成对内部控制系统、整体的把握。另外，缺乏对内部控制的前瞻性思考，往往过多地考虑先行条件的限制，侧重于对内部控制的准则、条例的制定与修改，使目标流于形式。主要表现：一是制度内容相对陈旧，不能客观地反映市场的实际情况；二是制度要求相对滞后，不能及时地跟进监管法规的相关规定；三是内控指标比较单调，缺乏对企业经营行为的全面真实反映，侧重于静态控制，不能对经营过程进行实时监控和预警；四是内控技术手段落后，基本上没有全面运用现代信息技术手段识别、检索、汇集、分析和处理信息资料，及时发出有效监控指令；五是内控处理措施乏力，内控部门由于受主客观因素的影响，对内控检查发现的违规问题，往往采取避重就轻的办法进行象征性的处理，导致内控处理措施乏力。

内控制度行为主体素质较低。近年来，企业财会人员的思想教育、业务培训跟不上，一些根本不具备从业资格的人员混进财会队伍，思想素质差，业务一知半解，连正常的会计业务都处理不好，更谈不上内部控制制度的运用。一些企业领导对会计制度、会计准则一窍不通，且目无法规，独断专行，势必给企业造成不可挽回的损失，致使本就资金紧张的企业举步维艰。

（3）企业文化建设没有引起足够重视

企业文化是企业的经营理念、经营制度依存于企业而存在的共同价值观念的组合。企业内部控制制度的贯彻执行有赖于企业文化建设的支持和维护。因为企业文化是培养诚信，忠于职守、乐于助人、刻苦钻研、勤勉尽责的一种制度约束。企业文化是将员工的思想观念、思维方式、行为方式进行统一和融合，使员工自身价值的体现和企业发展目标的实现达到有机的结合，企业文化是一个企业的中枢神经，它所支配的是人们的思维方式、行为方式。在良好的企业文化基础上所建立的内部控制制度，必然会成为人们行为规范，从而才能很好地解决因制度失灵而产生的种种问题。

（4）企业内部会计控制责权不对称，内部会计控制和监督不力

企业内部控制包括内部管理控制和内部会计控制，而我国的内部控制主要是指内部会计控制。从调查中发现，作为承担内部控制主要部门的财会、审计部门存在严重的责权不对称现象。目前企业财会人员的专业水平普遍偏低，内部会计控制的意识薄弱。很多财会人员甚至不具备会计从业资格，账务记录漏洞百出，更不必说内部控制制度的执行，因此出现企业会计基础工作不规范，会计报表不能真实有效反映企业财务和经营成果的情况。内部审计部门形同虚设，或者没有建立起内部审计部门。内部审计作为内部控制的重要组成部分，是企业改善经营管理、提高经济效益的自我需要。但是，企业的内部审计并没能真正履行其应有的职能，其存在问题主要有：

责权不对等。权利、义务与责任对等是内部控制的基本原则之一。而目前有关法规中明确内部控制机构既代表国家执行行政监督职责，又要为企业领导加强经营管理、提高经济效益提供服务。这种理论上的双向服务机制将内部控制机构经济责任和义务确定的大于其实际的功能和拥有的权力，只能把内部控制机构置于一个两难的境地。

财务与会计合署办公。在传统计划经济体制下，这种机构设置尚能满足管理的需要，但与企业制度要求相比，其弊端暴露无遗：一是服务对象不明。财务监督的服务对象是企业的所有者，而会计监督的服务对象是企业内、外部利害关系人，其提供的公开化会计信息必须体现"真实、公允"的原则。将服务对象和灵活性程度不同的两项工作合并一处，必然导致服务对象模糊，财务管理的灵活性会干扰会计的公允性。二是财会部门不堪重负。应由财务部门负责的投资、筹资和收益分配事项，涉及的时间跨度大（包括过去、现在与将来），采用的方法特殊（如分析、考核等）。特别是在市场经济条件下，企业的财务事项必将日趋复杂，关系到企业的存亡。由会计人员兼做财务，会计人员力不从心，既影响

会计信息质量又导致财务管理乏力，财会部门的工作质量也随之下降。三是违背不相容职务分离原则。由财会部门的主管人员既管理财务收支又进行会计信息处理，极易导致基于财务收支需要而捏造会计信息；财务管理的对象是资本营运系统，而会计的对象是信息系统，财务与会计合并一处也不符合实物管理与会计记录分离原则。随着理财业务量的增大，对财会部门内部不相容职务的划分提出了更高的要求，划分不当，容易产生个人舞弊。

五、企业会计财务管理内控的问题

企业要想健康可持续发展，就必须要遵循市场竞争规则，而在我国市场竞争规则中，企业必须依靠自身实力竞争，方能获得一席之地。有效的经济决策能降低企业的经营风险，使企业在经济市场中的发展更加健康稳定。企业做好财务管理内控工作不仅能使企业会计信息得到高质量保障，还能在企业进行经济决策时，为企业提供更有效的经济信息，供企业参考，使企业的经济决策更加准确，得到更大的获利机会。因此，企业财务管理内控工作的重要性也由此得到了凸显，企业要想强大，获得更高的市场竞争地位，必须要重视自身财务管理内控工作，在激烈的市场竞争中占据更大的优势。

（一）企业会计财务管理内控工作的内涵

企业在自身实际发展进程中建立有效的管理制度，稳健无误地控制各项财务工作进度，并同时将内控工作与财务工作加以结合，能够使会计信息质量得到有力的保障，企业资金利用率得到提升，从而使企业在实际发展进程中能够拥有更加坚实的经济基础。企业正常经济活动的进行，离不开其对自身财务管理工作的管控，企业才能保证自身利益不会受到损害。大多数情形下，企业内控工作皆隶属于企业财务部门下的一项分支工作。而内控工作所涵盖的范围也较为繁杂，如分析管理企业各项收支细则，对企业实际财务状况进行概括统计等。有效的管控工作，能使企业管理层对企业实际资金流动情况有更加深入的了解，也更方便其在制订各项决策计划时，有更详细有力的参考信息。企业内部控制工作主要围绕企业实际运营活动进行展开管理，从而使企业运营效率得到更大程度的提高，规避企业在实际运营活动中产生损失。

此外，合理有效的内控工作还能准确察觉出企业在生产经营活动中产生的各项漏洞，并利用合理措施堵塞漏洞。

（二）企业会计财务管理内控工作的意义

1.有利于企业正常生产经营活动的开展

首先，企业管理层对企业财务管理内控工作的重视以及有效落实，能使企业各部门业务工作更加规范，同时也因企业从事的各项业务都有章可循，有法可依，所以在经济市场中的发展也更加平稳。

其次，企业建立了合理的内控制度，规范企业员工职责，加大员工约束力度，为其设立更为直观有效的工作目标，使其在自身工作岗位中时刻遵守企业规章制度，避免自身任何违规行为损害企业整体形象及利益。

再次,在实际工作过程中,财务部门人员时刻得到内控相关知识的培训,强化内控意识,从而使其能够真正对自身岗位工作认真负责。

最后,企业其余部门也会及时对财务部门进行监督,时刻关注企业财务工作的运营状况,这样一来,企业财务管理工作水平得到了更有效地提高,企业经济效益也能同时得到更稳定的增长,促进公司日常经营活动的正常开展。

2.防止违法违纪问题的产生

若企业内控制度不健全,管理流程不规范,就会滋生违法违纪问题的产生。比如,企业财务未建立科学有效的档案管理办法和现金管理办法,收款收据没有明确专人保管,现金、银行存款没有做到日清月结等,导致收款收据管理混乱,收款人员可能会利用制度的不健全因素,违法占用收取的资金,造成企业资产流失。另外也因财务部门人员之间职责权限划分不清晰,财务管理流程混乱,不相容岗位不分离等因素,导致一些意志力不坚定的人员利用这些因素侵占企业财物,最终,走向犯罪。因此,合理有效的财务管理内控工作越来越重要,能堵住公司经营过程中的漏洞,防止违法违纪问题的产生。

3.有利于提高企业的市场竞争力

资金是一个企业的血液,资金管理混乱甚至资金链断裂均会使企业面临破产的危险,所以资金管理是企业财务管理的核心内容。而良好的内控环境使企业管理层起带头作用,做到客观、公正和廉洁;企业财务部门对企业每一笔资金的收支、每一项业务起到监控作用,防止资金的占用,非法挪用;重大项目的投资决策均按照规定的程序,层层审批;部门之间进行良好的、充分的沟通。在良好内控环境的萦绕下,在合理的内控制度的指导下,企业资金管理不会不出现问题,并有利于提高企业的市场竞争力。

(三)企业会计财务管理内控工作的现状

1.意识淡薄

随着市场竞争越来越激烈,一些企业的管理层将有限的精力放在了实际业务的发展上,将关注度都放在了业务部门,而忽略了一个对企业健康稳健成长有至关重要作用的财务部,企业所有的经营活动最后均在财务报表上得以体现,因企业财务内控管理混乱,导致财务核算不准确,记账凭证后附的原始凭证不齐全,更有甚者篡改原始凭证,从中挪用公款,收款收据无法查清到底购买了多少,使用了多少等,这会导致企业所有者、管理层无法了解企业的实际经营情况,并且造成公司实际资产被非法挪用。

另外,可能存在企业在重大项目投资过程中,在规定的时间内需要使用大额资金,因公司管理层不注重内控管理,对公司资金管理没有做到提前谋划,导致资金无法按时支付,给公司造成严重的经济损失,影响公司的健康发展。因此,企业管理内控工作唯有得到合理重视,企业才能拥有更大的发展空间。

2.财务管理内控方式较传统

随着我国科学技术的不断进步,人们逐渐习惯置身于信息化社会之中。我国不少企业也利用网络信息来对自身发展进行不断地助力。现今,企业财务管理工作尚未拥有健全的网络平台系统来对财务管理制度进行合理的规划及制定，虽然财务系统已被大多数企业人员所运用，但会计信息数据化的受众程度却还不够广泛，抑或说人们还未能将会计信息数据化进行更为妥善的运用，而此种现象也同时致使了企业会计信息质量低下，未有较高参考价值等问题。企业相关决策者往往也会受到质量低下会计信息的干扰，从而做出有失偏颇的经济决策。一些企业在进行内控工作时，不能有效结合网络来对信息进行实时筛选，其也未能及时对市场信息及政策进行关注，从而使得企业成本、风险等问题得不到有效地解决。网络无疑是信息传递最快捷的方式之一，但一些企业却始终未对自身财务管理方式进行及时更新，也未通过网络来对财务内控工作进行有效的支持，结果可能使企业内控工作没有发挥应有的作用。

3. 管理制度不完善

国家发展离不开优良制度的执行，企业也同样需要合理完善的制度，其工作的开展才能更加顺利。但从不少企业财务管理内控工作现状来看，其皆未设立合理有效的工作制度，更甚者连最基础的财务管理工作规则都没有。企业财务人员也皆按照自身想法工作，内控工作人员工作态度也多是敷衍了事，并未真正对自身工作进行认真对待。而企业针对此类情形也未采取真正有效的措施进行改善。从而致使了企业整体工作局面形成了一种恶性循环现象。长此以往，企业各个业务部门工作人员则皆会变得懒散懈怠，无法对工作采取真正的重视态度。而造成此类情形的原因也无疑是企业未对工作制度进行有效地设立，或是未派专门的监督工作人员去将制度进行合理落实，也未有相应奖惩条例来对部门人员进行妥善约束。

4. 从业人员素质不高

我国教育业的稳步发展使得人们的文化水平也渐渐提高，因此，企业财务人员在学历方面尚未存在较大问题。但因财务工作性质较为特殊，财务人员除了要拥有合格的专业水平外，同时也应拥有较高的职业素质及道德水平。但不少企业在招聘财务人员时往往仅重视应聘者的专业能力，从而忽视了考察应聘者的职业素养能力。一些财务人员在实际工作过程中，态度恶劣、工作散漫，甚至有不法之心，致使企业会计管理工作出现问题，而此种情形也多是由于企业内控管理制度缺失，财务人员培训不到位导致。

第三节 环境有待提升

企业中的会计管理工作，并没有获得充分的监督管理，其工作质量和效率也会受到较大影响，从而对企业的整体经济效益带来一定影响。企业会计部门在发展的过程中，不能根据实际情况充分结合发展需要，优化会计管理工作的监督模式，监管工作的方向和内容也不明确，也就不能将会计监管工作进行全面有效的落实。另外，部分企业对监督管理工作的重要性认识不足，导致会计管理工作的各个细节被忽略，会计管理工作效率难以得到提升，从而导致企业自身整体提质增效受到阻碍。

一、会计环境及其主要内容

任何事物都是基于客观环境的需要而产生，并随着客观环境的变化而变化。会计是对一个单位的经济活动进行确认、计量和报告，并作出预测，参与决策，实行监督，旨在实现最佳经济效益的一种管理活动。会计作为社会文明的产物当然也离不开环境的影响。会计环境是会计活动赖以产生、存在、发展的各项条件的总和，由经济环境、政治环境、法律环境、文化环境、科学技术环境、自然环境等组成，经济环境决定着会计环境的内容；其他则可统称为社会环境，在一定程度上影响着会计环境。

会计环境包括会计目标环境、会计人员素质环境、专业导向环境、会计主体环境。它直接作用于会计实践，决定着会计信息的质量和会计发展的方向。

（一）会计目标环境

我国新企业会计准则明确了会计目标是"向财务报告使用者提供与企业财务状况、经营成果和现金流量有关的会计信息，反映企业管理者受托责任履行情况，有助于财务报告使用者做出经济决策。"反映了会计目标就是设置会计的目的和要求，即回答"为什么要设置会计？""会计应做些什么"等问题。也就是说，会计目标既是一个独立影响会计工作的环境因素，同时也是连接会计内外环境的桥梁，因而其对会计的影响是至关重要的。

（二）会计人员素质环境

我国企业优秀的会计人员极为稀缺。作为一名优秀会计人员是如何影响企业会计工作的呢？

1. 依法行事，客观公正

会计人员时刻与"钱"打交道，处理的每一件事务都牵涉到各个有关利益群体，这就要求会计人员必须"坐得正，行得直"，不偏不倚地处理会计事务。

2. 提供准确、全面的会计信息，为内部管理服务

会计人员应定期或不定期地提供信息服务，促进供、产、销环节加强管理、堵塞漏洞、转嫁费用，提高经济效益。只有这样，才能全面提升会计的地位，充分发挥会计在企业管理中的中枢地位。

3. 保守商业秘密，恪守职业道德

会计既要为外界提供必要的会计信息，又要防止不恰当的信息披露使企业陷入被动经营的境地。因此，会计人员应恪守职业道德，不主动向外提供会计信息。

（三）专业导向环境

我国的会计改革措施正在逐步推进，新会计准则出台后，带来了一些变动。如引入了公允价值作为资产入账价值的计价基础；资产减值准则的变更：如资产减值损失一经确认，在以后的会计期间不得转回，这一措施可防止有些企业通过计提一些不正当的准备来调节

利润的做法；长期股权投资准则的变更，如对子公司的投资由原准则采用权益法核算改变为成本法核算；存货准则取消了"后进先出法"等。

（四）会计主题环境

会计主体的性质差异影响着会计报告的内容与形式。当一个会计主体属于营利性组织时，其对会计报告的内容要求主要集中在盈利能力与财务状况上，希望会计报告揭示企业的资产、负债、所有者权益的增减变动情况和发展趋势以及一定时期的收入、费用、利润计划完成程度，希望报告的形式多种多样，既有正式的对外定期报告，也存在非正式、不定期的对内报告。

二、影响我国会计环境的因素

（一）外部因素

1. 经济因素

经济因素是指国家的经济发展水平对于会计发展的影响，因为会计工作的对象决定了会计工作是一种经济活动，也就是说要受到各种经济发展因素的限制和制约，所以一般说来，一个国家的经济发展水平越高，会计工作的完善程度也就越高，反之亦然。因为会计发展的过程中，需要受到各种经济条件的限制。

2. 法律因素

会计工作的实施和会计活动的进行离不开各种相关的法律法规的支持和限制，也就是说政府必须要制定一系列相关的法律法规来规范和约束市场经济秩序，对于会计工作亦是如此。健全的法律体系可以保障会计更好更快的发展，就目前我国在这方面的进步来看，进行中的财务、会计、税收制度的改革就是推动会计工作发展的重要政治法律因素，将有效地提高我国会计模式的先进性。

3. 科学技术因素

任何行业的发展都离不开科学技术的支持，尤其是在进入了二十一世纪以后，行业的竞争已经演变成了科学技术的竞争，谁掌握了先进的科学技术，谁就会在行业发展中占领有利位置。对于会计发展来说，科学技术的重要性也是不能忽视的，会计工作的过程中涉及对大量数据的统计和运算，所以通过相关的技术，来提高会计的工作效率和准确性将是科学技术影响会计工作的重要切入点。就目前来看，随着计算机技术和设备的应用，会计工作已经摆脱了传统的人工作业的方式，朝着更加高效和可靠的方向发展。

4. 文化教育因素

所谓文化教育因素，就是在会计发展的过程中，人们的生产生活观念以及行为方式对于会计发展的影响。其中不仅包括民族性的历史地理因素，还包括思维方式、价值观念等因素。不同的国家和意识形态对于会计活动的发展影响必然存在着差异，简单来说，由于西方国家比较强调个体意识，所以在会计活动中他们比较看重会计发展的独特性和个性，而作为强调集体主义的我国来说，在会计发展的过程中则主要看重的是向心力和凝聚力。

（二）内部因素

1. 管理者因素

管理者作为营销会计发展的最重要的内部因素之一，在会计发展的过程中，其态度和管理观念对于会计工作的各种制度和组织结构的影响是非常重要的。而会计管理制度则直接影响着各项具体的会计工作，所以要重视管理者因素对于会计发展的影响。

2. 管理制度因素

会计管理制度是指规范、引导、约束和激励财务行为的一整套制度安排。一方面，良好的管理制度是会计工作正常进行的保证。另一方面，公司财务管理制度也是管理制度的重要组成部分。

3. 内部控制因素

企业管理者、组织结构和人力资源因素对会计的影响，需通过内部会计控制检验。内部审计是企业自我独立评价的一种活动，可以通过协助管理、监督控制政策及程序促进良好的控制环境的建设。

三、当前我国会计环境所面临的挑战

（一）会计信息内容失真

由于财务信息在整个经济信息中是重要部分，因而也决定经济信息的质量，所以，一般认为会计信息失真是当前严重影响社会经济生活正常秩序的突出问题。

1. 会计信息失真概述

（1）会计信息失真定义

会计信息是反映企业财务状况，经营成果以及资金变动的财务信息，是记录会计核算过程和结果的重要载体，是反映企业财务状况，评价经营业绩进行再生产或投资决策的重要依据。会计信息失真是指提供者对会计政策的选择和运用不当，给其使用者提供虚假信息，不能真实反映客观经济活动，从而给会计信息使用者带来不利的一种现象。

（2）会计信息失真的具体表现

原始凭证失真。如虚开发票，主要指多开发票进行报销，提高费用，加大成本，以达到套取现金或骗税的目的；通过与其他企业对开增值税发票、产品销售发票，虚拟销售业务，虚增收入和利润，以达到粉饰经营业绩的目的。

编制虚假预算。一是为了完成成本控制目标，人为按照分部分项工程将总成本分解，调整工作量、实物量、工程进度等，以使各项成本费用控制在开支标准和范围以内。二是为了集团利益或一己之私，在预算上大做文章，造成企业的资产不实、经营成果虚假。

随意调整固定资产的折旧计提方法。如原来采用年限平均法，为了调节成本，而改为双倍余额递减法或年数总和法，将固定资产折旧作为利润的调节器。

存货计价不规范。存货计价不规范是指存货取得和发出的计价不规范，如企业采用的存货计价方法不规范，企业通过调整计价方法以调高当期成本，降低利润等。

计提跌价准备具有随意性。计提跌价准备是为了更准确反映资产的可变现净值或可收回金额，如期末对存货的账面成本和可变现净值进行比较，采用孰低原则，对存货计提跌价准备。而可变现净值需要会计人员的职业判断进行预计，为了调节费用，计提的跌价准备往往具有很大的随意性。

收入确认不规范。收入入账时间、金额确认不规范，不能在利润表上反映当期损益。如为了达到虚增利润的目的，当产品所有权上的主要风险和报酬尚未转移时，就确认为收入。

会计政策的变更处理方法不当。一是国家规定的会计政策已经发生变更，而企业仍沿用旧的会计政策；二是会计政策变更要求采用追溯调整法，而企业为了达到少计成本费用等。三是提供虚假会计报表，具体表现在撇开账簿人为地调整报表数字，甚至编报两套报表，一套自用，一套对外提供，对外提供的报表提供的是虚假的会计信息，导致报表使用者不能了解企业真实的财务状况和经营成果。

2. 会计信息失真的危害

（1）使企业决策者和企业投资者决策失误

假如企业的会计信息是虚假的，那么对于企业的决策者来说，无法掌握实际情况，从而在做决策时以错误信息为依据，造成决策的失误，给企业造成严重经济损失，给企业的生存和发展造成潜在的危机，严重影响企业投资者、债权人等群体的经济利益，最终损害国家利益。同时，投资者利用企业提供的虚假会计信息，对经济动态进行分析，对依据虚假信息分析出的有潜力的企业进行投资，从而导致决策失误，造成经济损失。

（2）容易造成不良影响，滋生贪污腐败现象

会计信息失真对投资者、债权人的预测和决策起着误导作用，使其利益受损，必然引起纠纷不断，影响社会稳定。同时也使不法分子有机可乘，为经济犯罪活动开了方便之门，会计信息失真已是会计界乃至整个经济生活中的一大公害。

（3）引发信任危机

企业经营者的舞弊和会计从业人员的造假账导致企业破产倒闭，使得投资者和债权人蒙受巨大经济损失。人们对会计工作的真实性和有效性产生了很大的怀疑，从而引发了对会计信息的信任危机。公众对会计信息缺乏良好的信任，使社会主义市场经济的确立，现代企业制度的建立、发展都将面临严重困难。

（4）假会计信息驱逐真会计信息

某些经营者为了避免经营的企业被兼并以致自身被淘汰而寻机粉饰财务报表，达到夸大经营业绩的效果。这样一来，就会造成所有企业的平均业绩虚假上浮、会计信息质量下降。原本经营业绩良好且提供真实会计信息的企业经营者，其账面业绩很可能低于平均业绩而出局，而经营业绩差经粉饰过会计信息的企业经营者，其表面业绩很可能高于平均业绩而得以生存。提供真实会计信息的企业会为了生存需要而提供虚假的会计信息，这样就产生了连锁反应，从而出现了假会计信息驱逐真会计信息的现象。

（5）损害会计队伍自身形象

少数会计人员直接参与伪造、变造虚假会计资料，降低了会计人员的责任心和使命感，影响了会计人员的职业道德，极大地破坏了会计队伍良好形象。使社会上形成了一种会计人员都不太可靠的印象，给会计工作带来很多不利影响。

（二）公平竞争的经济和商业交易环境尚未充分完善

在我国现阶段，公平竞争的交易环境尚在建立和完善过程中，企业之间的交易行为还存在一些不规范之处，这对会计如何真实、公平地反映这类交易提出了挑战。在公平竞争的商业环境下，交易双方应当都是独立的利益主体，然而在中国目前的发展阶段，形成这样的商业环境还需要一段时间。这主要体现在以下两点：一是存在着大量国有大型企业集团或者企业，还很难真正成为利益完全独立的市场主体，因此，它们从事的一些交易还很难说是建立在公平竞争的基础之上的，由此所反映的会计信息也很难说是公平的。二是国有企业在整个经济中仍然处于主导地位，许多上市公司也是国有企业剥离出一部分资产和负债形成的，其母公司通常仍旧为国有企业，相互之间关联方交易相当普遍，这些交易成为困扰我国目前会计界和监管部门的一个重要课题。

（三）法律监督机制不健全

针对我国目前相关的会计法律，近些年虽然相继进行了健全和完善，但总体会计环境还存在对会计账务及报表的监督机制不健全的问题。我国的会计监督体系虽然有单位内部监督、社会监督和政府监督组成；新《会计法》根据社会经济发展的新形势，进行了创新，增加了法律责任和处罚措施的透明度，增强了追究会计法律责任的可操作性，但在现实中，一些处罚标准缺乏具体规定，可操作性不强，处罚力度不大，对会计违法行为产生威慑作用较弱，仍有少数人钻法律空子的现象存在。

（四）企业会计准则执行的问题

1. 企业会计准则执行过程当中遇到的问题

会计是企业财务部门当中的重要人员，在企业运营当中发挥着关键的作用。企业会计准则就是会计执行工作和任务的标准，如果会计准则不能在工作中得到很好的应用，那么会计准则就失去了其存在的意义。至关重要的一点是，会计准则在实际运用过程中存在一定的差别，因为不同企业的情况不同，所以设立的会计准则的细节不同，产生的问题就不一样。

（1）企业对于会计准则的认知不够

我国市场经济的快速发展衍生了企业会计准则，其目的是为企业的日常管理提供指导，对企业的会计事务和财务管理产生制约，对企业会计事务走向规范化和科学化有着重要意义。推进会计准则的落实，目的主要是促进企业的发展，优化企业的资源配置。然而，不是所有企业都能对会计准则落实到位，有些企业对会计准则的存在不加以重视，使其工作流于形式，主要原因是企业没有充分认识到会计准则的功能和意义，没有感受到企业会计准则给企业带来的正面影响。在准则的落实过程当中，企业没有对会计部门以及会计人员进行相应的培训工作，员工在工作当中依旧执行过去的会计准则，有些甚至没有特定的制度就开展了会计工作。这样的企业管理方式虽然短期内不会出现问题，但随着市场环境的不断变化，会计事务的不断革新，企业会渐渐跟不上时代的潮流，进而制约企业整体的运作，阻碍企业的稳定发展，对社会经济产生不利的影响。

（2）没有营造完善的制度实施环境

企业的会计准则要想得到彻底实施，仅仅做好人员的培训和制度的下发是远远不够的，必须要营造适合的制度环境，在特定的工作环境下应用制度才是最科学的。如果只是发布准则而不改变工作的方式与环境，会计准则的实施定会事倍功半，既不利于企业会计事务工作的规范，也不利于企业的经营与发展。许多企业因为不重视会计准则的实施，没有为会计准则营造完善的企业制度环境，贸然应用会计准则，可能会在工作中出现问题或者产生冲突，进而会影响到会计部门的办事效率。甚至还可能会出现会计工作方面的错误与漏洞，给企业的财务工作带来阻碍。

（3）会计人员的工作能力不够

企业会计准则在实施过程中，其准则的应用者和执行者都是会计人员。因此会计人员是企业会计准则实施和发展的重点，也是影响企业会计准则应用的重要因素，只有保证会计人员的专业技能过关才能充分发挥会计准则的作用。从目前的会计行业现状来看，许多企业在人员配置方面不够完善，会计人员的专业技能水平达不到要求、执行能力低下，导致会计准则的实行效率低下，且许多会计从业人员没有对企业会计准则进行学习和理解，从而无法把会计准则应用到实际工作中，导致企业会计准则形同虚设。

（4）注册会计师审计管理存在问题

为提升会计行业从业人员的专业水平，国家实行了注册会计师制度。企业要选择优秀的会计人员，注册会计师已经是企业选择会计人员的参考之一。但目前我国注册会计师的统一管理工作还存在问题，相关管理部门的工作落实不到位。注册会计的相关部门多，部门与部门之间需要协作配合才能有效地完成工作，否则就会给审计工作的正常进行造成障碍。由于注册会计师的管理不到位，加上地方部门对审计工作的干涉，导致会计事务所不断压低审计的价格，不仅降低了会计从业人员的收入，还给会计行业的发展造成了阻碍。

（5）会计报告存在问题

企业的会计报告或者财务报告均由会计人员完成。会计部门虽然是一个独立的部门，但许多人普遍认为会计部门不过是负责对账和计算，对于企业的管理没有作用。因此在制作会计报告时非常容易受领导或部门主管的主观影响，使得会计报告的真实性有所降低。而一旦会计报告失去原有的准确性和科学性，就会失去参考价值，无法对企业的发展提供帮助。另外，会计准则中明确规定了会计报告的计算方法，但会计准则落实不到位，导致会计报告的数据存在偏差，也就无法为企业提供参考。

2. 企业会计准则执行问题的原因

（1）企业管理层不重视

企业是会计准则实行的主体，企业的整体管理效率反映了会计准则的实行效果。企业管理的不重视，是导致会计准则在实行过程中遇到困难的主要原因之一。不重视主要表现在以下几个方面，一是不重视会计准则的实行，二是没有为会计准则的实行营造良好的环境，三是对会计部门的管理不到位。无论上述哪种原因都会导致会计准则的实行效率低下，而其根本原因就是企业的管理层存在问题，企业内部的管理制度不完善，没有给会计准则营造好的生存环境。

（2）企业监管力度不够

企业会计准则的实行要想达到良好的效果，除了要贯彻落实会计准则制度，还需要加大对各部门的监管力度，尤其是对会计部门的监管，否则就会产生人员方面的风险。如果会计准则在实行过程当中没有形成科学的评价体系，就无法真正的落实会计准则，不能在实践中取得进步。若是不能对会计准则的实行效果进行分析和评估，就无法进行会计准则的修改和更新，从而使企业内部控制出现混乱。同时，缺乏有效的评估体系，就会让会计准则在实行过程中失去目标，无法得到有效的反馈为会计准则的实行提供帮助。

（3）会计人员学习效率低

会计人员对岗位的认知不足，没有充分理解企业会计准则，使得会计人员对会计准则的实行不够重视。会计人员不学习新的制度，就无法将会计准则运用到实际的工作当中。因此会计人员学习效率低、执行能力弱，是导致会计准则无法很好实行的原因之一。

（4）市场磨合难度大

会计准则是根据市场经济的变化而定的，因此只有将会计准则与实际市场之间进行磨合，才能让日常的工作与实际情况接轨，从而提高工作效率。但目前存在与市场磨合难度较大的问题，主要就是因为现代市场经济发展速度快，其变化速度也非常快，使得企业会计准则的革新跟不上市场的变化节奏，甚至出现了矛盾，影响了会计准则的使用效率。

第七章　现代企业会计管理模式创新的策略

第一节　重视企业会计人才的培养

人才是作为企业生产经营的第一要素，现如今我国会计人才队伍依然存在结构性的缺失，特别是中高级会计人员，人才缺失已经成为我国企业会计转型和提升的重要制约因素。在新时期的背景下，企业必须要重视高素质和高水平的复合型企业会计人才培养，会计人才培养能够从以下几个方面进行入手分析。

一、积极开展企业会计人才后续培养工作

公司等部门积极结合高校，对现有的会计从业人员开展计算机技术与企业会计专业知识的理论教学，同时在公司日常管理工作中进行实践，以促进理论知识和实践的高度融合。

（一）国际会计人才培养模式

会计准则的国际趋同主要指的是在世界经济贸易日益频繁的发展趋势下，为实现共同的目标，在协调的基础上制定和完善会计准则的一个过程。在我国经济崛起和民族复兴关键的时刻，各国会计信息的使用者可以通过财务信息的可比性和有用性，对每一条数据进行一个平稳的分析和比较，这可以为我国企业进入到全球市场带来一定的信心。为此，会计的准则趋同已经成为必然。

1.国际化对我国会计人才培养的影响

（1）对现有人才培养模式带来的影响

一是对会计课程内容产生了一定影响。趋同的过程是一个动态的、渐进的发展过程。经济在不断地发展，会计准则的内容不断丰富和完善。会计课程内容在日益的广泛和深入，教师一定要在不减少教学内容的前提下改变教学方法和手段；二是课程内容体系改革在不断地深入，特别是管理会计新时代中国企业急需的人才，深化管理会计和成本会计课程教学，形成了一系列更加适合当今社会企业的一些课程；三是对会计人员能力和知识需求的影响。国际趋势在不断地深入，处在复杂多变的经营环境之中，企业迫切地需要能够在国

际的环境里实践具有国际视野的高素质会计人才。在能力的方面,会计人才需要具有较为良好的沟通能力、时间管理能力、专业判断能力和持续创新能力。现在大多数的高校在人才培养方面缺乏相应的培养体系,这就导致了会计人才培养质量与社会需求的脱节。为此,在现在这个阶段里,综合素质高的会计人才的需求价值仍远远地大于数量以外的生产价值。

(2)加速人才培养模式创新

首先,全球资本流动和越来越多的国内跨国公司需要一些具有较强适应能力的人才。人才培养的质量直接体现在人才培养的方案上,这样才可以适应复杂的经济形势。有许多的高校依据社会需要和自身的重建点,设置了培养目标、培养模式、课程体系、创新的教学方法和教学手段,才能够培养出学生快速适应的能力。

其次,新形势下的经济业务急需新的会计人才。一方面,熟悉多学科知识、综合素质高的会计人才是新形势下企业的一个"热点"。另一方面,反映了我国经济业务的快速发展,金融产品的不断涌现和新经济的出现,导致了复杂的新经济业务也在不断地出现。这就要求学生不断拓展自己的知识结构,要将多学科知识整合、学习。

再次,会计的知识迭代快,会计人才应该要终身进行学习,更新知识库。由于会计准则的国际趋势是一个动态的、持续的渐进过程。因此,只是仅仅依靠在学校学到的专业知识是没办法满足未来工作的需要,有时在毕业前会对学习内容进行调整。

2.国际化会计人才培养模式

(1)明确教育理念

在全球经济一体化和经济转型时期,中国需要有与世界的经济一道为自身经济发展服务的意识。在未来的人才培养过程中,一定要建立一个由专业教育机构、国外高校、会计师事务所和企业协同创办的人才培养体系;还要建立一个国际化教育、以人为本以及终身学习的理念;同时还要注重会计专业判断能力、专业素质能力和实践创新能力的培养。

(2)设置课程体系

一是要拓展学生的知识面,开设一个综合性特色的课程;二是注重培养国际人才的能力结构;三是要开展实践教学,提高实践教学课时数和学分比例,这样才可以强化实验教学和实践在人才培养计划中的重要性;四是要注重国际人才方面的培养,把注册会计师课程与国外课程结合到一起。要明确人才培养的类型,开展一个专业方向的选修课,这样才可以明确专业技能的标准,从而建立一个技能考核核心的课程。

(3)设计教学方法与手段

为达到掌握基本知识和基本技能的两个教学目标,学校采用了"互动启发""鼓励自主"以及"沉浸式双语"三种教学的方法。双语教学的模式主要是包括了集中教学、重点讨论以及评价这三个阶段。要建立一个职业资格能力、英语技能、团队精神、视野拓展、就业竞争力相结合到一起的"五藏模式",这样才可以创新教学的方法和手段。

(二)注重会计职业道德培训与教育

企业会计的职业道德指的是企业会计人员的职业品质、职业作风和职业责任,是企会计应该遵守的最基本的道德标准。我国的会计职业道德是以社会主义财经法规为指导，在会计工作和实践中，逐渐形成的处理人与人之间关系的行为规范。一个职业能否发挥出它应有的作用主要就看从业人员能否遵守职业道德，做好本职工作。

1. 企业会计的职业道德

（1）爱岗敬业

敬业是我国的社会主义核心价值观的重要内容，不仅是会计，其他职业的从业人员也要遵守这一准则，热爱职业，才能够在岗位上发挥自己的作用。作为会计从业人员，爱岗敬业、踏实肯干、精益求精，不断地提高自己的专业能力，这是重要的职业道德。

（2）坚持准则

坚持准则就是要牢记与职业相关的法律法规和规章制度，在处理业务时能够做到懂法、知法、守法，从而用法律来规范自身的行为，保证会计工作的准确性和真实性。

（3）客观公正

客观公正是会计职业道德的灵魂，会计人员要依法办事，以事实为依据，不得随便更改会计信息，不得填制虚假的会计凭证，真实地反映企业的资金流向和财务收入、支出。

（4）强化服务

会计行业从某种程度上也属于服务行业，为企业的发展提供经济相关的数据，为企业的经营活动提供资金依据，尤其是管理会计，更是直接关系到企业的经营和决策，所以会计从业人员要强化服务意识，提高会计服务的质量，为企业的发展作出积极的贡献。

（5）廉洁自律

企业的会计能够随时接触到企业的资金和很多的商业秘密，所以除了法律规定和企业法人同意之外，不能随意泄露相关的信息，也不能出现会计信息作假的行为。企业的会计天天接触企业的流动资金，要严格地规范自己的行为，不能挪用公款或者报假账为自己或者他人谋利。

（6）参与管理

企业的会计在做好自己的本职工作之外还要钻研相关的业务，为企业的发展建言献策，提出合理的意见，参与企业的管理。

2. 加强企业职业道德建设的方法

（1）加强法制化建设

会计的职业道德不能仅靠会计人员的自觉遵守，最重要的是要用法律作为后盾。目前我国出台的《会计法》对于会计职业道德有明确的规定，但是这些仅仅是从宏观上进行的法制化建设，并没有相关的惩罚措施等，这样无法发挥出相应的作用，无法应对复杂的现实情况，所以要对会计职业道德进行详细化，并制定相应的惩罚措施，为企业会计职业道德建立更加可靠的职业保障。

（2）建立现代企业制度

企业要完善治理结构和企业的结构，建立科学的管理模式，对员工的岗位进行调整，尽量一人一岗。健全企业的会计职业道德相关规定和规范的制定，根据国家的相关法律制定出更加严格的规范，严格执行，当发现问题时要坚决处理，当发现造假情况时要对相关的负责人和当事人进行从严处理，情节严重者可以交由执法机关处理，同时加强企业的监督机制。

（3）强化教育机制

会计职业道德的遵守还是要注重教育，为职业道德教育建立一个好的平台，在会计教育的过程中要适时地进行职业道德教育，加强职业道德观念的灌输，提高从业人员的职业素养，逐步增强职业道德。在学校阶段就要加强对学生的职业道德教育，不仅要向学生传授专业知识还要向学生灌输职业道德素养观念，确立诚信意识，引导学生树立正确的价值观念，为学生的会计工作打下良好的基础。

（4）加强职业道德培训

职业道德的培养不仅要在学校学习进行，工作中的会计人员也要进行职业道德培训，加强职业道德观念，防止工作人员在工作后出现思想的松懈。企业可以定期为会计工作人员开设专门的职业道德讲座或者进行相关的专业培训，增强其职业道德素养，除此之外还要将职业道德形为纳入日常的工作考评之中，从根本上激发会计人员的工作热情和增强约束力，帮助会计人员养成自觉遵守职业道德的习惯。

（三）进行企业会计文化的教育

高效的企业离不开先进的会计文化支撑，会计文化作为一个系统，主要包括物质文化、制度文化、精神文化三个要素。

1. 企业会计文化建设现状

企业会计文化是指在长期实践活动中，逐步形成且被认可、遵循并带有会计特色的价值取向、行为方式、会计反映、监督作风、会计精神、道德规范、发展目标和思想意识等因素的总和。

会计文化的建设对企业而言是非常重要的，对一个企业而言，只有在健康和谐的企业会计文化氛围中，才能规范会计工作、提高会计工作者的向心力和凝聚力，从而最大程度调动会计工作者的工作积极性和创造性。企业会计文化多方面体现了企业会计工作者的业务素质、职业道德和价值取向，侧面反映了企业精神，同时体现出企业会计工作者的业务素质。

企业会计文化包含三个要素。其中，会计物质文化是一种载体文化，也是会计文化发达程度的外在表现。它是一种有形文化，体现于会计工作设施的配套上（如计算机、网络设施等），这些配套有利于降低劳动强度、提高工作质量。

现有的企业制度文化也存在不尽如人意之处，它是企业会计组织中各种法规、制度、会计工作者应遵循的行为准则的总和，可以强制规范会计人员行为。然而制度中存在的漏洞也容易被非法利用操纵获取利润。近年来，市场经济的高速发展也给社会价值观带来一定程度的混乱，有些企业还因严重违法违纪而受到了法律的制裁，不仅给投资者和股民带来巨大的财产损失，还损害了相关上市公司的声誉，也给广大的会计行业从业者带来名誉上的负面影响。会计精神文化是企业会计文化核心，也是会计文化的最深层次结构。然而，仍有少数会计人员或因职业原则性不强，或因法制观念淡薄，为追求私利，丧失最起码职业道德观念，走上了违法犯罪的道路。

综上可见，我国当前的企业会计文化建设基础还相对薄弱。为解决企业会计文化建设中存在的问题，保持企业会计的持续发展，企业会计文化建设是必需的。

（1）企业会计文化建设是防范会计风险的需要

会计制度文化规范了会计人员，制度文化越详细，会计人员的行为越标准，制度确保了企业经济活动的有效进行，保护资产的安全，保证会计资料的真实。会计物质文化的一个重要内容就是会计工具的发展，电算化在会计工作中的应用有利于提高工作速度，但同时会计数据也存在泄漏可能。因此，需要规避会计风险，规范相关工具的使用。精神文化建设需要从会计人员思想入手，从会计人员内心出发，解决会计人员思想的不稳定。可以说，会计文化建设中的各个要素建设都是从不同角度对会计风险进行防范。

（2）企业会计文化建设是提高会计核心竞争力的需要

企业会计文化建设有利于会计工作者提高自身文化素养，建设一支既有过硬专业知识又满足信息化要求的会计队伍，从而提高核心竞争力。

（3）企业会计文化建设是提高会计工作诚信度的需要

构建诚实守信的企业文化，进而重塑和谐的企业会计文化。从执行的主体看，会计人员是会计核算的主体，负责把经济业务客观、真实、准确地反映到财务报告当中，会计部门的工作与其他部门有千丝万缕的联系，通过会计工作的锻炼，有利于培养会计人员的工作胜任力和诚信度。针对我国企业会计文化中诚信缺失的现状，着力打造健康向上的企业会计文化非常必要。

2. 企业会计文化建设途径

（1）营造良好的企业会计文化氛围

企业会计文化的发展离不开和谐的企业文化这块热土，要想营造良好的企业会计文化，必须首先建设良好的企业文化，发挥文化这个无形资产在企业中的作用。

企业会计物质文化建设方面。会计物质文化是一种有形文化，较易被发现并引起重视，随着企业对财务工作的重视度不断加强，会计工作设施在配套（如会计工作的办公条件和硬件设施等）方面已经得到了极大改善，得到了企业领导的大力支持，但是，创新是知识经济时代的灵魂，要想建设良好的企业会计文化，需要更多的更先进的创新会计工作方式，从落后的"计算机外围会计方式"向着先进的"计算机内在会计方式"和"网络计算机会计方式"转化，建立"服务主体多元化、信息需求多样化、管理手段电子化"的综合性多元化的会计物质文化。

企业会计制度文化建设方面。会计制度文化是企业会计文化的中间层，它将企业会计的物质文化和精神文化联系起来，是企业会计文化制度化和规范化的行为准则。目前，我国企业的会计制度化还存在会计监管体系不完善、执法力度不严、违法处罚力度不够等情况，加强企业会计制度文化建设，就要进一步完善会计监管法律制度，实行行政处罚、民事赔偿和刑事追究的"三管齐下"，加大执法力度，建立明确的奖惩制度，企业一旦违法，必须第一时间处理法律上的第一责任人，并将责任由上自下追究到底，进而在法律和制度上形成一种高压态势，以促进会计制度建设的执行力度。

企业会计精神文化建设方面。树立企业会计统一的职业价值观，形成优秀的群体意识，为会计部门的活动提供行动指南。可以定期组织会计人员的互动交流，为他们提供宽广的发展空间，培养他们的职业自豪感。建设和谐的会计文化，就要坚持"以人为本"的原则，营造和谐的精神文化氛围，建立融洽的人际关系，帮助广大的会计工作者树立健康、廉洁、自律的职业精神。只有建设和谐的企业会计文化，才能更好地更有效地指导企业的会计行为以及经营管理活动，提高企业会计人员的综合素质。

（2）企业会计文化内容的实时更新

企业会计各方面不断发展使得企业会计文化内容也需要实时进行更新。

企业会计物质文化建设方面。科学技术的进步和网络技术的发展给企业会计物质文化建设提供了新的工具和手段，计算机的普及给会计部门实现电算化、网络化提供了有效途径。企业应该培养一支精通计算机的高素质会计队伍，加大信息化建设。

企业会计制度文化建设方面。纵观近年来时有发生的企业经营乱象，常常反映出企业内部会计人员原则性不强、职业操守不高的情况。所以必须加强企业会计制度文化建设，完善企业会计准则，使会计工作有法可依，同时加大制度监管和打击力度，提高会计人员的职业道德。

企业会计精神文化建设方面。会计精神是企业会计文化的核心，是价值观、理想和信仰等形而上的东西。会计价值观是广大会计工作者在长期的商品生产、流通和货币资金管理的长期实践中形成的，优良的会计文化对会计工作者的思想和行为起导向作用，对企业员工起凝聚和激励作用，同时对员工行为也有约束和辐射作用。要建设良好的企业会计精神文化，一方面要加强会计职业道德的自律建设，有计划、有组织地深入开展职业纪律和职业诚信的教育，使之理论化和系统化。另一方面，大力组织企业会计文化的宣传教育，培养他们的主人翁意识和使命感，提高民主参与的向心力，强化会计工作者对会计精神文化建设的认识。

（3）企业会计文化发展的动态组合

企业会计文化是会计物质文化、企业会计制度文化和企业会计精神文化的动态组合。一方面要以发展的眼光来对待这些企业会计文化的组成要素，另一方面要根据事物普遍联系的理论来研究这些要素，每一个要素展开研究，则又可以成为一种系统知识。例如，企业会计精神文化就是会计工作者的思想意识、精神面貌、心理素质、价值理念等的组合体。同样，随着时代的发展和社会的进步，企业对会计工作方式和工作流程的要求也在不断调整，因而，会计文化建设也应该动态地调整，保持与时代发展节奏同步。在外部环境不断变化的背景下，企业会计文化必然要从传统文化中单一的会计工作向着多元化的会计工作转变，会计人员从单纯的算"死账"转变为灵活的算"活账"，要以不变应万变，不断充实和学习新的知识，经济全球化和市场经济的不断进步给企业会计文化建设带来了冲击，企业只有保持不断完善、开拓创新，才能保持动态的发展，具有鲜明的时代特征，从而有力推动企业会计文化的建设。

（4）企业会计文化国际化的正确应对

随着中国加入WTO和经济全球化的发展，会计领域的国际化也渐渐深入。只有加强企业会计国际化，才能进一步提高企业软实力，从而成功融入国际市场，在竞争中立于不败之地。然而，会计的国际化也面临着研究成本提高、研究人才不足和国际化制度不够完善等困难，同时，传统企业文化和会计国际化之间的文化碰撞也影响着企业会计文化的发展，如何吸收和消化这种企业文化的差异，从而获得会计文化的发展，在传统企业文化和会计国际化的文化碰撞和交融过程中，我们要去粗存精、去伪存真，既要吸收各国先进企业文化的优点，又要保持自身的文化特色。俗话说："民族的就是世界的"，会计文化建设既要继承和发扬优秀会计文化传统，又要虚心接纳国外优秀的会计文化，着眼于创新，立足于融合，使"民族的"与"世界的"两者相辅相成共同发展，是企业会计文化国际化的正确应对方法，也是企业文化传承、开放、创新，从而提高企业会计文化软实力的必由之路。

（5）适度传承企业会计文化

企业会计文化建设的三个要素都是一定程度的企业经济观念形态的反映。虽然企业会计文化建设很大程度上需要不断创新，但企业会计文化建设的创新以传承性为基础，只有处理好企业会计文化的传承、发展、创新之间的关系，才能提高企业会计文化建设的质量。如上文所述，企业会计文化是三个要素的动态组合，只有在相互制约和相辅相成中实现自更新，同时在国际化的过程中吸取精华剔除糟粕，才能实现传承与创新的辩证发展，建立统一与和谐的企业会计文化。

二、领导管理层必须密切关注企业会计

选拔一些有才干、工作能力较强的企业会计工作人员与行业用户，共同组建自己的企业会计部门，提升公司内部对企业会计的认识和掌握，并重构企业会计工作业务流程。

（一）企业会计工作流程管理和优化的基本模式

目前国际上较为流行的企业流程管理中的会计流程管理和优化模式主要有以下三种形式：

1. 基于企业综合流程管理的会计业务内容重组和流程优化

该处理模式强调企业总体管理流程的向心性调整，一切业务流程最终服务于企业战略发展和现有业务运行模式，更强调各业务流程的高效衔接、内容精简、标准统一。具体针对会计业务流程的重组中优先将会计业务向企业核心业务服务为基本目标，首先将企业内

核心业务进行分解，发现其中会计业务可能对此业务造成阻碍的问题点，将部分核心业务中的会计工作内容转移至财务部门，剔除核心业务中与会计业务重复的部分，并将风险较高、持续性影响较大的会计业务在时间线上提前，由此最终实现会计业务对企业核心业务的全面支持。在这一处理模式下，会计业务的总体规模可能不会得到有效精简，但会计业务的基本质量和处理障碍会有所下降，实际信息传递效率与企业业务运行效率持平，从而更好地匹配企业运行现状。

2.基于会计业务流程优化的业务内容精简和重组

这类会计流程管理不强调流程管理理论，而是从会计业务自身的精简与效率提升等需求出发，重点优化会计业务的总体管理水平和质量。其中最常见的是按照会计业务基本过程对实际业务流程进行拆分，分别为数据采集阶段、数据加工与储存阶段、数据分析与结果报告阶段，然后再针对具体阶段对其中会计事务处理要点、冗余性内容、内部流程等进行优化，由此实现业务精简，但在这种处理模式下会计工作的基本内容较少发生变化，基本不存在对基础业务阶段工作内容的调整，因此实际流程优化幅度较小，在解决少数细微问题时的成效更为突出。

3.基于流程管理思想的会计业务流程局部优化

此类企业会计流程优化采用流程管理思想，同时关注会计业务调整和企业综合业务调整需求，但实际调整中会以会计管理为核心，优先优化会计业务的总体运行效率。首先对会计核心业务及相关业务部门需求进行整理，在不打破业务推进硬性逻辑的基础上先实现对各业务部门需求的满足，例如有可能将会计分析分散地安排在会计业务处理的各个阶段，针对企业综合业务推进更及时地提供精准报告；其次是根据业务流程调整后的企业管理流程再造，先根据需求实现的条件对组织结构进行优化，再对业务处理中各阶段的信息需求、统计和计算需求、报告需求进行总结，对现有会计信息系统进行完善，丰富、精简会计信息体系，并最终形成统一的信息处理标准，在满足业务部门需求的同时也大幅降低会计业务偏差问题，最后建立有效的考核制度，进一步规避财务部门和业务部门信息处理问题，进一步保障会计业务处理质量。

仅从企业会计工作调整的角度来看，第三种模式的适用性更高，实施难度中等且效果最为理想，这一模式是最适合一般企业会计工作内容调整和重组的模式。

（二）企业会计工作内容充足与流程优化的实践路径

企业可以按照如下四个步骤进行实践应用：

1.梳理企业核心业务及会计工作核心业务

不同企业的业务范围和类型不同，因此核心业务会有较大差异，对于金融类企业而言，资产与不良资产管理是核心，对于制造类企业而言生产、经营与应付账款管理是核心，对于服务型企业而言业务成本、盈利与税务核算等是核心。会计工作本身核心内容基本相同，都包括了数据获取、成本与利润计算、税务计算、财务分析等内容。具体企业在实践中应根据自身特点，梳理核心业务，并由此定位会计工作中各核心工作内容对应的业务部门工作需求、支持需求。

2.针对流程优化需求对会计数据获取方式进行调整

效率提高是会计流程管理的一个基本目标，传统业务流程下会计业务的信息处理较为离散化，不同部门间的信息共享程度较低，会计信息标准不统一，进而导致会计数据收集的工作量大、处理难度偏高。对此企业应优先解决会计信息处理标准化平台的建设问题，保证各部门数据输出的标准化、在线化，由此提升会计工作中原始数据收集的准确性、高效性。

3.优化会计处理实务的并行能力与时序灵活调整能力

该调整的目的在于提升会计业务对企业决策和管理的支持效率，首先调整没有先后逻辑硬性要求的业务，使之能够实现并行处理，在保证业务内容不重叠的情况下在财务部门内进行业务工作的同步指派，对于处理难度相对较低、业务部门处理较为便利的部分交由业务部门，但所有处理内容都需要采用标准化线上平台进行保存；其次是根据业务部门需求的业务流程重组，其中比较常见的是分析与报告部分工作的拆分与重组，该部分工作可以分别在各业务需求阶段、推进阶段进行提前处理，为相应阶段企业决策和管理工作提供及时的支持，同时也可以为周期性会计信息分析与报告工作提供前期资料，简化该工作内容，由此提升会计业务流程的紧凑性。

4.根据会计工作内容重组和流程调整实现的需求进行组织结构再造

会计部门内部主要完成岗位责任重新分配，实现工作并行的基本条件。企业内部需要重新分配业务部门和财务部门在会计信息处理方面的责任，将专业性内容更多地交由财务部门处理，普通信息处理工作更多地由业务部门处理，在业务部门内部新增信息梳理性质的行政岗，兼顾此类工作的同时也有效分担财务部门的工作压力。

三、建立起完善的校企合作教学体制

高校在进行教学的过程中，要积极建立起适合新时代的企业会计专业，教学内容也要涉及会计学基础理论和计算机技术以及经济统计学、企业管理等方面的知识，并且也需要积极地建立起产学研基地，不断提高学员自身的核心素质，为综合性的企业会计人才队伍建设输送出后备力量。

（一）政府、学校、企业共同建设校企合作平台

政府在高度重视高校教育事业发展的同时，对校企合作也应给予充分关注。

首先，政府应倡导校企合作，宣传课程实践教学的积极作用，给予企业税收、政策等方面的优惠，调动企业的主观能动性。

其次，政府、学校、企业联合成立专业的校企合作机构，专门负责校企合作事务，优秀企业家也要参与到学生课程的教学实践，建立各方共同参与的校企合作平台。

再次，政府加大高校教育的财政拨款，为建立合作平台、开展校企合作提供资金支持。

（二）校企共同制定完善的合作协议和实施方案

企业作为校企合作的主体，其业务规模、经营内容、环境条件等将对会计课程实践产生重大影响。企业应具备优秀的技术人员和管理人员、学生等实习、生活的基础条件。高校应按照自身的教学特点和特殊要求，选择适合自身人才培养需求的企业作为合作对象。高校确定合作企业后，需共同商议合作协议和实施方案。校企双方应充分沟通，成立专门的组织机构，对合作的目标任务、各自承担的义务和责任、人才培养实施方案等细节问题进行详细讨论，并签订正式的法律文件，将其作为双方履行义务的承诺和出现问题时的处理依据。校企双方应建立一体化的培养方案，使学校理论知识教学和企业课程实践在教学内容和时间节点上达到协调统一、高度融合。

（三）建立开放式的会计课程体系

会计是一门综合性非常强的学科，它包含经济、管理、计量等领域，高校在做好会计理论课程教学的同时，应广泛收集整理企业在实际工作中涉及的最新会计政策、准则、会计处理方法，供学生们学习、了解和应用。高校教师理论知识扎实，科研能力强，但缺乏会计实践经验；企业技术人员实践经验丰富，但课程理论相对欠缺，不了解学生的课程学习体系。因此，高教教师和企业技术人员之间应加强学习交流。高校教师经常到实习企业参观学习，观摩企业具体工作流程、业务内容、业务处理方法，收集教学案例，并将其应用到教学过程当中去；企业技术人员到学校学习理论知识，了解教师教学模式、课程安排和教学进度，在实践教学过程中加以融合。校企双方通过加强沟通和联系，将理论和实际结合起来，进而提高会计电算化和信息现代化水平，共同制定新型、完善的课程体系。

（四）完善校企合作的监督和约束机制

建立校企合作的监督评价机制，是实现教学目的和人才培养目标的重要保证。由高校和企业根据市场就业需求和会计课程的特点，建立会计课程实践检验的统一标准，其中包括操作技能、业务能力、解决特殊问题的能力等一系列考核指标体系，将会计理论考试和实践考核有效结合起来。高校和企业通过建立监督评价机构，对学生实习进行实时监督和跟踪，发现问题立即解决。学生会计实践课程考核的合格与否将直接影响到学业的顺利完成。校企通过建立严格的考核评价体系，最终实现会计人才的培养目标，满足国家对会计人才的需求。

第二节　提高会计信息化的水平和信息安全管理能力

在新时期的发展背景下，会计信息资料储存的能力和传递效率提高了。一方面企业要建立起信息化的会计核算管理体系，提高企业会计管理工作中的信息投入，建立起一个更加全面和系统的信息化会计管理系统，不断提高企业的会计水平。另一方面要合理应用信息化管理方法，发挥信息化技术在企业会计管理中的积极作用，同时还要求会计部门主管人员必须熟练掌握信息技术，提高会计核算在管理工作中的应用效率。此外，还必须建立健全会计信息安全保障机制，设置多层级安全防御系统，由被动防护逐步转变为主动防御。加强反黑客技术，通过主动防范系统中个人信息泄露风险，增强对会计信息的安全管理能力。增强对企业会计人员的安全意识，通过定期进行安全技术培训的工作，不断地去提高管理人员的责任意识和风险防范能力，保证企业会计核算的安全和稳定发展。

一、会计信息化的特点及技术

当前，信息化的浪潮已经对社会经济生活的每一个领域产生了广泛的冲击，网络化、信息化和全球化成为新形势下经济发展的重要特征。信息技术不仅改变了社会经济结构，也深刻地改变了企业传统的管理模式。与此同时，企业的会计工作也随之走上了信息化的发展道路。所谓会计信息化，指的是利用计算机的信息处理技术和互联网的传播途径，把会计中的记账、财务报表等业务由电脑代替人工操作，减轻会计的工作量，提高会计的工作效率，同时把会计的各种繁复运算经过计算机处理，变得简单明了，非常易于操作。通过引入计算机信息化系统，把数据采集、统计、核算财务分析等都交由电脑处理，使财务管理达到了信息化、集成化、规范化的目的，进而提高企业的管理效率和竞争优势。

（一）会计信息化的特点分析

会计信息化具有以下主要特点：

1. 普遍性

从会计信息化的发展来看，在会计管理工作的任何一个领域都可以广泛运用现代信息技术，实现信息化发展，并最终在所有企业中普及，形成一个完整的运用体系。

2. 集成性

会计信息化将企业业务信息与会计数据进行有机重整，实现了企业组织内外部信息的集成化。

3. 实时性

会计信息化中的会计数据是动态采集的。企业经营过程中所产生的外部财务数据和内部财务数据，都会通过计算机软件进行实时存储、计算和发布，能够动态地反映企业财务情况和运营状况。

4. 渐进性

企业实现会计全面信息化是一个渐进的过程。首先，是企业传统的会计模式运用现代信息技术建立起核算型的会计信息系统，实现信息化的会计核算。其次，使企业的传统会计模式与现代信息技术相互磨合，并不断扩大信息技术的应用深度和广度，借助信息技术逐步进行全面的会计管理。最后，运用现代信息技术全面改革传统会计模式，实现企业会计全面信息化。

（二）会计信息化技术基本分析

1."云计算"技术分析

云计算是网格计算、公用计算、ASP（应用服务提供商）、SaaS（软件即服务）的新发展。根据美国国家标准与技术研究院（NIST）的定义，云计算是一种根据使用的时间和数据量进行计费的模式，它提供了一个方便对网络访问的入口，进入资源共享池后，用户的初始投资成本和管理成本相对较少，即可访问池内虚拟的数据资源，这些资源均由服务供应商提供，动态服务提供商很容易扩展虚拟化资源，这些资源包括硬件、软件、服务等。云计算特性是规模大、应用广泛、部署迅速、个性化定制、虚拟化、成本低、灵活的服务，但也存在潜在的安全风险。

按服务类型对云计算进行分类，普遍意义上讲有三种模式，基础设施即服务（IaaS）、平台即服务（PaaS）和软件即服务（SaaS）三类，云计算发展而来的云财务也由这三层体系架构组成。

我们按照自下而上的顺序进行解释。云计算体系架构的最底层为 IaaS 模式，也就是基础设施即服务，采用这种模式，数据存储工具、网络服务器以及虚拟化计算资源均由专业服务商提供，通过租赁的形式给用户使用，用户通常仅需支付少量租金即可，这种模式下，用户可通过互联网远程访问虚拟化资源并使用供应商提供的服务。IaaS 的主流供应商有亚马逊、谷歌、微软、威睿、阿里巴巴、华为等公司。

云计算架构的中间层为 PaaS 模式，也就是平台即服务。它可以满足企业的个性化需求，根据企业的业务性质和经营特性，由企业的财务人员参与财务平台的开发，财务人员根据工作所需的功能指导软件开发人员进行功能定制，供应商将服务器、存储器、网络设备、应用程序的开发均作为一个服务包提供给用户，这种模式更贴合企业实际。

云计算体系架构的最高层为 SaaS 模式，也就是软件即服务，它与传统的软件运营模式有很大不同。通过在云服务器上安装软件，SaaS 提供商为用户节省了前期购买软件的巨大成本，同时采用了按需付费方式，更加实惠便捷。昂贵的基础设施、专业的计算机维护人员、大量的系统升级和维护工作均不需要用户自己操心，供应商会提供全部的配套设施和全面系统的服务。用户可以在世界任何地方进行远程财务会计报销、核算、审计等操作，只要能够连接到互联网，就可以随时进行"移动办公"。云平台 SaaS 云层提供电子发票、财税一体化、供应链管理、成本管理、报表出具、全面预算管理、账务核算、费用决策、客户画像、舆情分析、竞争情报等功能，为企业提供云端、智慧财务服务。

2."人工智能"技术分析

许多人认为人工智能只是一种技术。事实上，它是一套结合硬件和软件的复杂应用方法和思维。软件是算法，硬件则是各种芯片、传感器等设备。人工智能具有广泛的实际应用场景，包括指纹识别、视网膜识别、人脸识别、虹膜识别、智能控制、智能搜索、语言和图像理解、自动规划、专家系统、遗传编程、机器视觉等。近年来，人工智能已经开始融入人们的工作、生活等各个领域，成为一种新型的基础设施。会计中也有很多人工智能的应用场景，如账务核算的语音指令，用于验证账户的机器视觉，指纹、人脸支付密钥，模拟人工提供预测方案等。

（1）机器学习

说到人工智能，首先要知道的就是机器学习的概念，机器学习的概念就是通过输入海量训练数据对模型进行训练，使模型掌握数据所蕴含的潜在规律，进而对新输入的数据进行准确的分类或预测。机器学习是人工智能很重要的组成部分，人工智能大部分的功能都是基于机器学习。什么是机器学习呢？机器学习的核心是"使用算法解析数据，从中学习，然后对新数据做出决定或预测"。也就是说计算机利用已获取的数据得出某一模型，然后利用此模型进行预测的一种方法，这个过程跟人的学习过程有些类似，比如人获取一定的经验，可以对新问题进行预测。机器学习可以分为监督学习、无监督学习、半监督学习、强化学习等几类，用到的方法主要有分类和聚类、回归、降维等。机器学习的流程本质上就是数据准备、数据分析、数据处理、结果反馈的过程。

（2）语音指令

会计核算语音指令记账是指令的发出、接收与执行的过程，会计人员发出语音指令，人工智能接收会计人员发出的语音指令，根据会计人员的指令执行任务。比如语音指令进行财务月结处理，只需要财务人员在核查本月账务无误后，向人工智能下达进行财务月结的指令，人工智能即可根据模式化的结账流程，对各类费用进行自动结转，自动生成相应结转凭证，最终根据结转后的账务信息编制财务报表。会计人员不需要自己操作，仅通过语音控制人工智能，人工智能即可按照预设流程完成一系列账务核算工作，会计核算流程变得高效、快捷。

（3）机器视觉核对验证

机器视觉是指利用机器识别代替人的眼睛，从外部事物的影像中提取有用信息，并对信息进行检查处理和深入了解，将处理后的信息应用于日常管理、未来预测和决策制定等方面。机器视觉在会计领域的应用，是通过机器视觉来模拟眼睛识别发票、原始凭证、制度文件等，再运用机器的分析运算模拟人大脑的部分功能进行分析，最后进行录入和输出，代替了人手的日常重复性操作，最终将图像文件转换成结构化数据，协助企业管理者进行管理决策。

（4）生物识别技术

生物识别技术就是利用声学、光学、生物传感器等技术，将人的部分生理特征如指纹、面部、瞳孔、声音等抽取出来，进一步转化成数字代码，并最终将提取的代码组成特征模板。人们已经开发应用了手部识别、面部识别、指纹识别、声音识别、虹膜识别、笔迹识别等多种生物识别技术。生物识别技术被广泛应用于各个领域场景，如移动支付、住宅门禁、企业考勤，刑侦工作等。在财务管理领域，利用生物识别技术可以更加紧密地将人岗绑定，落实财务资产与财务信息的安全责任。

3. "移动互联"技术分析

利用互联网技术，实现了海量信息的云端共享，移动互联与会计行业的融合，形成了会计结构的重组，实现了"互联网+会计"，最终达到了财务与业务活动的互动运作。在移动互联网的 IT 环境下，业财融合可以实现企业管理过程中的业务流程、资金流和数据流的有机整合，在信息的收集、处理、分析过程中，可以实现信息的最大程度共享，通过互联网，财务工作不再是专业的闭塞的，而是开放的协同的。移动端应用指的是移动端的 Web 浏览器，移动端应用所依附的操作系统不再是 Windows 和 Linux 等计算机 PC 端操作系统了，而是 iOS 和 Android 等移动手机操作系统，移动端应用的大量普及使得财务工作得以脱离 PC 端的空间限制，使用手机即可进行财务操作，实现数据共享。

二、会计信息化建设的内涵及重要性分析

会计信息化建设是企业提升整体财务管理水平的重要手段。

（一）会计信息化建设的内涵

在信息化时代，会计信息化建设是指企业利用大数据等各种先进电子信息技术，对自身开展业务活动过程中产生的财务数据进行客观全面地收集、整合与分析，最大限度地挖掘有价值的信息。信息化建设能够创造出传统会计工作不能创造的价值，能够拓展财务管理信息来源、提升财务管理信息价值的巨大优势。在推进会计信息化建设进程中，企业财务管理工作所依赖的基础数据范围将得到扩大，财务管理的有效性也将进一步提升。

（二）会计信息化建设的重要性

对于现代企业来说，面临的生产经营环境愈发复杂，只有通过提升财务管理水平，才能为企业长期发展提供坚实保障。首先，企业的财务管理决策能够更加科学化。在会计信息化建设过程中，应用了更为先进的技术手段，企业能够更加清晰地判断未来的经营形势，提升决策合理性。在传统的财务管理工作中，会计工作人员可以获得的数据有限，很多情况下财务管理工作的依据存在片面性。而通过加强会计信息化建设，企业各类活动所产生的数据都能够被更高效地利用，最终实现科学合理的财务管理决策。其次，通过会计信息化建设，企业财务管理部门的工作效率得以提升，传统以人工为主的会计工作模式被信息化模式替代，在提升效率的同时还能保证会计工作的准确性。再次，通过推进财务信息化建设，财务管理费用能够有效降低。由于财务管理部门的工作效率不断提升，企业可以更加合理地为财务管理部门配置资源，降低财务管理部门整体的管理费用，推动企业整体生产经营成本的降低。最后，除了能够推动财务管理水平提升外，还可以加强会计信息化建设，使企业整体管理制度进一步完善。财务管理是企业整体管理的重要环节，会计信息化建设能够促进财务管理规章制度进一步走向完善，进而为企业整体规章制度走向完善提供动力。

三、企业加强会计信息化建设的有效措施

（一）提升对会计信息化建设的重视程度

为了加强会计信息化建设，提升财务管理水平，企业要做的是树立新的财务管理观念，充分认识到会计信息化是信息化时代不可逆的潮流，要在发展进程中与时俱进地加强会计信息化建设。企业从管理层到一线财务管理工作人员都要认识到会计信息化建设的重要意义，充分了解会计信息化建设为企业财务管理带来的便捷和高效。在建设进程中，企业应及时更新财务管理部门的软硬件系统，提升各项会计信息的共享性。

此外，企业管理层在考虑长期发展战略的过程中，不仅要考虑如何提升生产经营效率，也要充分考虑如何借助会计信息化建设提升财务管理水平，同时投入足够的资源，为财务信息化建设提供坚实的保障。

（二）进一步加强复合型高素质人才的引进和人才队伍的培养

会计信息化建设工作是一项复杂的系统性工程，既需要强化会计部门工作人员的基本素质，也要提升会计工作人员对各种先进电子信息技术的应用能力。要解决企业缺乏复合型高素质人才的问题，必须通过加强高素质人才引进和人才队伍培养两方面工作解决。一方面，企业可以与高校、科研院所等单位进行合作，大力引进复合型高素质人才，并为这些引进的人才分配到最适合其发挥作用的岗位；另一方面，企业要进一步加大人才队伍的培养力度，要根据企业当前发展状况以及未来的发展需求，建立健全在岗工作人员培训制度。具体来说，要建立定期培训机制，使会计工作人员能够接触到最新的会计信息化建设方面的理论和实践知识，提升其运用各种先进电子信息技术的能力。

此外，在培养人才队伍的过程中要充分发挥激励机制的作用，对一些学习能力强、工作绩效突出的员工要给予一定的奖励；对一些工作绩效较差的员工，要督促其进一步接受培训，使其能够快速提升综合素质，以便能够达到企业的会计信息化建设要求。

（三）进一步完善信息衔接机制

在推进会计信息化建设工作的过程中，为了提升建设的有效性，企业财务管理部门要相应地完善信息衔接机制。具体来说，企业要通过完善该机制，提升上级与下级部门之间、财务管理部门与业务部门之间的信息传递，为后续的会计工作打下坚实的基础。通过提升信息数据的衔接流畅度，会计信息化的优势将进一步得到凸显，会计工作人员能够通过更为高效的信息共享，提升会计处理的效率和质量。并且，在信息化建设过程中出现问题时，企业可以第一时间查看是否数据衔接出现问题，从而最大限度保证会计信息化建设的效率。

除了信息衔接机制的保障作用外，企业进行会计信息化建设过程中也要充分发挥监督管理机制的作用。对于一些业务活动较多或者规模较大的企业来说，可以有针对性地设立会计信息化建设监督管理小组。该小组可以由企业管理人员担任负责人，小组成员定期对会计信息化建设的进展进行核查。通过科学合理的监督管理，企业会计信息化建设工作人员的主观能动性能够得到充分调动，建设进程中存在的不足与漏洞也能被及时发现。更为

重要的是，若建设进程中存在舞弊等严重违规事件，监督管理小组能够及时发现并作出相应的处理，最大限度减少潜在损失。

（四）进一步采用合理的会计信息化软件系统

为了发挥会计信息化对财务管理能力的提升效应，企业必须采用更加高效的会计信息化软件系统。

首先，企业所采用的会计信息软件系统必须能够满足财务管理的数据采集信息分析需要。当前，企业在激烈的市场竞争中，财务管理工作的一个很重要职责是通过分析上一生产经营周期内的财务报表，找出企业生产经营中的优势与薄弱环节，进而充分发挥自身的优势，弥补自身存在的不足。因此需要在会计信息化建设过程中，重视会计信息系统的数据采集信息分析能力，只有这样财务管理活动才能得到足够的支撑，进而取得理想的效果。

其次，要进一步提升会计信息化软件系统的智能化程度。财务管理活动是一项烦琐的工作，只有在加强会计信息化建设过程中提升软件系统的智能性，才能将财务管理工作人员更多地从烦琐的财务管理活动中解放出来，提升管理效率。

最后，要注重会计信息化软件系统的经济性。企业要加强会计信息化建设时不能只追求软件系统的完备性，也要充分考虑经济性，综合考虑后根据自身规模及业务需要选择合适的会计信息软件系统。

（五）构建科学合理的信息共享平台

在信息时代，企业加强会计信息化建设过程中一个很重要的环节是构建科学合理的信息共享平台。借助该平台，企业对于各类信息数据资源的利用效率能够得到有效提升，各个部门与财务管理部门的沟通交流渠道能够显著拓宽。同时，通过建设信息共享平台能够解决一些企业内部所存在的信息孤岛问题，避免因为内部存在财务信息孤岛，导致财务管理活动所依据的会计信息不够全面的问题出现，推动财务管理部门能够更加全面了解到各项业务的情况，及时发现财务管理过程中可以有针对性地改进的不足，最终推动财务管理水平的提升。

此外，借助信息共享的平台建设，企业管理者及财务管理工作人员能够依据更加全面客观的信息进行决策，提升财务管理决策的有效性，为企业找准未来的长期发展方向奠定坚实基础。

（六）提升财务管理的信息化水平

在通过会计信息化建设提升财务管理水平的过程中，要加强财务管理的信息化应用，提升财务管理的信息化水平。如财务报表管理是整体财务管理的重要组成部分，在加强会计信息化建设时应利用信息化技术手段提高财务报表编写的效率，同时保证所编写的各类财务报表是准确的，能够作为财务管理活动的准确依据。在撰写财务报表分析报告时，要利用信息化技术加强对财务报表的分析，挖掘出更多的深层次信息，提升财务管理效率。

（七）加强会计信息系统岗位责任制

企业在加强会计信息化建设时必须落实会计信息系统岗位职责制，只有这样在推进建设工作时才能做到各项事务有专人负责。会计信息化建设使得企业内部的会计岗位分为基本会计岗位及电算化会计岗位，这两种不同的岗位对工作人员提出了不同的要求，同时也承担着不同的工作内容。在这种情况下，为了使得员工能够切实承担起责任，积极学习，企业在设置岗位时要注重职责分离，使得不同岗位之间能够相互牵制。

此外，还要进一步加强授权审批责任制，在会计信息化建设背景下也要提升对舞弊、越权等行为的约束，为财务管理规章制度的落实提供坚实保障。

四、会计信息安全的影响及措施

（一）信息化条件下影响会计信息安全的因素

当前，影响会计信息安全的主要因素复杂多样，归结起来主要分为两个层面：人员层面和管理层面。

1. 人员层面

信息化条件下企业会计工作对财务人员素质提出了更高的要求，主要体现在两个方面，一个是知识素养要求，另一个是道德素质要求。会计信息化要求财务人员除具备一定会计从业经验，熟练掌握基本的会计知识、财务管理知识以外，还要求他们能熟悉一定的信息化管理、电子商务、网络技术等相关业余知识。现实的情况却是很多会计工作人员虽然有一定的会计从业经验，会计专业知识也较为扎实，但从总体上来看，这部分人员缺乏对计算机和网络技术知识的基本了解，处理信息化会计工作的能力不足，在具体工作中表现为会计人员不能把互联网实时衔接到会计操作中，ERP 财务管理等软件亦未能得到充分应用，信息化会计无法发挥应有的优势。更为严重的是，如果会计人员对网络知识生疏、对相关系统软件不了解、操作不严谨，不但无法处理好正常的会计工作，还会在会计信息系统出现故障、失灵等现象时不能做到快速解决问题，从而导致系统全面瘫痪，带来不堪设想的严重后果。会计工作人员的道德素质亦是一个不可忽视的问题，合格的会计从业人员不仅要熟练掌握会计业务技能，还要有良好的职业素养和道德操守，一个道德不过关的人平常时候对会计工作可能不会产生太大负面影响，但在面对巨大的利益驱使和诱惑时，就相当于一颗"定时炸弹"，本身就是一个存在的巨大安全隐患，会对企业造成无法估量的损失，同时也充分印证了"堡垒最容易从内部攻破"的道理。

2. 管理层面

在网络化条件下进行会计信息管理是一项极具挑战和风险的新工作。在信息化条件下实施会计信息管理与操作使整体会计信息系统和操作流程暴露在开放的网络环境中，会计信息面临的安全风险与威胁陡增，尤其是病毒与黑客的攻击，是造成信息系统失灵和瘫痪的罪魁祸首，因此在网络化条件下会计信息管理的难度增加了。

首先是信息系统维护功能不健全。信息系统维护在会计信息化工作过程中对信息起到统一整合保护、监督和集中管理的保障作用，对领导和推进企业会计信息化建设具有重要意义，而不健全的信息维护系统则无法承担起统一领导安全部署，有效协调各方面工作的重任。

其次是经济损失。软件的选择和使用情况也会对会计信息安全产生重大影响，甚至成熟和安全的会计软件对提高会计信息化工作效率和保障会计信息安全具有关键作用。

（二）信息化条件下会计信息安全的应对措施

1. 加强会计信息安全管理，强化安全隔离措施

会计信息系统在网络环境下具有极大的脆弱性，信息安全面临极大的风险和威胁，为保障会计数据不被泄露和盗取，企业要加强会计信息安全管理，强化安全隔离，如要安装相应的防火墙软件和防病毒软件、对数据进行高度加密、加强对敏感和重要数据的核对工作等。

2. 增强会计操作严谨性

第一要设置个人操作密码。每一位会计操作人员只能有一个相应地进入会计操作系统的密码和身份识别，同时，要经常更换密码，定时加密。

第二要加强会计操作规范程序。会计工作人员要严格遵守操作规范程序，在操作过程中不可马虎懈怠，退出系统前要做好备份工作，谨慎使用删除和格式化等操作行为。

3. 严格软件与硬件管理

软件是提高会计信息系统内部运行效率和安全性的保障，硬件是系统外部环境得以健康持续运行的保障，因此软件与硬件都要得到高度重视。从软件方面来说，首先要选择性能良好、可操作性强、与企业会计相匹配的软件，其次要加强软件在性能和安全方面的管理和维护，保证会计软件的持续健康运行；从硬件来看，企业要舍得花大价钱购置质量水平高的硬件设施，对关键硬件设备要加双保险管理与维护。还有一个重要的方面就是加强电脑机房管理与维护。电脑机房的温度、湿度以及卫生清洁要有保障，监控系统要完善，供电系统要有安全保险与管理措施，防水、防火、防雷等工作也不可疏忽。

4. 强化内部控制与管理

网络环境的开放性与时空不受限的特点给企业内部会计信息安全管理与控制带来更大困难，同时也带来了机遇，因此应该抓住网络环境给会计信息安全管理与控制提供的新契机，建立健全内部控制机制和安全管理制度。首先要把会计信息化工作与成熟的网络技术结合起来，以网络技术方法降低信息风险。其次利用网络的实时性与便捷性，对会计信息加强实时监控，保障信息安全。最后加强会计信息审批制度建设，这就要求有关部门对会计信息系统在监督方面的缺陷有足够认识，并在此基础上担起本部门监督责任，对相关财务管理程序、流程以及会计运作过程加强监督，填补企业内部监督、审批制度出现的漏洞。

第三节　整合企业的会计工具促进与各部门的深度融合

整合企业的会计工具需要制定和实施一系列策略，包括选择合适的软件、进行数据清洗和规范化、建立标准化的财务流程和流程规范、构建系统集成中心等，从而实现各部门的深度融合和协同，提高效率和降低成本。

一、选用合适的会计软件

根据企业的规模、行业和业务特点，选择适合的会计软件或系统，比如 SAP、Oracle、Microsoft Dynamics 等，确保系统能够满足企业的实际需求。

（一）会计软件的三种形式

会计软件是以会计理论和会计方法为核心，以会计法规和会计制度为依据，以计算机技术和通信技术为技术基础，以会计数据为处理对象，以会计核算、财务管理为经营管理提供信息为目标，用计算机处理会计业务的应用软件。随着会计电算化的发展，会计软件有通用会计软件、定点开发会计软件、通用与定点开发软件相结合的会计软件等三种形式。

（二）商品化软件的选择

1. 会计软件所需的系统运行环境

目前商品化会计软件品种繁多，不同软件厂家生产的会计软件对计算机硬件环境和软件环境的要求不尽相同。但从应用上可分为两种，一种是传统会计软件；另一种是企业级财务软件。传统会计软件是站在财会部门角度设计的软件，一切以财会部门为中心，仅满足财务管理需要，不考虑和其他职能部门的衔接，不对其他部门的业务进行实时监控。

2. 会计软件的合法性和功能结构

合法性是指商品化会计软件是否符合国家统一要求，是否已通过省级以上（含省级）财政部门的评审。不同的会计软件在满足基本功能的基础上，还有其特有的功能和特点，因此我们必须了解会计软件的功能结构。所谓会计软件的功能结构，就是指会计软件由哪些子系统组成，每个子系统完成哪些功能，各子系统之间相互关系如何。会计软件的功能结构主要是随着企业需求的不断发展而逐步完善的，主要可以划分为三个层次：核算型软件、管理型软件和决策型软件。目前，国内绝大多数企业使用的是核算型和管理型会计软件，并逐步由核算型向管理型过渡。管理型会计软件一般集财务与业务系统于一体，这种软件可以跨部门使用，使企业各种经济活动信息可以充分共享，尽可能消除企业各部门的信息孤立现象。实现财务业务一体化管理，可以有效地实现对资金使用和财务风险的控制，提供比较充分的财务分析信息，因而管理型会计软件为企业真正实施 ERP 系统打下基础。

3. 会计软件的操作方便性

对所选会计软件进行考查，评价会计软件的各种屏幕输入格式是否简洁明了，是否有各种操作提示，各种提示用语是否表达准确并符合会计人员的习惯或易于被会计人员接受，各种自定义功能是否便于学习、操作和使用等。

4. 会计软件的安全可靠性

安全可靠的会计软件对保证会计核算工作的正常运行尤为重要，在选择会计软件时要对会计软件的安全可靠性进行认真地考查。考察会计软件的安全可靠性主要从以下几个方面进行。

第一，会计软件安全可靠性措施的完备性。会计软件是由若干个功能模块组成，每个功能模块都应有相应的安全可靠性措施，确保会计信息的合法性、正确性和完整性。因此，可以通过阅读会计软件使用手册和实际操作软件，仔细考察会计软件是否具备各种安全可靠性措施。

第二，会计软件安全可靠性措施的有效性。一些会计软件虽然有各种安全性措施，但是其实际并没有达到预期的目的。因此，必须对会计软件的安全可靠性措施是否有效进行考察。

考察初始设置的安全可靠性措施是否有效。如仔细考察会计软件是否能够防止非指定人员擅自使用功能；是否对指定操作人员实行使用权限控制；是否对所装入的初始余额的正确性进行试算平衡和正确性检查等。

考察会计数据输入和输出的安全可靠性措施是否有效。如仔细考察是否能够防止非法会计科目的输入；是否能够对一张凭证的借贷平衡进行控制；是否能够正确地输出用户所需的各种信息等。

考查会计数据处理和存储的安全可靠性措施是否有效。如仔细考察当记账不成功时，是否能由计算机自动恢复到记账前的状态；是否能防止非法篡改数据；一旦发现程序文件和相应的数据被篡改，是否能够利用标准程序和备份数据恢复会计软件的运行等。

第三，会计软件安全可靠性措施的合理性和实用性。不同的会计软件其安全性可靠性措施的合理性和实用性是不同的。合理和实用的安全性措施将会给会计软件的使用带来便利。因此，在对会计软件的安全可靠措施的完备性和有效性考察之后，还必须对会计软件的安全可靠性措施是否合理和实用进行考察。

5. 会计软件使用手册通俗易懂性

在购买会计软件前，还需对会计软件使用手册通俗易懂性进行评价，主要从以下几个方面进行：内容是否完整；手册是否实用；各种功能的用法解释是否清楚；手册中的范例是否实用。

6. 会计软件售后服务的可靠性

会计软件售后服务包括：会计软件的日常维护、用户培训、二次开发、相关技术支持和软件版本的升级换代。目前，会计人员的计算机使用水平还不高，自身的能力无法排除会计软件运行中出现的全部故障,所以,还需要会计软件公司派出人员加以解决。如果拖延,会计核算工作就会被迫停止。要了解会计软件售后服务的内容、方式是否可行;维修服务人员是否充足;二次开发的方式是否具有版本升级、升级是否及时等。会计软件售后服务的可靠性对用户来说是至关重要的,会计信息系统是一个连续运行的系统,任何时候均不能间断。因此,详细考查会计软件售后服务情况,对企事业单位选择会计软件是十分重要的。

二、进行数据清洗和规范化

在将各部门的财务数据整合到同一个平台之前,需要对数据进行清洗和规范化,典型的数据质量问题主要包括缺失数据、格式问题数据、逻辑问题数据、异常数据、不一致数据和冗余数据六大类,确保数据的一致性和可比性。

(一)缺失数据清洗

数据缺失问题很常见且无法忽视。数据缺失问题的产生包含主观和客观原因。

主观原因包括数据采集人员的主观失误、数据暂时无法获取或获取的成本较大,以及数据提供方有意隐瞒等。

客观原因包括数据采集设备故障、存储器损坏、数据传输故障,以及属性值不存在等。例如,存储硬盘的损坏导致监控数据的缺失。

面对数据缺失问题应该如何清洗?首先应逐项确定缺失比例,然后按照缺失率和变量的重要性制定对应策略,主要包含删除、填补、标记三类方法。

1. 缺失数据删除

如果数据某列中的缺失数据很少并且其发生不存在规律性,则可以直接删除缺失数据所在行的数据。如果某列缺失率较高并且重要性不高,则可以直接删除该列数据。

2. 缺失数据填补

缺失数据填补主要包括再次采集数据、计算填补、人工填补三种方法。

再次采集数据是指通过改进采集方法或扩展采集渠道进行数据的再次采集来完成缺失数据填补的工作。对于重要性和缺失率都比较高的数据,在权衡准确性和成本的情况下,可以考虑采用该方法。

计算填补是指利用数学、统计学的方法来完成缺失数据填补的工作。计算填补的方法适用范围广且匹配度高,既适用于重要性高的缺失数据填补,也适用于重要性低且缺失率低的缺失数据填补。

人工填补是指由人根据业务相关的实践经验和理论知识来完成缺失数据填补的工作。人工填补的方法耗时耗力,仅适用于重要性高、缺失率低的数据。

3. 缺失数据标记

某些数据缺失并非随机产生,而是缺失本身就包含着某种特定的信息。我们可以对这些数据变量进行标记,在后续数据分析中,运用统计学方法或数据算法识别出其中的规律。

（二）格式问题数据清洗

通常情况下，格式问题数据产生于数据录入阶段，数量多的格式问题产生于数据线下人工采集和录入，或多人录入。格式问题主要包括格式不统一和格式错误两类，可以通过建立数据映射或手工调整的方式进行清洗。

1. 格式不统一数据清洗

格式不统一数据包括录入数据形式不统一、数据计量单位不统一、数据计量单位的格式不统一等。格式不统一数据一般不会影响计算机的后续处理，但会影响数据之间的可比性，或增加数据清洗的工作量。

2. 格式错误数据清洗

格式错误是指数据的格式不符合计算机能够识别和处理的要求，包括数据开头、中间或结尾存在空格，姓名中存在数字符号，身份证号中存在汉字等问题。

格式问题数据大多是在对多个来源的数据进行整合分析或调用其他系统的数据时发现的。格式问题可以在发现时进行数据清洗，但如果要节省人力、时间，则需要在录入数据之前形成统一的数据标准。

（三）逻辑问题数据清洗

逻辑问题数据主要表现为以下两种类型：

一是数据中包含与整体数据分布存在显著差异的离群值。例如，公司产品单价表中产品的价格一般都在2000元以内，但前端业务人员在录入信息将其录为20000元，财务人员审核此单据时很容易辨别出来是错误的，其明显不符合公司经营情况，属于典型的逻辑问题数据。

二是数据所对应内容不符合客观认知。例如，身份证号处显示了11位手机号。

通常逻辑问题数据是人工填写错误，或是前端录入数据未校验等造成的，需要借助人工或自动校验方式进行排查和调整，依靠数据行与列之间的相互验证关系来删除或重构不可靠字段。

（四）异常数据清洗

异常数据又称孤立点或离群点，它的值与其他样本观测值有着显著差异。很多人认为异常数据就是错误数据，其实不然，两者有一定的区别。

异常数据可能反映的是较为特殊的事实数据。例如，A公司2020年财务报表公布的利润较2019年增长100%，超过正常增长率，从表面上看属于异常数据。通过深入调查发现，A公司在2020年进行了产业并购，业务形态大幅调整，同时相关产业政策利好，因此A公司实现了利润大幅度的增长，2020年的利润数据属于事实数据。

异常数据也可能预示数据存在一定的问题，在数据分析中需要保持警惕，进行严谨的调查分析。例如，L公司2021年1月初确认了一笔1000万元的收入，其平均年销售额为5000万元，该笔收入占平均年销售额比例较大，属于异常数据。通过深入调查发现，L公司作为集团下属子公司，出于业绩压力的考量，该公司将该笔2020年的收入延迟计入了

2021 年。这种情况下，异常数据是错误数据，需要剔除。

在企业经营分析中，人们往往根据经验来识别直观的异常数据。如果想要准确识别潜在的异常数据，还需要应用科学的检测方法。常见的检测方法包括标准差法、箱线图法、聚类分析法等。

标准差法是指在统计学中，如果一组数据分布近似正态分布，那么约 99.74% 的数据值分布在前后三倍标准差范围内。而通常情况下，出现在三倍标准差之外的数据属于异常数据。

箱线图法通过中点、Q1、Q3、分部状态的高位和低位 5 个点来检测异常值，通常情况下，高于分部高位或低于分部低位的数据属于异常数据。

聚类分析法根据数据之间相似的特点将数据分组为若干簇，而簇外的孤立点数据属于异常数据。

检测出异常数据后是否要进行处理需要视具体情况而定。例如某些数据分析模型对于极端异常数据非常敏感，为了模型的稳健性，在建模前通常会对样本中的异常数据进行修正或删除，也可以选择不对异常数据进行处理。

（五）不一致数据清洗

不一致数据产生的前提是同一条数据存在多条记录，产生的原因往往包括两个方面：第一，对于同一事物的描述和记录不规范；第二，数据采集或填报有误。不一致数据可以通过修正、删除、再次采集的方法进行清洗。

例如，某房地产公司在进行经营分析时，各子公司递交上来的数据中"销售收入"存在"结转收入""结算收入"等多种名称，财务人员需要将其整合为销售收入数据，或者在这些指标之间建立相互映射关系，以进行后续分析。

（六）冗余数据清洗

冗余数据既包含重复的数据，又包含与分析问题无关的数据，通常可以采用筛选并删除的方法进行清洗。

1. 重复数据清洗

在实际工作中存在重复上报等导致的数据重复问题，即数据集中关于同一对象的数据有两次及以上的记录。对于重复数据，企业需要通过筛选，仅从每类重复样本中抽取一条记录保存，删除其他重复样本。

2. 非必需数据清洗

非必需数据是指所采集的数据集中与所分析问题无关的样本数据，或是错误、不真实、不完整的样本数据。对于非必需数据可以通过设置筛选条件进行筛选，对于明确为非必需的数据直接删除，而尚不明确的可暂时保留或咨询专家是否保留。

三、建立标准化的财务流程和流程规范

根据企业的实际情况和需求，建立标准化的财务流程和流程规范，包括数据收集、分类、

汇总、处理和报告等，确保各部门的财务数据能够按照规范化的流程进行处理和管理。

规范工作运转流程，利用"互联网+"，实现在线处理与远程处理紧密融合。

企业引入财务管理标准化的理念，结合各业务部门工作制定财务管理流程。各企业可以根据本单位的业务实际进行指标分解，结合各部门的工作特点及费用指标的预算情况制定财务报销的业务流程，设计标准统一的单据及传递程序。标准统一、报销流程设计好，再借助于"互联网+"的思维和技术，财务部门在处理业务的时候可以做到逻辑上集中，物理上分散。需报销的员工即使在不同的地区工作，也可以利用互联网等通信工具完成财务报销，达到即时交流的目的。

做好财务管理标准化体系建设，推进标准化管理模式的有序运行。

第一，成本费用支出流程标准化体系建设。成本费用支出流程标准化体系的合理运用，可以有效地控制成本费用和财务风险，有助于优化资源配置，促使成本控制转化为职工的自觉行动，从而加强了内控制度全面实施，促进部门联动协调，使费用支出更加合理与规范，从而提高财务管理工作水平和单位的经济效益。各单位制定好财务费用报销流程，使财务人员的工作有的放矢，工作起来游刃有余。

第二，财务预算编制标准化体系建设。编制好年度财务预算是确保全年经营指标任务完成的基本保障。编制财务预算时，横向先由各部门做好业务预算，比如销售预算、生产预算等，最后由财务部门汇总编制符合企业财务的全年预算。纵向由各分、子公司做好财务预算并由上级单位审核批准后实施，同时上报集团公司并由集团公司编制财务预算，形成全覆盖的预算管理标准体系，使财务预算更有针对性和有效性。各企业在编制财务预算的同时，要突出预算的科学性，保持预算的连续性，促进财务预算的编制程序更趋标准，同时要兼顾预算的个性差异，保证预算的顺利实施。

第三，财务评价管理标准化体系建设。开展财务评价工作，并实事求是针对资金管理、研发项目管理、资产管理等方面所涉及的制度、流程、执行情况认真进行梳理、排查，对存在的问题分析并提出改进措施，可以客观地反映财务管理的实际情况，促进内控制度建设，堵塞管理漏洞，防范财务风险，提高执行力。通过开展财务评价，揭示差错和弊端，进一步加强会计基础管理工作，提高财务管理水平。

第四，财务制度框架下的财务信息标准化体系建设。财务信息标准化建设是根据管理会计基础理论和各项管理制度搭建起的框架信息系统。财务管理制度是否健全是财务管理信息化建设的必要保障。财务信息标准化的实施，使从事汇总工作的人员可以利用计算机即可完成数据摘取和汇总，从而不用再对非标准的数据进行标准化的调整，这样大大地节约了时间和人力成本，提高了工作效率，财务信息得以最快捷的反应，提高了会计信息处理过程中的标准化程度，从而实现降本增效。

第五，会计基础工作标准化体系建设。会计基础工作的好坏直接影响着单位财务管理工作的质量。实行会计基础工作标准化，明确每个会计人员的岗位标准和岗位职责，使会计人员在处理各项会计业务时都有章可循、有法可依、尽职尽责，保证会计资料的准确、完整、真实。会计基础工作标准化，可以从会计核算标准化体系、资产管理标准化体系、会计综合业务标准化体系等方面制定实施。

第六，培养综合型财务管理人才是提高财务管理水平的关键。运用信息化处理财务业务时，计算机的使用及与各部门之间的沟通显得非常重要。这就要求财务人员在熟练掌握财务知识以外，还要了解本单位的业务特点，掌握计算机的操作技能，善于与人沟通，达到人、机、财务工作相融合。

四、构建集成系统中心

在整合企业的会计工具之前，需要构建集成系统中心，确保各部门的系统能够互相兼容和协作，并能够正常地进行数据的传输和处理。

（一）构建的原则

1. 市场需求导向

传统会计获取信息滞后，财务与市场脱节，企业决策滞后于市场需求变化，产销模式不能实时反映市场需求。财务大数据与财务工作的深度融合，为管理方式由粗放走向精细提供了更多可能，将终端客户的需求作为目标，企业可以建立与市场完全同步的存购销动态系统。企业可以通过物联网获取客户在网上的消费轨迹，并从这些有效的信息中进行数据挖掘，以确定消费者偏好与行为习惯，快速地预测出消费者近期的需求，为他们制定更加个性化的营销策略，引导下一步的消费行为。

首先，企业借助客户数据管理系统，利用网页浏览量、浏览偏好等信息对消费群体进行针对性的分析，通过大数据的比对与趋势分析，从消费行为出发，了解客户的消费水平、消费喜好、消费趋势等，有利于营销部门根据不同的消费群体"对症下药"，提供个性化的服务。

其次，企业通过实现线上数据与线下数据的一体化，将线上系统的客户需求反馈到生产流程中，以便他们根据市场需求来安排材料采购、生产计划及营销计划，帮助企业实现成本最优化，选择最佳的生产流程，同时对线上的信息进行充分挖掘并反馈到营销部门，从而有效优化客户关系。

最后，企业利用线上数据挖掘对资源进行全面统筹规划，重组线下资源，加强客户数据、商品价格、库存等信息的相互融通，进而实现企业资源效用最大化。

2. 业财融合

大数据背景下，数据的容量越来越大，数据处理的速度越来越快，对数据的挖掘处理水平已经成为企业在激烈的市场竞争中取得优势的关键。随着信息化、网络化技术的发展，计算机管理信息系统在企业的广泛应用，健全的规章制度和流程化管理的形成，传统的以多层级、集权为特征的"金字塔"管理因效率低下，逐渐被"扁平化"管理取代。

一方面，企业借助现代信息技术可以了解市场需求，更加有效地整合各项资源，提高管理效率，优化组织结构，加速企业扁平化，大数据提供的技术能支持企业更好地收集、存储、整理、处理和传递各个方面的信息，管理者只有自下而上获取充分的信息，才能做出正确的决策，决策"去中心化"将是大数据时代管理决策转变的显著特色；另一方面，大数据背景下，企业能构建业务驱动财务模式，实现业务流与财务信息流融合，提高管理的精细化程度，准确计算出产品和服务成本，同时在运营方面，通过业务流程重建实现业务流与财务信息流以及现金流的融合，减少信息传递的程序，实现部门之间数据共享，数据交换更加通畅，能增强企业管理的灵敏度，进而提高企业决策效率。比如，企业通过对客户往来信息的管理，能够提高应收账款与应付账款管理的精细程度；通过对工程项目进行辅助核算，可以发现项目实施过程中的问题，未雨绸缪，避免不必要的损失。

另外，企业运用信息化系统可以实现存货的精细化管理，能对存货进行个别计价，实时掌握存货库存与周转速度，并在此基础上及时安排生产和采购，实现企业零库存管理，提高资金的利用效率。成本的精细化管理，节约了成本支出，提升了运营管理效率。

3. 信息共享

在传统会计信息系统中，企业各部门的数据信息都是相对独立的，数据共享程度会受到人为意识的限制，因此各个业务部门间的信息传递效率低下；大数据背景下，会计信息系统与企业营销、生产等部门信息的深度融合，实现了企业的物流、财流、人流、信息流集成一体化，从而为企业决策提供更加全面综合的信息。

首先，为了实现会计信息系统与经济业务流程的相互融合，企业可按照自身的需求，在云计算里处理想要的信息，也可以把大量的信息存放到云端，再根据需求构建各项数据指标，按需编制更加个性化的财务报表，使财务管理程序进一步改善。

其次，同时将上下游企业的财务大数据上传到服务器，利用服务器的数据共享功能，企业就能够通过云端得到供应链上下游企业的基本状况和信用评级等信息来支持决策，上下游企业通过数据共享也可以准确把握供应链相关企业的产品需求与信贷等级，从而指导生产经营活动。供应链与会计信息系统的有效结合，可以实现经济业务与会计处理流程的高度一致，形成一条纵向的虚拟价值链，既避免了信息孤岛的产生，最大程度地整合了企业间的信息，加强了行业内的联系，又为上下游关联企业提供了决策依据，降低了企业的购销成本。

（二）建设步骤

在大数据普遍运用的基础上，财务集成信息中心将成为一个功能完善的信息平台。企业财务集成信息中心的建设步骤主要包括：一是企业以大数据和云平台为技术支持，在前期 SAP、ERP 或会计信息系统的基础上建设企业财务集成数据控制中心，对数据进行标准化处理，实现数据处理的流程化；二是企业将 OA 平台、采购平台、销售平台、客户管理平台、管理会计平台、内部审计平台等进行深度融合，为财务集成信息中心提供全面高效的数据，并实现企业财务集成信息中心数据平台中管理、财务、销售等信息的同步，从而避免了企业财务数据与业务数据的割裂，能有效提高决策的及时性与准确性；三是建设顺畅的企业财务信息集成交流服务平台，将财务集成信息中心的数据库与外部数据进行关联，与政府主管部门、税务部门、监管部门、银行和同行业组织实现数据同步与更新，打破内部机构与外部相关机构的界限，尽可能扩充企业数据的来源，同时也可以为政府宏观经济政策的制定提供数据支持；四是对企业财务集成信息中心数据库中的信息进行进一步加工，并上传至企业财务集成数据控制中心的应用平台，通过大数据技术的挖掘与处理，为企业改善管理、控制与预测提供强有力的数据支持。

（三）具体结构

企业应结合战略决策的目标导向和经济活动类型，构建具备预测、决策、控制、评价四大基本功能，能基本满足业务流程控制和财务管理需要的财务集成中心，具体包括以下五个方面的内容。

1. 咨询分析模块

该模块能为企业管理者、债权人、税务部门、银行外部信息相关者查询企业综合信息，能为企业是否存在需要关注的异动事项供应链上下游企业的供应与销售情况是否符合常规要求等提供数据支持，便于企业掌握内外经营状况的全貌，并根据信息使用者的不同需要提供差异化的信息，满足个性化需求。

2. 异常业务甄别模块

该模块以咨询分析模块的内容为依据，对查询结果的异常状况展开剖析，从生产经营的基本面核实企业在生产、销售和资金流方面存在的重大问题以及与上下游企业往来的异常情况，便于企业及时发现经营管理的盲区。

3. 综合分析模块

该模块将传统会计信息与企业业务部门信息进行有机结合，从企业经营数据与财务信息数据出发，结合财务指标体系的表现，挖掘和甄别企业经济业务基本面需要解决的问题和存在的隐患，预测企业未来发展的态势，并为企业下一步的生产经营活动制订计划，明确企业战略调整的方向，提高企业决策的有效性。

4. 风险预警模块

该模块在企业全面收集业务活动数据与财务数据的基础上，通过设置财务预警指标阈值，实时或定期对生产经营风险、税务风险、偿债风险或上下游企业潜在风险进行自动判断与识别，以系统预警的方式，防范和化解企业预期面临的风险。

5. 系统管理模块

该模块是企业财务集成信息中心的"司令部"，控制和管理企业各部门系统使用人员和外部访问者的登录访问，规划企业财务集成信息中心的基础设置，履行系统权限统筹、数据传递、报表自动编制以及与外部信息系统的连接等职责。

（四）建设功能

1. 预测

传统的财务会计系统是以历史成本核算为基础开展核算工作，信息的获取和处理都是发生在经济业务完成以后，所以要较好地发挥预测功能具有先天的不足。大数据背景下的企业财务信息集成中心，能真正地贯彻"从顾客需求出发"的生产销售流程。企业通过大数据技术可以对消费者的购买行为、个人偏好、损失概率、违约风险等进行预测，再根据预测的数据组织下一步的生产、销售活动，实施管理，逐步探索基于消费者定制的以产品多样化、服务个性化为方向的柔性制造生产模式，进行智能化生产。而消费者行为、消费者反馈、消费者意见又是构成企业价值创造的一部分，进一步影响企业研发设计、生产管理运营、推广营销等诸多环节。比如，淘宝大数据记录个人的消费数据、消费偏好等很多详细信息，可以为商家实施精准营销或者为后续的上游企业开发生产延伸产品提供准确的数据支持。

2. 决策

企业财务集成信息中心打破了财务部门与其他部门之间的藩篱，强调各部门之间信息的综合应用，业务流程与财务数据的充分融合促进了各部门工作效率的提升。财务集成信息中心的数据既来自财务核算部门，也来自生产部门、销售部门。管理学大师德鲁克认为，无度量不管理，基于大数据的数据挖掘、构建数学模型等技术，企业能够实现理性的决策，并通过数据支持决策提升管理效率与水平，克服传统经验决策的缺陷。

3. 控制

基于大数据技术的加强，企业财务集成信息中心获取的信息不仅包括结构化数据，还囊括了非结构化数据，并且非结构化数据在企业决策中越来越重要。相较于传统财务会计系统，利用大数据技术，如结合政府部门层面的行业数据构建的网络搜寻集成信息平台，企业能更全面地掌握行业水平、上下游供应链等各类关键信息，辅助战略决策，并通过各项信息进行细化与精准化地分析，提高控制标准数据的准确性，进而加强企业对生产流程的准确与及时控制。

4. 评价

企业财务集成信息中心通过业务流程与财务流程的统一，实现了生产业务相关部门与财务部门的数据共享，建立的一套反应灵敏的业绩考核体系，克服了传统绩效管理过程中程序存在模糊化评价的缺陷。在大数据技术与云平台基础上构建的企业财务集成信息中心能将传统的财务数据与非结构化数据相结合，从效益与客户价值和效率与效益两个维度，对组织内部的个人、分支机构或业务条件展开动态的评价，从而完善与拓展现有业绩评价工具，全面提升企业管理水平，进一步提升企业价值。

第四节 规范企业财务管理完善会计报告机制

在实际工作中，通过企业会计转换为相关成本控制和风险预测分析方法、运营管理以及绩效评估等教学活动的决策信息系统，企业会计报告系统不仅能促进内部财务信息化的建设，也能够快速提高内部管理者的业务决策管理水平。

一、建立内部控制制度

企业应该建立适合自己的内部控制制度，以确保财务信息的准确性和可靠性。这包括建立财务流程、内部审计机构和财务制度等。

（一）建立健全会计内部控制是时代发展的必然要求

加强内部会计控制制度是解决会计信息失真、保证国民经济正常运转的客观要求。当前我国会计信息失真现象较为严重，它不仅影响着企业生产经营正常持久地进行，而且有碍于宏观经济的发展。失真现象的背后，体现出在日常工作中单位的各项制度有章不循或无章可循、各项批准授权不清、部门相互牵制不到位。财务制度缺乏科学性和连贯性，缺少事前控制制度，多为事后补救措施等问题。当前会计改革应将重点放在解决会计信息失真这一问题上，加强内部会计控制是保证国民经济正常运转之必需。

能够保护财产物资的安全完整，提高会计资料的正确性和可靠性。内部控制会计制度对财产物资的采购、验收、保管、领用、核算、记录和核销等各环节采取各种控制手段，可以防止和减少财产物资被损坏，杜绝浪费、贪污、盗窃、挪用和不合理使用等问题的发生。同时，真实、完整的财务报告等中小企业会计资料能够为企业管理层提供准确而完整的会计信息，有利于管理层决策和对营运活动及业绩的监控。是企业经营管理者了解过去、控制当前、预测未来、做出决策的必要条件，有利于提升企业的诚信度和公信力，维护企业良好的声誉和形象。

能够促进国家法律法规有效执行，促使企业提高经营管理效率。科学的内部控制制度，能够合理地对企业内部各个职能部门和人员进行分工控制、协调和考核，促使企业各部门及人员履行职责、明确目标，保证企业的生产经营活动有序、高效地进行。要求企业结合自身所处的特定的经营、行业和经济环境，通过健全有效的内部控制，不断提高营运活动的盈利能力和管理效率。

内部会计控制制度是以确保会计资料真实性、可靠性与保护财产物资为目的，用于会计业务和与之相关的其他业务管理方面的方法、措施和程序，并予以规范化、系统化，使之形成一个有效的控制机制。企业只有设立了严密的内部会计控制制度并付诸实施，才能保证企业会计数据真实可靠、财产不致流失。

（二）提高企业会计内控管理新机制

1. 加大内部会计控制制度的考核力度

企业一般比较注重销售、毛利、利润等经营成果的考核，而把内控制度执行情况列入考核范围的企业还不多，企业很难对执行制度的好坏进行区别并作出相应的奖惩处理。企业内部会计控制制度执行结果的好坏，除了制度要具有科学性、合规性外，另一个因素就是制度是否被认真贯彻执行，这与企业的考核办法和考核内容有关。所以，企业应当将内部会计控制制度执行情况的检查列入考评范围，落实考评内容，考评标准力求科学化、合理化、可操作性强，将定性分析和定量分析相结合。在进行考核时，重点要对企业内部工作流程执行情况进行跟踪，如果一个企业内部工作流程很科学、合理，只要其中某一环节出现问题，就能很快被后一环节发现，要加大监督考核力度，在实施考核时可运用企业内部监事、审计、财会的监督力量，同时将考核结果与部门、人员的奖惩挂钩。

2. 建立恰当的授权

内部会计控制的方法，主要有不相容职务相互分离控制、授权批准控制、会计系统控制等八种，授权批准控制要求单位明确规定涉及会计及相关的工作授权批准的范围、权限、程序、责任等内容，单位内部的各级管理层必须在授权范围内行使职权和承担责任，经办人员也必须在授权范围内办理业务。因此，对于企业法定代表人，既要保证其经营决策的独立性和权威性，又要保证其经济行为的效益性和廉洁性，权力的度量界定及合理授权是关键的一环，当今社会但凡出现重大舞弊经济案件的企业，基本上是授权不当引起的，是授权多、权力大，且控制不力的恶果。由于授权无"度"和授权不当，直接制约内部控制制度效能的发挥，在巨大的权力面前，国家的政令法规都形同虚设，更何况一个企业的内部控制制度。这就需要企业在建立多元产权主体制衡机制和完善法人治理结构的同时，对内部控制执行人员的授权也要讲究一定的"度"，对不同的控制环节要有不同权力授予，无论哪个环节，在具体授权时，都应先认真研究，准确掌握，这样既能保证经营决策有效运作，管理制度有效贯彻，又能保证权力制衡得以落实。

3. 建立考核和评价机制

在强化内部监控、加强内部审计制度建设、充分发挥内部审计监督作用时，要求企业结合自己的实际情况，制定出内部监督办法，达到凡事有章可循、凡事有据可查，使企业内部监督规范化、系统化、制度化；拓宽内部审计监督范围，加强内部审计职能，充分发挥内部审计在企业内部的监控作用，督促各项内控制度的落实，防止减少差错舞弊等现象，提高经济效益。检查、考核和评价是内部会计控制链条中一个重要组成部分，对内部控制中存在的缺陷和问题提出改进建议，对执行会计内部控制成效显著的单位、机构和人员给予表彰，对违反会计内部控制的提出批评和处理意见。检查、考核与评价只是手段，其意义在于，督促企业各级管理主体不折不扣地认真执行会计内部控制规范，不断提升企业管理水平，堵塞漏洞，促进企业经营目标的实现。

4. 强化预算管理，合理设置会计机构和岗位分工

预算管理是企业内部会计控制的重要环节。首先，预算管理要体现导向性，强调预算的权威性和严肃性，层层落实，责任到人，加强对预算执行全过程的跟踪分析、考评和评价，必须建立严格、规范的预算调整审批制度和程序。其次，根据"会计法"的规定和企业财务管理体制的需要，合理科学地设置会计机构，实行定岗定员，会计业务处理有章可循。最后，建立、健全会计稽核制度，加强会计职能，保证一切会计凭证、会计账簿、会计报表和会计资料的真实、可靠、准确、完整。贯彻各项财经法规、制度，保证做到账账相符、账实相符、账表相符，提高会计信息质量。

二、加大企业会计准则执行力度

（一）大力宣传企业的会计准则

国家和企业共同努力进行会计准则的普及和宣传工作，是解决企业会计准则不被重视的最好方案。

首先，国家相关部门应带头对企业进行会计准则宣传，这样才能让企业负责人意识到会计准则的实行是时代趋势和国家要求，进而提高企业对会计准则的重视程度，让企业意识到会计准则的实施是大势所趋。

其次，在解决企业不重视的问题之后，企业内部也要积极展开宣传工作，加大企业内部工作人员对会计准则的重视，特别是会计人员。企业需要对内部会计人员定期进行培训和教育，使其充分了解企业会计准则实行的意义，在学习企业会计准则后能够应用到实际工作。

最后，应层层递进宣传企业会计准则，从相关部门落实到企业，企业再落实到其他部门，由其他部门落实到企业每个人，只要做好每一阶段的宣传工作，就会有效提高企业会计准则的实行效率。

（二）企业内部要完善准则并设立相应的支持制度

首先企业内部要营造良好的工作氛围，领导要发挥带头作用，积极实行会计准则。其次，为有效执行会计准则企业要按需对部门进行相应调整，建立配合会计准则实施的相关体系。

（三）保证审计工作的质量

企业保证审计工作的质量可以促进会计准则的执行，在企业内部制订定期的检查计划，建立企业内部的监管体系，才能提高注册会计师的审计质量。企业可以结合实际情况安排监督管理工作，有条件的企业可以成立专门的部门，管理注册会计师的审计工作。在配置会计人员这方面，除了要考验从业人员的专业技能，还要重视从业人员的职业操守和职业道德，这样才能保证会计工作在合法合规的情况下开展。

（四）顺应市场环境改变执行策略

当前，市场环境多变，企业的经营模式要根据市场的大环境进行改变，进而促进企业的持续发展。为了提高企业会计准则实际运用的效果，应对企业会计准则不断进行修改，修改的依据就是结合市场经济的变化情况以及企业自身内部的调整状况。制度并不是一成不变的，优秀的制度就是要随着环境改变而进行修改，这样才能让企业会计准则与时俱进，不被市场淘汰。

（五）加强企业之间的交流

每个企业的经营情况不一样，因此每个企业的会计准则也会有所差别。为了促进企业更好地发展，就要加强企业与企业之间的交流与合作，通过分析其他企业内部制度存在的问题，达到审视自身的效果；通过借鉴他人的发展经验，发现自身企业存在的漏洞和错误。同时，深入了解其他企业的会计准则实行的效果和情况，做出相应的分析报告，分析企业会计准则在实施中可能会遇到的问题,以此作为参考,促进会计准则更好地落实,保证其应用效果。

三、防范会计信息失真

要解决会计信息失真问题,就必须找出根源所在,只有找出根源才好"对症下药"。根据分析可以从以下几个方面来防范和治理会计信息失真现象。

(一)加强公司内部管理

防范会计信息失真,首先从会计信息的提供者企业内部做起,企业内部是会计信息的源泉,企业内部要从以下方面管理。

1. 建立健全教育机制

宣传和教育在确保会计信息真实性方面发挥着关键作用。如果每个会计人员都有一定的会计综合素质、业务素质,在自己的工作中,恪守职业精神和政治觉悟,自觉维护自己工作的客观性、公正性,不屈从不迎合来自各方面的压力,同时严于律己,不以自己的职务之便谋取利益,这样就可以从根本上遏制会计信息失真现象的发生。

业务素质是根本,为适应新形势下对会计信息发展的要求,对会计人员应有年度后续教育的强制规定,会计人员的后续教育记录可以作为单位录用会计人员及会计职称评聘的重要依据。同时,企业不能只一味地强调要提高会计人员的业务水平,应经常针对他们的思想进行培训,对会计人员的职业道德进行规范,使会计人员树立正确的人生观和价值观。让会计人员时刻谨记道德素质的提高是工作的关键,同时要让他们经常接触一些会计正反方面的案例,使他们对自己的行为做彻底的认识。在职业道德建设中,制定行业性的职业道德规范并认真贯彻落实,努力建设一支业务素质高、职业责任感强的会计队伍。

企业不仅要加强对会计人员的教育,同时还要加强对领导人员的再教育。通过教育与宣传让领导人员认识到国家的利益大于个人利益,不能为了个人或单个企业利益而损害整个国家的利益。企业应实现普通工作人员和领导互相监督的工作体系,确保会计信息的真实性。

2. 加强企业内部监督

各单位应建立健全本单位内部审计监督制度,应根据法律法规的统一规定,按照会计准则,结合本企业的实际情况制定内部财务管理制度,会计机构内部应当建立稽核制度等,以便会计人员遵照执行,减少漏洞。如实际工作中的"钱账分管"原则,不相容的职务必须相互分离、相互制约原则。又如企业必须做到出纳人员不得兼任稽核、会计档案保管和收入、支出、费用、债权债务账目的登记工作,在企业所有资产中,现金的流动性最强,它是所有商品的一般等价物,掌握了现金就等于占有了财富,所以现金的诱惑力最大。在单位的会计工作中,出纳直接接触现金业务,根据复式记账规则,每发生一笔货币资金收付款业务,必然会引起收入、支出、费用或债权债务等账簿记录的变化。如果把这些业务统统交由出纳人员一人办理,就会造成既管钱又管账,失去监控,给贪污舞弊行为打开方便之门。同样道理，如果稽核、内部档案保管工作由出纳人员经管，也难以防范利用抽换单据、涂改记录等手段进行舞弊的行为。因此，对出纳岗位的牵制非常重要。

当然，出纳人员不是完全不能记账，只要所记的账不是收入、支出、费用、债权、债务等直接与单位资金收支增减往来有关的账目，是可以承担一部分记账工作的，如有些单位，出纳人员业务不多，就可以兼记固定资产明细账。这样就可以在一定程度上确保会计信息的真实、完整。

（二）完善法制建设

解决会计信息失真问题，健全和完善财务会计法规和其他相关法规也是必不可少的环节，创造良好的法治环境，通过法律手段强化管理者的公开信息的法律责任，制定有关信息质量管理手段，使财务会计法规和其他法规尽可能的全面配套，具体及时并具有可操作性，弥补会计法规的漏洞。同时需要完善立法，国家要尽快制定会计法实施细则，还要制定会计质量的管理法规，对管理人员的责任和权利以及提供虚假会计信息的人员的处罚措施做出明确的规定，为加强会计管理提供法律依据。完善法制建设的同时，还要加大对违反会计法规者的执法力度，要加强会计法规执行情况的监督检查，依法严肃追究有关责任人法律责任，既要加大行政和刑事处罚力度，又要加大民事赔偿力度，不仅对违规企业实行制裁，而且要追究自然人的刑事和民事责任，充分发挥法律对造假行为的震慑作用。对于违反会计法律法规的单位和个人，应当依法严肃处理，强迫那些被利欲熏心，以身试法，为了个人利益而置国家利益于不顾的人反省和收敛自己的行为，使会计信息在法律的维护下恢复其本身的面貌，防止会计信息失真的现象出现。

（三）为企业创建良好的经济环境

实行政企职责分开，政府对企业的经营情况不能过多干涉，留给企业充分的经营自主权和自由活动空间。建立一套全面、完善的考察指标体系，从目前利益与长远利益，社会效益与经济效益等方面因素综合考虑，不应单单只看企业盈利多少来评价经营者的业绩。另外，政府必须转变职能，更新观念，加强自律，树立服务意识，倡导勤政廉洁的工作作风，坚决打击损害国家利益的腐败行为，净化社会环境，为企业创造良好的外部环境。

（四）加强对中介机构的外部监管

目前我国的会计师事务所及相关的中介机构普遍存在着责任心不强、风险意识淡薄、执业工作粗糙等问题，因此，要想保证中介机构对会计信息的监督质量，首先中介机构自身要本着对广大投资者负责的态度，不断提高自己的职业道德素质和执业水平；其次，主管部门（如财政部门、证券管理部门、行业协会等）要真正担负起约束中介机构行为的责任；第三，一旦中介机构出现有违职业道德或失职行为，作为主管部门，绝不能姑息迁就，应加大处罚力度。对于公司的会计信息，中介机构的监督包括事前监督，事中监督和事后监督，全过程督促会计信息的真实性。每个阶段都不可忽视，特别是事后监督是会计信息与使用者直接接触的最后一道关卡，必须严格把关。如：注册会计师在对企业的财务报表审核的时候就必须严格仔细，对会计信息使用者负责。

（五）加强信息披露监管

持续的信息公开制度有利于消除会计信息的不完全和不对称，抑制内幕交易和欺诈行为，实现会计信息的透明和规范。但是，目前在会计信息提供者缺乏自律的情况下，信息披露的真实性只有在监管部门的严格监管下才能保证实现。一方面，对公司事前事中事后的会计信息一定要进行严格审查，发现有欺诈行为者，要依法进行严惩。尽早引入民事赔偿制度，如：对于上市公司，发布虚假信息给投资者造成的损失应由上市公司予以经济补偿。另一方面，为了提高会计信息披露的及时性，要从制度上规定加大信息披露的频率，例如采取季报披露制度等。信息披露的内容也应该加以改进，建议增加一些能够反映企业真实盈利情况的内容。例如，在披露的年报中增加当年职工的工资总额及年平均工资额、工资的按时发放情况；税务机关出具的表明公司当年实际缴纳所得税的证明；主办银行出具的表明该公司业务往来的现金流量证明等，这样就可以对会计信息提供者进行督促，在一定程度上保证会计信息的真实性。

（六）完善业绩评价机制

企业业绩评价体系应当注重过程的合法性、合理性和科学性，考核方案设计和业绩评价指标的选择中应加强对会计信息产生全过程的考核，应考虑增加一些涉及企业持续经营能力等的非财务会计指标，使代理人所得的利益与企业目标约束挂钩，以正确引导会计工作的运行，保证提供真实可靠的会计信息。建立科学的财务会计信用等级制度和会计师事务所评价系统，对单位进行财务信用等级评定，实行百分考核。定期对单位财务信用状况进行检查，重新调整其信用等级并及时在相关媒体上公布，接受公众的监督。促使企业及其相关机构以诚信为本，提高会计信息质量。建立全国会计人员档案，跟踪其整个职业生涯，全面客观地反映其职业道德水平，从根源上杜绝造假的情况出现。

四、加强信息公开

企业应该及时、全面地公开财务信息，包括财务报表和财务数据等。这可以增加投资者和其他利益相关方的信任和参与度。

（一）会计信息真实性是会计核算工作的基本要求

在我国社会主义市场经济高速发展的过程中，会计作为一项以会计信息为基本职能的经济管理活动起着至关重要的作用，必须保证会计信息公开性与真实性。

整个社会的经济法律环境日益趋向规范化，会计信息的真实性影响了整个社会主义市场经济体质的完善。一旦缺乏会计真实性，那么，会计信息的相关性就会削减，对广大利益相关者造成一定的损失。会计信息应该满足国家对经济管理的要求，会计计量和记录的对象必须是真实的经济业务（政府所知晓的，没有公开的必要）。同时，会计主体对会计要素确认和计量方法没有选择的弹性，也无权自行变更或修订，所以也不用企业向投资者公开所实行的会计方针和制度。

随着我国经济改革向市场经济模式的推进，经济体制将发生重大变化。企业参与市场竞争的同时，政府转向客观间接控制，完善立法，创造良好的法治社会环境，由国家调控市场所引起的各种投资的局面，相应地对完善制度、强化监督的控制行为分为两个方面：一方面是强化职业道德观念，对提供或制造虚假财务报告者要受到法律的制裁；另一方面要提高社会监督地位，建立政府机关或民间机构管理为主体的监督体系，加强社会经济活动管理。这两方面管理形式表明，政府机关或民间机构对企业会计行为的真实性有着极大的影响，企业的经济活动增加，会计确认和计量的制度适用于企业的规范性，而投资主体多元化及其对会计信息的需要，这就在客观上表明实施会计信息公开制度的真实性与必然性。

（二）会计信息公开的核心

在政府间接控制的体制下，企业或会计主体具体运用会计要素的确认和计量方法具有很大的灵活性。为了使社会各有关利益集团能够取得其决策所需的会计信息，社会就必须通过直接或间接的约束，确保企业会计对外提供的信息符合社会的标准，达到有关的质量要求。会计信息质量特征正是选择或评价可供取舍的会计准则、程序和方法的标准。研究和规定会计信息的质量特征可以为财务信息提供者在选择表述经济事件的不同方法时提供指南，增进使用者对企业和其他经济组织提供的财务信息的有用性和局限性的理解，以帮助他们做出更好的有依据的决策。虽然会计理论及会计信息质量特征的概念在我国尚不明确，但我国会计信息质量特征是提供信息符合会计目标的要求，真实可靠性、相关性、及时性等是会计信息质量特征的基本要求，它能保证信息使用者做出正确的决策。

随着我国社会主义市场经济的发展，会计信息使用者的多元化，大体上对会计信息质量提出了如下要求：一是遵守会计信息质量特征的真实性、可靠性及相关性原则；二是会计信息的简单明了性。这两点是符合国家宏观调控经济管理的基本要求，会计准则是会计人员从事会计确认、计量和记录所必须遵循的基本原则，也是会计工作规范化的重要组成部分。以上两点已在《企业会计准则》中表明。

《企业会计准则》的基本质量特征包括：会计信息内容方面的要求——真实、相关和技术性（权责发生制是会计记账的基础，应结合考虑）；会计核算应当按照规定的会计方法进行相关经济活动管理。

综上所述，会计信息质量特征是会计信息公开制度的核心内容。会计信息质量特征，关系到社会对企业经营管理和财务状况的成果，会计信息的公开制度影响资源的合理分配以及经济活动的开展。

（三）会计信息公开化的实现途径

会计信息公开化与内容、形式、质量、信息等方面相关联，从以下几方面可得知：

1. 市场法规

市场经济，在某种意义上说，就是一种法制管理活动。《证券法》和《公司法》是与会计信息公开制度相关联的基础法规，所以说，市场法规是维持经济活动运行的必要条件。会计信息公开的内容和形式等方面对会计信息公开化起到了保证的作用。一般地说，会计信息公开的内容有：企业选用的会计要素确认和计量方法；企业变更会计要素确认和计量方法及对会计信息的影响；企业会计数据等。就股份上市公司而言，会计信息公开的形式包括：股票发行时的招股说明书；股票申请上市的报告书；股票上市后的定期财务报告；重大特殊事项的揭示等。

2. 会计规范管理体系

会计规范管理体系是会计人员从事会计工作及提供会计信息的根本方式，它的特征包括了权威性、统一性、科学性和相对稳定性等，对于会计的记录、确认、计量和报告有限制性的作用，会计规范的主要作用则是实现会计信息产生的标准化。一般认为，我国市场经济条件下的会计规范体系是：会计法—基本会计准则—具体会计准则—企业会计制度。在这个体系中，会计法主要对会计信息公开制度的实现提出一些基本的要求，而准则和制度则从会计核算的角度，对会计确认、计量、记录和报告等等作出具体、细致的规范。总的来说，会计规范体系是会计自身从建设的角度来实现会计信息公开制度的目标。

3. 注册会计师制度

随着《中华人民共和国注册会计师法》的颁布，我国注册会计师制度有了长足的发展，注册会计师制度作为市场经济的调配制度，它是由国家批准的、以货币表现的经济信息为特征的特殊会计人员。会计师事务所既是作为经济管理活动的公证机构，也是民间审计机构。会计师事务所主要有独资、有限责任公司制、有限责任合伙制、普通合伙几种组织形式。注册会计师对于专业的要求较强，不是所有投资者都可以进行会计报表核实。会计师事务所的建立，是为了提高工作效率，加大监督经济活动管理的力度。

4. 会计信息公开

会计信息的披露应该保证其应有的透明化，为广大人民群众的利益着想。财政的收入支出等相关经济活动都应该通过一定法律手段公之于众，而公共财政信息的披露则是会计信息公开化的重要保证。

5. 完善咨询机制，提高会计教育

会计信息公开制度的必然实施，重中之重是：一是保证会计信息的真实可靠性；二是全面提高会计对人民群众的教育意识，从社会的基础相关会计教育开始培养对会计信息的识别和使用功能。作为现代社会中的一员，无论是个人理财还是企业经营，人们学习和掌握会计基础知识的需要，已日益迫切了，特别是在经济发展迅猛的当今社会。所以，提升投资者业务水平，加强自身会计素养，从而保证会计信息的正确性，这是刻不容缓的问题。

会计信息内容的复杂性驱使投资人作出投资决策的判断时容易遇到阻碍，代表投资人参与市场运作，提高他们经营活动的有效性，这也是完善的市场所不可缺少的。所以，投资机构及中介机构利用本身的咨询投资能源将专业充分知识发挥，对于投资者识别和运用会计信息产生着无可厚非的影响。

第八章　现代企业会计监督体系的构建

第一节　会计监督在现代企业中的重要作用

会计监督是确保公司或组织在财务报告方面遵守法律、法规和会计准则的过程。会计监督对于保护公司利益、维护公众信任和稳定经济体系非常重要。

一、会计监督的概念及意义

（一）会计监督的概念

会计监督（accounting supervision）是会计机构和会计人员依照法律的规定，通过会计手段对经济活动的合法性、合理性和有效性进行的一种监督。从狭义角度来看，会计监督属于会计职能中最基础的职能之一，大多数情况下应用于单位内部会计监督中。一般来说，会计人员需要根据国家相关规定，利用会计工作人员提供的数据，对其进行的经济活动进行全面的考察分析，从而满足预期的目标；从广义角度来看，会计监督其内容包括内部监督又包括外部监督。会计监督分为：事前监督、事中监督、事后监督。

1. 单位内部监督

单位内部监督的主体是各单位的会计机构和会计人员。内部会计监督的对象是单位的经济活动。

单位内部会计监督是任何经济活动建立在遵守国家相关法律法规的基础上，最大程度保证单位资产安全的一种制度。在单位内部运行时采取相互制约的方法进行会计活动。单位内部监督是会计监督机制里最重要的环节，所以建立一个完善的会计监督机制是必要的，这样能够保障会计活动依照会计法律规章有序进行。

2. 会计监督的客体

会计监督的客体是指会计监督行为的具体承受对象。在实践中，可将会计监督客体具体分为组织机构、工作人员和会计行为三个方面。

3. 会计监督的依据

会计监督的依据从字面意思来解释就是会计监督的标准，具体而言，会计监督是以各类会计规范为基础，以此作出对会计活动的约束、评价、指导工作的标准和依据。

4. 会计监督的目标

会计监督的目标是确保企业的财务报告准确、可靠、透明，以保障投资者、债权人、政府和公众的权益维护市场秩序和公平竞争，保障税收征收，支持经济发展。具体来说，会计监督的目标包括以下几个方面：

保护投资者和债权人的权益：会计监督通过监督企业的财务报告，确保财务报告准确、可靠，反映企业真实的经营情况和财务状况，从而保护投资者和债权人的权益。

维护市场秩序：会计监督可以发现和防止企业虚假陈述和欺诈行为，维护市场秩序和公平竞争。

保障税收征收：会计监督可以防止企业逃税和避税，确保税收的准确征收。

支持经济发展：会计监督可以促进企业的透明度和规范化运营，增强市场信心，吸引更多投资，推动经济的发展。

（二）会计监督意义

1. 有利于维护国家财经法规

财经法规是所有经济单位从事经济活动必须遵循的准则和依据。会计监督就是依据国家财经法规，对各单位经济活动的真实性、合法性、可行性等进行检查，从而督促各单位严格遵守国家财经法规。会计工作是财政经济工作的基础，一切财务收入都要通过会计这个"关口"。因此，有效地发挥会计最基础的职能，对于最大程度上保证国家财产和个体单位财产的安全，减少国内管辖区域内会计活动的违法行为。

2. 单位内部体制的和谐管理

会计监督严格来说虽然只能在经济范围内对经济活动进行管理，但从广泛意义上来说合理的会计监督可以有效促进单位内部人员关系的和谐，从而改善单位经营管理办法，提高单位可创造的经济效益。通过对会计活动的真实性、合法性等方面的考察监督，一定程度上保证了会计主体活动时的合法性，减少不必要的损失。

二、会计监督的必要性与重要性

（一）会计监督的必要性

1. 法律法规的要求

《会计法》强调了会计监督与会计控制的建设问题，会计监督包括单位内部监督制度、会计活动相关人员在监督期间的职责。会计单位应当针对会计具体活动制定具有针对性的法律法规。近几年来我国对会计相关规定更加重视，在会计监督体系方面作出了巨大的扶持。如财政部门就会计单位内部存在的问题提出了"重视内部会计监督检查工作"的具体要求，且设置专门机构专门人员对会计活动进行监督，这使得会计监督更加规范化合法化。所以，各单位会计应当严格遵守颁布的各种与会计相关的法律法规，清除经济市场中存在的污浊之气，统一会计制度以便管理。

2.会计管理形势的要求

经济的高速发展,致使经济市场内部存在的经济关系越来越复杂,一些管理体制落后的企业在复杂的大环境中暴露出了一些弊端,导致经济犯罪行为的出现,例如挪用公款、回扣事件等。从表面上看是个人价值观出现偏离正轨的现象,进一步深究,经济性的犯罪案件归根到底是因为会计体制不健全造成的。支付款项通不通过完全由会计一人掌管,很容易造成贿赂事件的发生,加强会计监督机制的建设是非常必要的。

要加强会计监督机制的建设主要有两方面要求,其一是对单位内部监督的要求。制定针对单位内部存在问题的法律法规,明确单位内每个部门的职责,使各部门之间各司其职又互相联系。

其二,是加强外部监督。一般来说,外部监督就是指政府监督和社会监督等两大监督体系。有了政府和社会的监督,经济犯罪行为就不会再那么猖狂,也能让市场经济进入一个良性循环。

3.经济发展形势的要求

由于改革开放的政策,我国国民经济水平大大提升,综合国力的增强也使得我国的国际地位大幅提升,与国外的联系也大大加深。经济交易数额越来越大,那么一些经济问题也会随之而来,而这些问题中最大的就是腐败。想要治理腐败事件头等大事必须建立合理科学的会计监督体制。文化建设也要重视起来,要使各级财会人员意识到腐败的后果,并让腐败的会计人员接受惩罚。但这并不是短时间内就能完成的任务,这是一条长期战线,需要政府和人民不懈地坚持和努力。应当从腐败源头抓住问题所在,将综合治理应用到反腐工作中。这也让我们意识到现有的市场经济会计监督制度不完善,所以加强会计监督体制是非常必要的。

4.市场经济制度本身的需求

就一般而言,市场经济国家在采取市场管理措施时一定要加强会计监督建设。从会计监督体制诞生至今虽然在我国仍然存在很大缺陷,但比起刚起步时已经有了很大进步。会计监督体制的完善程度与国民经济的发展程度在一定条件下是成正比的,这也证明了会计监督体制在经济活动中的地位越来越重要,要不断创新才能跟上市场经济变化要求。

(二)会计监督的重要性

1.保护公司利益

会计监督可以帮助公司监督和管理自身的财务状况,以确保公司的利益不受到欺诈或财务失误的影响。会计监督可以帮助公司规避风险、避免损失,从而保障公司的资产和利润。

2.维护公众信任

会计监督可以确保公司或组织在财务报告方面公开、透明,符合行业标准和法律要求。这可以增强公众对公司的信任和信心,并促进公司与客户、股东、投资者、供应商等各方之间的良好关系。

3.维护市场稳定

通过加强对财务市场的监管,会计监督可以帮助维护市场稳定,减少投资风险。确保公司的财务报告准确可靠,提供给投资者和其他市场参与者所需的信息,从而促进市场的健康发展和稳定运作。

4.遵守法律法规

会计监督可以帮助公司或组织遵守法律、法规和会计准则,防止因违规行为而受到罚款或其他法律后果。有助于公司或组织避免与法律、监督机构产生冲突,并维护自身的声誉。

总之,会计监督是确保公司或组织在财务方面合规、公开、透明的重要过程,它有助于保护公司利益、维护公众信任、维护市场稳定和遵守法律法规。

三、现代企业制度下会计监督重要作用

在当前中国特色社会主义市场经济体制下,会计监督作为经济监督的重要组成部分,它不仅包含经济监督的一系列特点,而且还有其独有的特征。会计监督按其监督实施者的不同分为内部监督和外部监督。内部监督通常指企业为了规范内部的会计工作程序及方法而进行的审计工作;外部监督主要指通过一些特定的政府监督部门及中介机构(如注册会计师、认证资产评估师)对企业会计工作和会计单位的经济活动进行监督。会计监督通过这两种形式,具有以下几个方面的作用。

(一)会计监督规范企业经济行为,促进国家金融法律法规的有力实施

金融法律法规是企业进行一切经济活动的基础和不可逾越的红线,会计监督可以实现按照国家法律法规,及时地对企业经济活动进行严格检查的目的,以确保企业各类经济行为的合法性,进而维护国家金融法律法规的权威。会计工作是财务和经济活动的前提和基础,所有的财政收支情况必须要经过会计之手。建立一个高效的会计监督体系,对于预防和遏制金融犯罪,促进国家法律的有力实施具有重要的作用。

(二)会计监督是企业制度的重要组成部分,有利于加强企业内部管理

企业经营者、股东、债权人、政府各方的利益存在一定的矛盾和冲突,各方都希望实现自身利益的最大化。因此,为了解决利益分配和冲突等问题,必须依靠法律和会计信息协调解决。评判企业运营状况的会计信息来源于会计人员,受人为因素的影响很大会计监督是企业进行经济管理的工具之一,运用会计监督改善企业管理、提高经济效益、确保会计信息正确性的重要手段。用合理、合法、高效的会计监督方法对企业经济活动进行监督,可以确保企业满足经济规划的要求和各方利益诉求,从而提高企业经济效益。

(三)会计监督是企业实现可持续发展的重要渠道

近年来,我国企业制度改革的步伐越来越快,逐步形成和完善了企业制度。有效的会计监督可以及时发现企业在经营过程中的违法违纪行为,并采取有力措施对其进行制止。与此同时,还可以改善企业的经营渠道,不断提升企业的收益,取得更好的经营成果。会计监督还可以维护所有者的合法权益,激发所有者的积极性,使企业达到可持续发展的目

的。遵循法律的要求严格执行会计监督职责，是企业经济的发展走向科学化、合理化、可持续的必由之路。

（四）会计监督有助于规范企业经营行为，是自我约束机制的核心

随着经济体制改革的深入，企业的管理权逐渐从政府的手中转移到了企业经营者的手中，政府由直接管控者变为间接的管理者，其很大程度上激发了企业经营者的积极性，在企业发展中起到了积极的作用。但是在政府放权的过程中，容易滋生专制、腐败等问题，会计监督可以及时、真实地掌握企业财务信息，实现各类经济事务的事前、事中、事后监督，及时防范腐败、专制问题的产生，进而实现有效规范企业经营活动的目的，合理地利用有限的资源实现效益最大化。

四、会计监督与现代企业制度的关系

会计监督是指会计机构和会计人员凭借经授权的特殊地位和职权，依照特定主体制定各种合法制度，对特定主体经济活动过程及其引起的资金运行进行全面、连续、及时地监察和督促，以确保各项经济活动的合规性、合理性，保障会计信息的相关性、可靠性和可比性，从而达到提高特定主体工作效益目的。随着现代企业制度的逐步完善和市场经济的进一步发展，会计工作已发生了很大变化，会计涉及的范围不断扩大，业务处理也日趋复杂，投资者、债权人和社会公众等对会计信息披露的时效、范围、质量的要求也越来越高。规范会计行为，提高会计信息质量，会计监督已成为建立企业制度中一项重要内容。

（一）会计监督是建立现代企业制度的基本要求

近年来，随着现代企业制度的不断改革，大多数企业都实现了公司集团化和股份制改造，企业所有权和经营权逐步分离，各企业以产权明晰、权责分明、政企分开、科学管理为基本特征，形成了自主经营、自负盈亏的经营模式，企业有权根据社会需求自主安排生产，从事生产经营活动。企业的经营活动与投资者及债权人的利益休戚相关，并随之产生新的矛盾和冲突，因为投资者以及相关者的经济利益在很大的程度上取决于企业经营活动，也与企业会计记录和处理经营活动的方法有关，为此国家制定了统一的会计制度和会计准则及相关的法律、法规来规范企业的经营活动，要求企业按照规定提供各项会计信息，及时、真实、准确、公正地反映企业的经营成果，不得以一方的利益而损害他方利益，否则就背离了现代企业制度所要求的所有权与经营权分离的原则，给国际和其他投资者造成无法预计的损失，而会计也应承担相应的责任。因此，会计人员必须按照会计制度的规定，监督、协调企业各项经济业务。所以，会计监督也就成为建立现代企业制度的必然要求。

（二）会计监督是现代企业内部控制制度的重要组成部分

从现代企业制度的结构来看，会计监督是企业内部控制机制的一个重要组成部分，其任务是帮助企业实行最优化的经营管理，合理、有效地组织各项经济活动和运用各项资金，努力增收节支，提高经济效益，从而保证企业各项经济活动和财务收支在国家法律、法规、制度允许的范围内进行。简而言之，就是帮助企业经营者合法、有效地完成受托责任。会

计监督不仅是建立现代企业制度的需要，其本身也是现代企业制度的重要组成部分。

（三）会计监督是维护所有者权益的需要

政企分开是现代企业制度的一个基本特征，其前提是政府的双重职能分离，即政府的社会经济管理职能和国家资产所有者职能分离。政府的社会经济管理职能主要是通过法律、法规、产业政策和必要的行政手段对所有企业实施宏观调控和间接管理，以实现社会公平和经济的稳定增长。政府的国有资产所有者管理职能是终极所有权权力，企业则按照企业法人财产权的权责，认真组织经营，正确进行会计核算、会计监督，达到对所有者的资本保全、保值、增值的要求。

（四）会计监督是规范经济行为、促进经济发展的需要

部分企业存在经济效益差、管理水平低、社会负担和债务负担沉重，以及生产经营规模偏小、产品档次低下、技术含量和附加值不高的状况。造成这种状况的原因就是企业整体素质不高，企业管理特别是财务管理不善，财务部门纪律松弛，会计监督松懈。这些现象严重扰乱了社会主义市场经济秩序，阻碍了市场经济的健康、有序发展。为此，国家要求整顿经济秩序，整顿会计工作秩序，出台了《关于加强国有企业财务监督若干问题规定》等一系列规范性文件来规范经济行为，加强经济活动中的财务管理和会计监督。

第二节 现代企业会计监督存在的问题

会计监督有两层含义，其一：指会计机构和会计人员在利用真实的会计信息对经济活动进行正确的反映的同时，实现对会计资料的真实性和完整性的监督。要求会计机构、会计人员对不真实、不合法的原始凭证不予受理；对记载不明确、不完整的原始凭证予以退还，要求更正、补充；发现账簿记录与实物、款项不符的，应当按照有关规定进行处理，无权自行处理的，应立即向本单位领导人报告，查明原因，做出处理；对违法的收支，不予处理。其二：指对会计工作和会计行为本身的监督，即会计工作不仅要接受企业内部有关部门的监督，还要接受来自其他各公司治理主体，以及财政、国家审计等政府有关部门的监督，实质上是对单位会计资料的真实性、完整性的监督。

一、缺乏外部监督

针对现阶段的具体情况分析，会计监督工作的正常展开与新闻媒体、社会舆论等因素相关。在会计监督过程当中，会计事务所属于独立的个体。现阶段我国并没有对注册会计师的具体行为展开制约，造成有关人员可能出现不良行为，难以保证企业财务审计报告内容的精准性与可靠性，会计监督力度并不充足。在企业会计监督过程中，舆论所发挥的作用在很大程度上被限制，虽然新闻媒体可以针对企业当前的财务情况展开报道，具备一定

的监督作用，但是非常容易被多个方面的因素所影响。

（一）监督机构缺乏权威性和专业性

监督机构缺乏专业的会计和审计知识，无法对企业的会计报表和财务状况进行准确的评估和判断。此外，监督机构的管理和运作也可能存在问题，如人员缺乏、管理不规范等。

1. 机构设置不合理

一些地区或国家的会计监督机构设置不合理，过于庞大或过于分散，导致监督机构无法有效履行职责。机构设置不当还可能导致管理混乱，效率低下，重复劳动，资源浪费等问题。

2. 人员缺乏

监督机构需要具备专业的会计、审计、税法等方面知识的人员，往往市场竞争激烈，缺乏足够的专业人员。另外，由于监督机构的工作需要具备一定的职业素养和职业道德，人员的选拔和培训更加复杂和困难。

3. 资金和技术支持不足

监督机构需要大量的资金和技术支持来购买和维护现代化的会计监督系统，以及培训和提高工作人员的技能。如果监督机构无法获得足够的资金和技术支持，将难以实现有效的监督工作。

4. 信息处理能力不足

监督机构需要处理大量的数据和信息，如果处理能力不足，将无法及时、准确地掌握企业会计信息，也会降低监督效果。

5. 监督规则和制度不健全

监督机构需要建立健全规则制度，对企业的会计信息进行全面、深入的监督。如果规则和制度不健全或者缺乏执行力，将无法对企业会计信息进行有效监督。

因此，为了加强企业会计监督机构的管理和运作，需要采取一系列措施。比如，加强机构设置和人员培训，提高监督技术和数据处理能力，改善监督规则和制度，提高监督工作的公开透明度等。只有这样，才能实现企业会计监督机构的有效运作，维护企业会计信息的准确性和透明度。

（二）监督成本高昂

企业会计外部监督需要大量的人力、物力和财力投入，监督成本较高。特别是对于中小企业而言，其财务状况较为简单，监督成本占比较高，会对企业的经济效益造成不利影响。以下是会计监督成本存在的问题：

费用高昂：企业会计监督需要雇用专业人员和购买监督软件等设备，同时还需要投入大量时间和精力进行监督工作，因此成本非常高昂。

资源短缺：许多国家或地区的监督机构面临着资源短缺的问题，缺乏足够的人力和技术支持，以及监督工作所需的硬件和软件设施。

操作效率低下：由于监督机构的人力、技术和设备的限制，往往需要花费很长的时间来完成监督工作，这会影响监督效率。

国际协调困难：随着企业全球化的加速，跨国企业的会计监督成为国际社会的一个重要课题。但是，不同国家的会计监督制度和法规差异很大，这会增加跨国企业的监督成本和困难。

因此，要解决会计监督成本问题，需要采取有效的措施，包括：

提高监督效率：通过引入现代化的监督技术和设备，提高监督机构的工作效率，降低监督成本。

加强协调：通过加强国际合作和协调，建立跨国企业会计监督的联合机制，降低监督成本和提高监督效果。

简化制度：通过简化监督制度和流程，减少监督成本，提高监督效率。

公众参与：鼓励公众积极参与会计监督工作，加强监督的透明度和公正性，降低监督成本。

综上所述，降低会计监督成本是一个复杂的问题，需要各方共同努力，采取有效的措施，才能实现有效监督和促进企业发展。

（三）监督机构信息获取渠道有限

监督机构通常只能从企业财务报表、审计报告、税务文件等渠道获取信息，而这些信息往往不能全面反映企业的真实情况。监督机构很难获取企业内部的具体业务信息和实际经营情况，这也会影响监督的准确性和有效性。以下是监督机构信息获取渠道的问题：

1. 数据获取困难

监督机构需要从海量的数据中筛选出有用的信息，但是数据获取困难，数据质量不高，且需要对大量的数据进行处理，监督机构往往缺乏专业的技术和工具。

2. 信息不对称

监督机构与被监督对象之间存在信息不对称的问题，被监督对象通常比监督机构更了解自己的业务，监督机构可能会面临信息不全、信息错误、信息滞后等问题。

3. 信息保护难度大

监督机构获取的信息往往涉及商业机密和个人隐私等敏感信息，需要保护好这些信息，但是这也会带来一定的难度。

4. 跨机构协作困难

跨部门、跨地区协作缺乏配套的信息共享平台和机制，难以协调多个监督机构的力量。

为了解决监督机构信息获取渠道的问题，可以采取以下措施：第一，建立信息共享平台，打通各个部门之间的信息壁垒，提高信息的共享效率和质量；第二，加强数据技术支持，引入先进的技术工具，提高数据处理能力和质量，提高监督效率和精准度；第三，保障信息安全，建立完善的信息保护体系，加强对敏感信息的保护，提高信息安全性和可靠性；第四，建立跨部门、跨地区协作机制，建立协作网络，加强信息沟通和交流，提高监督效果和协作效率。

（四）企业利用"灰色地带"规避监督

一些企业通过利用"灰色地带"规避监督，如采取假账、虚开发票等手段，从而掩盖企业真实的财务状况。这些企业通过虚假财务报表和信息欺骗监督机构和投资者，从而获得不当利益。以下是企业利用"灰色地带"规避监督的问题：

1. 法律风险

企业利用"灰色地带"规避监督存在法律风险，一旦被发现，将会受到法律制裁和社会舆论的谴责，严重的情况甚至会被吊销营业执照。

2. 不公平竞争

企业利用"灰色地带"规避监督，往往能够获得一些不正当的竞争优势，这将对其他企业造成不公平竞争，破坏市场公平和规范。

3. 财务风险

企业利用"灰色地带"规避监督，可能导致财务风险，这是因为企业往往难以对这些不规范行为进行有效的管理和控制，从而使财务风险得到进一步放大。

4. 社会形象受损

企业利用"灰色地带"规避监督，可能会给企业带来负面影响，损害企业的社会形象和声誉。

为了解决企业利用"灰色地带"规避监督的问题，需要加大监督机构的执法力度，加强监督制度的完善和实施，同时加强社会舆论监督和法律意识的普及，提高企业的合规意识和责任意识，促进企业诚信经营，实现企业的可持续发展。

二、监督体系不健全

当前，企业的会计监督机制与体系并不完善以及不健全，其主要体现在下面两个方面。

（一）会计人员出现违规现象

会计人员的行为在一定程度上受其心理动态活动的影响，而会计人员的行为又可以左右会计财务报告的质量。会计报告直接为会计信息使用者提供可供其参考并以此做出决策的信息资料。因此，对会计人员的行为进行探究是极其重要的。

1. 造成会计人员违规行为的因素

（1）内在因素

个性倾向。在心理学领域普遍认为，人的个性是一个人的整个精神面貌，是具有一定倾向性的、稳定的心理特征的总和。个性中频繁地、经常性地、下意识地表现出来的心理特征的部分，就是性格。这就要求会计工作人员在执行工作时有清晰的道德界限，具有诚实、正直、稳定、坚毅的性格特征。

专业胜任能力。会计人员的专业能力决定其会计舞弊等违法违规行为的能力水平。具有较高会计专业能力的工作人员，在实施违法违规行为时所需承担的风险是较小的，并且，当高水平的会计人员进行违法违规行为时，其行为被揭露的可能性会更低。

（2）外在因素

会计行为规范体系。如果缺乏完善的会计行为规范，很容易促使工作人员懈怠，会计人员的行为及其提供的会计信息受所处环境的影响，因而企业内部规范制度、国家相关法律法规、会计规范制度的完善程度等会对会计人员的行为产生制约和监督。

职业道德规范教育水平。职业道德规范是从业人员进行职业操作的参考准则，会计人员作为经济活动的重要参与者，他们的操作规范应有相当严格的标准。我国会计从业人员大多是从进入大学期间初次接触会计专业，对于会计人员建立价值观最有效的方法是从教育阶段就对会计人员进行正确的引导。

2.会计人员违法违规行为的表现

（1）因能力不足所致

专业知识匮乏，工作经验不足。会计工作的质量需要依赖会计工作人员具备良好专业知识，丰富的工作经验以及灵活的应变能力。现实工作中，一些会计人员，并不完全具备上述所列举的能力，由于专业知识欠缺，出现譬如记账不符合法律法规、账簿管理混乱等问题。一些会计人员，即使不存在专业知识储备的问题，也缺乏工作经验，处理类似事例的经历不多会出现估计或记录上的偏差。

粗心大意，缺乏责任心。人的性格是人个性的重要因素，并且指导着人类的行为。会计工作人员需要有严谨的工作态度，并非所有的会计人员都具有类似的性格特征，一些会计人员，职业道德底线不坚定，做出违背国家利益和法律的行为很可能是由于职业操守底线不稳固，上级领导利用职务对其做出不合法规的要求时，会计人员往往会顺从领导的意愿，出现用高盈利指标来提高公司业绩，增加经理人持有公司股票等价值的行为。

（2）因思想意识欠缺所致

会计人员在公司中受高层管理人员的管理，很可能丧失工作的自主性。往往是基于上级压力或公司的风气等影响，使得会计人员在思想上产生从众的心理，做出与专业判断相违背的行为，对会计报表进行粉饰，通过改造、编造、伪造等违法行为编制财务会计报告，起到掩盖企业实际财务状况和经营成果以及现金流量的行为。

伪造、代开发票、变相报销的手段，大多是巧立名目，虚构发票支付事由，以弥补无法报销的款项。近年来，我国利用假发票报销的违法会计行为屡见不鲜，给社会经济生活带来了破坏性的影响，严重扰乱了正常的市场经济运行秩序，导致国家税收严重流失，使大量不义之财流入个人腰包，滋生腐败思想，败坏社会风气，造成社会诚信的缺失。

（二）会计人员法律责任的相关问题

随着市场经济的高速发展，由于各种利益的诱导和我国会计监管体系的不完善，各种会计违法行为已经严重影响到了债权人、投资者、社会公众和国家的利益，破坏了社会主义市场经济秩序的正常运行。会计违法行为的增多不仅折射出会计法律责任制度的诸多问题，同时也使得这些问题成为会计界和法律界共同关注的话题。

1. 会计法律责任的概念

会计法律责任是指会计法律主体因为违反会计法律法规而需要承担的强制性的法律后果。从法律的角度上看，会计法律责任有广义和狭义之分。广义的会计法律责任是指单位或个人在生成和报出会计信息的过程中由于违反会计法律法规所应承担的会计法律责任。狭义的会计法律责任就是《会计法》中规定的会计法律责任。

2. 我国会计人员在法律责任中存在的问题

（1）会计法律体系中存在的问题

重行政责任，轻民事责任。我国现行的《会计法》在会计的法律责任方面注重追究行政责任，必要时予以刑事责任处罚，却很少涉及民事责任的会计法律责任。而这种以行政责任为主的会计法律体系是无法适应我国市场经济体制需要的，因为我国市场经济的性质强调了市场主体的自治性，这就需要以民事责任为主。会计从业者违法行为一般离不开利益的驱使，这就需要通过民事责任有效地惩罚违法者和补偿受损者的利益，实现社会公平。

认定会计法律责任存在难点。首先，与会计信息质量相关的外部因素。主要包括单位外部的有关部门和人员，特别是出现上级部门授意、强令、指使下级部门编造虚假会计信息的现象。而这种违法行为一般用语言或者暗示表示，这就让直接有力的法律证据很难获得，很难具体分清各自的会计法律责任。其次，会计法律制度滞后于信息会计的发展。随着会计电算化的普及，现有的经济法律法规很难适应信息会计的快速发展。而法律法规的滞后性就使得计算机确保会计信息安全，自身健康发展方面缺乏保证。最后，细化并落实会计法律责任。当《会计法》对相应的法律责任不能细化落实时，法律的执行便不具备可操作性和有效性，使得会计造假的风险降低，违法行为将更加猖狂。

（2）会计法律责任执行过程中存在的问题

单位负责人只对重大决策负责。《会计法》规定"单位负责人对本单位的会计工作和会计资料的真实性、完整性负责"，而现实许多单位负责人认为自己是企业的最高决策者，只对单位重大决策负责，而对会计工作漠不关心，忙于行政管理、业务经营或大小会议，并没有对约束会计行为而建立有效的内部控制制度，致使本单位会计工作不合法和会计信息失真。

会计人员只对会计核算负责。会计人员都知道会计核算的重要性，所以在核算业务中投入大部分精力和时间，却不了解会计的核算监督也是会计人员的基本职能，没有起到单位内部会计监督主体的作用。同时会计人员的工作评价和报酬也受领导者的影响，会计人员不能依法行使内部监督职权。实际中，大部分会计人员都认为本职工作就是确保业务的正确无误，忽视了其他法定职责，使得单位内部会计监督形同虚设。

（3）会计人员自身存在的问题

会计人员对自身法律责任的认识不够。首先很多会计人员对会计业务规范、基本职责与法律责任的认识不够，造成会计工作方面的偏差。其次是会计人员自我保护意识差。只是做好业务内的事，对其他问题不关心，缺乏会计事务处理过程中应具备的责任意识，错误地以为自己同单位负责人是从属关系,在法律责任方面不懂得保护自己。

出现会计行为不规范的现象。消极环境往往影响会计人员的价值观念,使他们负责的企业财务管理和对企业经济关系的调节出现各类问题,表现为会计信息失真、假账频繁等。最后造成严重的经济后果。

三、企业会计监督认知不足

针对企业而言,某些管理人员并未全面了解与掌握会计监督的涵义,觉得会计监督只是企业管理工作当中的一般环节,认为其只是为企业管理提供服务,造成会计监督工作过于形式化,难以保证该工作的全面落实,在很大程度上忽视了会计监督在企业经营管理当中所起到的重要作用。一般情况下,会计监督工作人员在实际工作当中操作更加倾向于企业,难以将会计监督工作的实际作用以及职能全面发挥出来。除此之外,我国某些企业在实际发展的时候并没有强调与重视会计监督工作,导致工作人员的主观能动性较为缺少,难以将会计监督所具备的作用全面发挥出来,造成该工作很难顺利进行。企业会计监督在认知上存在的问题可能包括以下几个方面:

(一)对会计监督的重要性缺乏认识

一些企业可能没有意识到会计监督的重要性,或者认为会计监督只是一种例行工作,而不是一个需要深入理解和管理的过程。这种认知偏差可能会导致企业在会计监督方面缺乏必要的资源和注意力。

(二)对财务知识的缺乏

会计监督者如果缺乏财务知识,可能会无法准确理解、解释和评估财务报表中的信息。这可能导致会计监督者对财务报表中的问题视而不见,或者误判财务报表中的信息。

(三)对风险的忽视

企业可能会忽视或低估一些风险,如内部控制失效、违规行为等,这些风险可能会导致财务报表中的错误或欺诈行为。如果会计监督者没有意识到这些风险的存在或重要性,可能会导致监督的盲点。

第三节 现代企业会计监督体系的构建策略

针对企业会计监督当中存在的诸多问题,要采取科学有效的措施与方法进行处理,创设轻松和谐的外部环境与氛围,保证法律规章制度的健全性与完善性,有效提升相关人员的会计监督认知与能力,保证企业会计监督工作正常展开的可靠性以及稳定性,推动企业的整体发展。

一、营造良好外部环境

针对会计监督工作而言,政府部门需要在市场经济当中将自身的主导性位置展现出来,逐步提升自身的监督力度,将更多的物力与人力等资源投入到企业的会计监督工作中。结合企业的具体情况进行抽查。在此以外,管理层人员要意识到会计监督工作在企业发展中的重要作用,提升自身的监督水平与能力,有效提升会计人员防范风险问题的认知与意识,制定健全以及科学的外部监督体系,将内部管理机制充分落实在实处,有效提升企业的会计监督职能。

(一)加大处罚力度

在市场经济环境下,加大对违反会计法规和政策的单位和个人惩罚力度,这是对法律和政策的支持维护。加大相关法规政策执行情况的检查力度,执法严明从而对造假者造成威慑,使造假的成本远远大于可能产生的收益,只有这样才能有效遏制造假的冲动,自觉遵守规范制度。与此同时,引入民事赔偿和民事诉讼机制,这样可以确保蒙受损失的投资者得到补偿,又能给造假者形成经济压力。投资者可以通过法律诉讼要求会计造假者承担巨额的赔偿责任,从而在民事赔偿责任上增加了会计造假的经济风险,可以达到抑制其造假的目的。

(二)促进社会监督职责到位

目前我国在理顺注册会计师管理体制、培训会计师等方面做了大量工作,但注册会计师执业规则的监督仍不到位。严抓注册会计师的执业监管,坚决杜绝虚假报告的歪风邪气,树立注册会计师执业的信誉,才能发挥注册会计师在社会监督中的作用。同时,增强会计审计的独立性,只有会计审计独立,才能保证审计人员依法客观公正地进行经济监督,提供高质量的报告,受到社会的信任。同时提高审计的公信度,树立良好的会计形象,充分发挥审计的监督职责。通过制定相关的会计执业标准使会计执业有法可依;加大各级会计行业的监管力度,加大对造假会计的惩处力度,提高诉讼成本,完善虚假会计信息监管的制度机制,建立对监督者的激励和约束机制,更好地发挥社会监督的作用。充分利用现代的信息技术,将更多的企业信息传递给外界,从而提高公司信息披露的透明度,引导社会舆论监督方向。加大对举报者的保护和奖励,从而鼓励个人和单位积极对违法者进行揭露,为查处工作提供更多线索和证据。这样不仅能够维护法律尊严,还可以起到良好的法制宣传和教育作用。发挥新闻媒体监督作用,新闻媒体是公众获取信息的重要渠道,能够对企业形成强有力的约束效果。明确企业信息公开办法,对财务信息公开的管理体制和工作机制、公开的范围和内容、公开的程序和要求、监督和保障等作出具体的规定。这样进一步反映人民群众对审计的需求和期盼,又可以加大对审计人员执行审计纪律及廉洁自律等情况的监督力度,充分发挥民主监督的作用,形成社会监督的良好环境。

(三)提高公众监督意识

利用多样形式对公众的会计监督意识进行宣传引导。通过报刊、电视、广播、大厅公告栏等宣传媒体加大公众宣传力度，提高纳税人、消费者对使用和索取发票重要性的认识，提高对正规发票的甄别能力。同时，使纳税人、消费者了解普通发票使用管理的违章处罚规定。设立群众举报热线，从而形成大众监督网络。

二、完善法律法规

在企业实际发展的过程，管理人员需要与时俱进，制定科学合理的法律规章制度，保证监督体系的完善性与合理性。在该前提下，会计人员要将自身的实际职责落实在实处，保障会计数据信息的可靠性以及真实性。与此同时，政府部门也要结合企业的具体发展情况，探究当前企业会计监督过程中存在的不足和问题，制定科学合理的法律法规，逐步提升自身的实际执法力度，保证会计监督工作的顺利展开。

（一）建立协调配合的财会监管机制

1. 建立会计监督协调机制和联合监督检查机制

《会计法》规定财政、审计、税务、人民银行、证券监管、保险监管等部门依法对有关单位的会计资料实施监督检查时，应避免重复查账。为了加强这些部门的协调配合，形成监管合力，建议修订《会计法》时明确在县级以上设立财会监督委员会，或由县级以上财政部门牵头建立财会监督联席会议制度。财会监督委员会或联席会议定期研究财会监督工作存在的问题，通报各部门对有关单位的会计资料实施监督检查的情况，协调各财会监管部门检查工作。对事关国计民生的企业、上市公司等单位的重大财会违法行为，可以由财政、审计、税务、人民银行、保险监管、证券监督及其他相关部门组成联合监督检查组，共同开展监督检查。

2. 建立统一的财会违法失信信息网络发布机制和统一的企业财务会计报告查询机制

（1）建立统一的财会违法失信信息网络发布机制

建议修改《企业财务会计报告条例》等法规制度，建立统一的财会违法失信信息网络发布机制。由国务院财政部门结合其他财会监督部门建立财会违法失信信息网。县级以上财政部门和其他财会监督部门应将财会违法行为的通报和行政处罚情况统一在财会违法失信信息网公开。

（2）建立统一的企业财务会计报告网络查询机制

建议在《企业财务会计报告条例》基础上建立企业财务会计报告网络查询机制，由国务院财政部门结合其他财会监督部门建立企业财务会计报告查询网。要求申请财政奖励补贴、申请税收优惠、申请银行贷款、发行有价证券等业务的企业应当通过统一社会信用代码作为账号将注册会计师审计的企业财务会计报告上传到企业财务会计报告查询网，供财政部门、审计机关、税务部门、金融机构、证券服务机构、社会中介机构和其他有关机构在审核、办理相关业务时查询对比，防止企业为应付不同申请条件编造多套财务会计报告欺骗财务会计报告接受者和使用者。

3. 建立严重财会违法失信企业黑名单制度

（1）建立严重财会违法失信企业不得参与政府采购制度

目前国家对列入重大税收违法案件当事人名单、政府采购严重违法失信行为记录名单等供应商拒绝参与政府采购活动。为有效督促企业遵守财经法纪，建议修订《会计法》时将严重财会违法失信行为列为政府采购禁入行为名单。国务院财政部门建立严重财会违法失信案件信息公布制度，明确严重财会违法失信案件标准和信息公布程序，推动对严重财会违法失信案件当事人禁止参与政府采购活动。

（2）建立严重财会违法失信企业不得享受财政奖补制度

严重财会违法行为破坏社会主义市场经济秩序，社会危害极大。发生严重财会违法的企业，不应当享受由纳税人资金承担的财政奖励或财政补助补贴。在修订《会计法》时应明确规定，因严重财会违法行为骗取的财政奖励或补助补贴应当追缴，并且自因严重财会违法受到行政处罚之日起若干年内不得申请财政奖励或补助补贴。

（3）建立严重财会违法企业不得享受税收优惠制度

建议国务院财政部门与国家税务总局协调出台税收优惠管理办法，建立严重财会违法企业不得享受税收优惠政策的制度。明确包括严重财会违法行为在内取消税收优惠的情形。

4. 完善会计监管部门向有关单位和金融机构查询制度

现行《会计法》仅授予国务院财政部门及其派出机构向有关单位和金融机构的查询权，严重制约地方财政部门特别是重要财会监督主体的省级财政部门会计监督职能的发挥。为进一步加强省级财政部门会计监督职能，建议在修订《会计法》时，增加省级财政部门的查询权。明确省级财政部门发现重大会计违法嫌疑时，经省级人民政府财政部门负责人批准，可以查询有关情况，有关单位和金融机构应当给予支持。财政机关有证据证明被监督单位以个人名义存储公款的，经省级财政部门主要负责人批准，有权查询被监督单位以个人名义在金融机构的存款。

5. 建立会计责任保险制度

责任保险是以保险客户的法律赔偿风险为承保对象的一类保险，是保险人在被保险人依法应对第三者负赔偿民事责任，并被提出赔偿要求时，承担赔偿责任的财产保险形式。在发行公司债券、股票等通过各类金融市场筹资的企业建立会计责任保险制度，可以有效提高企业赔偿和抗风险能力。投保企业（被保险企业）投保会计责任保险后，由于自身的过错、过失产生的会计舞弊给第三方造成财产损失，应由被保险人承担的经济赔偿责任，由保险人承担。引入会计责任保险制度，相当于增加了新的财会监督主体和代偿主体（保险人）。保险人通过风险分析评估对可能产生会计舞弊高风险的公司提高保费甚至拒绝承保，能够有效倒逼公司恪守会计准则，提高会计信息质量。建议在《会计法》修订时明确发行公司债券、股票等通过各类金融市场筹资的企业应当建立会计责任保险制度。

（二）完善财会舞弊单位和相关责任人法律责任

1. 建立财会舞弊单位和相关责任人共同承担民事法律责任制度

现行《会计法》虽然要求各单位必须依法设置会计账簿，并保证其真实、完整，要求单位负责人应当保证财务会计报告真实、完整。但是并未建立民事责任追究制度，难以通过严厉的民事责任追究制度约束相关人员，真正保证财务会计报告真实、完整，难以切实维护社会公众利益。建议在修订《会计法》时，除完善单位需承担的民事法律责任外，有必要完善监督单位负责人和其他财会舞弊责任人共同承担民事责任的制度。由于主管会计工作的负责人、会计机构负责人（会计主管人员）对财务会计报告合法、真实、完整的影响往往比单位负责人更直接，建议在修订《会计法》时进一步明确单位负责人、主管会计工作的负责人、会计机构负责人（会计主管人员）等财务会计报告责任人的共同民事责任。可以规定单位必须依法设置会计账簿，并保证会计账簿和其他会计资料合法、真实、完整。单位负责人和主管会计工作的负责人、会计机构负责人（会计主管人员）应当保证财务会计报告合法、真实、完整。单位以及单位负责人和主管会计工作的负责人、会计机构负责人（会计主管人员）因编制虚假财务会计报告造成他人损失的，应当共同承担民事责任。单位负责人、主管会计工作的负责人、会计机构负责人（会计主管人员）共同承担民事责任制度的确立，必将有效约束主管会计工作的负责人、会计机构负责人（会计主管人员）等会计人员在单位负责人授意、胁迫下进行会计舞弊行为的发生。

2. 建立没收会计舞弊单位和相关责任人违法所得制度

单位和相关责任人编制虚假财务会计报告动因在于利益驱动甚至获取非法利益，而现行《会计法》在法律责任中没有财务会计报告责任单位和相关责任人因为编制虚假财务会计报告没收违法所得的行政处罚。建议在《会计法》中明确单位负责人和主管会计工作的负责人、会计机构负责人（会计主管人员）因编制虚假财务会计报告获取非法利益的，没收违法所得。

（三）完善其他财会监督法规

1. 明确财政部门在国有资产财务监督和国有资本经营预算财务监督的法律地位

各级财政部门是代表同级政府对同级国有企业出资的天然出资人，虽然可能不代表本级人民政府对国家出资企业履行出资人职责，但是根据财政部制定方案，财政部负责起草财政、财务、会计管理的法律、行政法规草案，制定部门规章，并监督执行。财政部制定的《企业财务通则》适用于国有企业，且明确规定企业应当依法接受主管财政机关的财务监督。后来发布的《中华人民共和国财政部令第81号——基本建设财务规则》也适用于国有企业和国有控股企业使用财政资金的基本建设财务行为。明确财政部门对国有企业进行财务监督是完善财政部门履行财会监督的需要，建议在《国有资产法》中予以明确。同时，应在《预算法》中明确财政部门对与国有企业资本经营预算相关的企业进行财务监督。

2. 制定企业财务管理条例，明确企业财务管理法律底线要求

目前财政部关于企业财务管理的规章和规范性文件较多，如《企业财务通则》《金融

企业财务规则》等，其中《企业财务通则》已经无法适应形势发展需要，有必要在各类财务规范基础上制定财务管理行政法规《企业财务管理条例》，待条件成熟后升级为财务管理法。《企业财务管理条例》应规定国务院财政部门行使财务管理法律监督职责，制定基本的财务管理规则，国务院国资委、银行保险监督管理机构、证券监督管理机构等部门可以制定本部门本行业的财务管理办法。明确财政部门有权监督各类企业的财务，防范化解重大风险。通过完善财务监管立法，完善财政部门在财会监督中的主体地位。

3. 制定财政监督条例，规范财政部门依法履行财会监督职责

目前财政部门行使财政监督的程序性规定散见于财政部《财政部门监督办法》《财政检查工作办法》等部门规章以及省级政府制定的财政监督办法等地方政府规章，这些规章一方面层级偏低，不利于财政监督检查执法，另一方面也存在部门规章与地方政府规章规定不一致现象，给财政监督检查带来一定困扰。建议由国务院制定《财政监督条例》，规范财政部门财会监督程序和法律责任，保障财会监督职能发挥。

三、加强会计监督意识

企业管理层需要逐步提升自身对会计监督工作的认知与意识，有效弥补监督管理过程当中存在的问题以及不足。在当今社会中，需要提高管理层的会计监督能力，将会计监督工作在企业可持续发展过程当中起到的作用充分发挥出来。树立法制观念，根据会计有关法律规章制度，依照企业实际情况，保证会计监督程序的合理性与完善性。与此同时，管理人员需要确定自身的实际工作职能，对自身的工作行为进行监督，保证财务数据信息和会计监督有关要求相满足，创设科学合理的监督氛围与环境，为外部监督工作的全面落实奠定良好的基础条件。以下是加强会计监督意识的几种策略：

（一）企业会计监督机制优化方法

企业应建立完善的会计监督机制，明确各级监督者的职责和权限，确保监督者能够及时发现并纠正财务报表中的问题。监督机制应该覆盖所有与财务报表编制相关的环节，包括核算、记录、报告等。

1. 企业会计监督制度环境优化

优化会计监督体系，建立企业激励机制，将监督与激励相结合，能起到调动和激活会计监督人员的工作积极性。因此，优化企业内部制度环境，对于优化会计监督体系具有重要现实意义。企业应建立相应的奖惩制度，对会计监督不力的会计人员予以惩罚，对有能力并且在会计岗位上敢于抵制违法行为的会计人员予以奖励，从而提高大家监督的积极性，促进企业发展。同时，企业通过不断优化制度环境来大力营造良好的会计监督氛围。

2. 企业会计监督法治环境优化

在全面依法治国的进程中，要进一步完善以《会计法》为中心的会计法律、法规体系，不断完善会计监督的配套法规，使会计监督真正做到有法可依，为相关人员依法履行会计监督职能提供法律保障。目前我国对会计信息失真、会计凭证造假等问题的处罚力度较小，

很难与我国刑事立法建立紧密地联系。要优化企业内部依法治理，明确各职能部门责任，如由企业董事会掌握全部控制权，由董事会向股东汇报工作，对企业重大事项作出决定等。另外，要优化企业权力配置，保证其在执行过程中能合理分配权力，才能促进企业内部权力平衡，优化企业治理结构，进而确保企业会计监督工作顺利进行。

3.会计监督信息披露机制优化

首先，国家要建立相关法规，对企业内部会计信息进行有效管理和控制。要通过法规、制度等手段对企业进行监督，同时与其他监督制度加以协调，使之与会计监督制度形成合力，打造良性关系，从而增强会计监督效力。

其次，优化社会监督体系。企业需建立良好的信息披露平台，如建立相关网站，方便公众对企业内部会计信息进行即时查阅。

最后，将企业监督功能与政府监督功能有机地结合起来，以促进企业财务监督工作顺利进展，防止职能部门出现重复工作情况，提升企业内部财务监督质效；同时，重视税务建设，以促进会计工作规范化及标准化发展。

（二）企业会计监督机制完善路径

1.建立高质量会计监督队伍

对企业而言，若想实现长期发展及稳定发展目标，必须进一步明确经营理念，健全经营管理体系，打造一支具有较强专业性、综合素质高及工作能力强、遵纪守法的企业会计监督队伍：一方面，加强会计从业人员业务培训，提高其职业技能和防范风险的能力。在当前会计准则不断修订和完善的形势下，会计人员必须不断加大对会计工作认知和学习力度，全面了解及掌握会计政策变化，不断提升自身专业技术水平；另一方面，加强会计从业人员思想教育，要求具备优良品德、政治素质，能尽职尽责，并坚持原则，注重秉公办事，健全会计工作自律机制，使其成为一支精通业务、纪律严明及政治清明的会计人员。

2.提高企业负责人监督责任意识

新的《会计法》特别强调单位负责人对本单位的会计工作和会计资料的真实性和完整性负责。要提高企业负责人的监督意识，明确其在会计监督中的责任。要健全企业法人治理机制，企业相关领导层要加快相关规章制度建设工作，明确作为一个企业管理工作者应该承担的责任和义务，这就要求企业领导根据有关法规开展工作，以及在工作过程中依法依规履行自身的职责，做到以身作则，严于律己，对企业会计工作和会计资料的真实性、完整性负责。企业会计监督制度与企业管理机制相结合，使企业负责人、各管理人以及基层职工都能自觉接受会计监督。

3.建立和完善企业会计监督奖惩机制

企业要建立完善的奖励和惩罚制度，对为企业会计工作作出重大贡献的员工提供精神和物质奖励，对会计工作中渎职者进行适当惩罚。在具体工作中，要根据奖惩原则，建立科学合理的奖惩机制。对于在工作中做出突出贡献或业绩突出的员工，企业可以给予一定报酬奖励，比如加薪、晋升。然而，对于有过失或不良行为的员工，企业应视其情节轻重给予开除、警告或批评等处罚。只有把内部监督功能和员工奖惩有机地结合起来，进行绩效评估，并把其与员工基本福利挂钩，才能最大限度提高员工工作热情，提升企业整体工作效率。

4. 加强企业会计的外部监督

强化和完善会计监督，单纯依靠内部监督是不够的，必须重视外部监督的作用。企业会计监督必须和审计、财政、工商和税务及其他部门监督密切配合，促进企业依法依规从事各项经营活动；必须重视各级会计事务所和审计事务所的作用，让其以独立第三者的身份对委托的企业单位作客观、公正、全面的评价。在我国企业发展阶段，企业会计监督体系的实施存在诸多问题，这就需对其进行全面认知，并在工作制度等方面加以改进，以切实优化会计监督制度，使得会计监督工作有据可依，发挥会计监督效能，保障企业在会计监督工作过程中不出现任何问题，进而提高企业会计工作整体水准。

四、健全协作共赢机制

市场经济飞速发展带来的不仅有机遇还有挑战。对于企事业单位而言，优化财务管理是有效迎接挑战、实现稳健发展的必然选择。在这一过程中，必须强化会计监督与内部审计工作质效，并积极推进二者的有机结合。

（一）内部审计的基本情况

内部审计是最为常见的审计类型之一。它的本质是确认和咨询活动，具有独立性和客观性。内部审计与外部审计对应，二者在独立性、业务范围、侧重点、审计目标和标准上都有区别。在实践中，内部审计对象的形态较为丰富，责任人、账务、实物、规则都是常见的内部审计对象。内部审计实施过程中，审计人员必须严格按照现行规定，落实顺查、抽查、效益评价等审计方法。

（二）会计监督与内部审计协同运行的可行性

结合实践不难发现，会计监督与内部审计的开展质量都能直接影响财务管理水平，但依然有许多单位并未认识到这一层，这不仅无法保证这两项工作的开展质量，更忽略了二者的共同作用。事实上，想要让企业从容地应对复杂多变的经济形势与激烈竞争，就必须实现财务管理创新，而其重点就在于发挥会计监督与内部审计的共同作用，实现协同化管理。实际作业环节，企事业单位可通过构建会计监督与内部审计协同运作机制，实现管理创新，保证财务安全。

会计监督与内部审计的主要区别在于执行依据不同，而且后者所具备的独立审计特征以及法律地位，也与前者有本质区别。从现实角度来看，这两项工作的目的和作用有着极高的相似性，二者在工作基础、工作内容、执行者能力要求方面也有极高重合性。正是由于会计监督与内部审计都属于经济管理手段，都具有保证财务安全、改善经营管理、提高综合效益和降低发展风险的作用，所以二者的有机结合和协同运行才具有可行性。不仅如此，会计监督与内部审计在实践中的相互影响和相互补充，也同样体现了二者紧密联系和协同运行的可行性。对于企事业单位来说,会计监督与内部审计都不可或缺,它们在工作方向、内容、目标和要求上的相似性,是构建协同运行机制的基础。

(三)财务管理环节协同运行机制建设的重要性

建设会计监督与内部审计协同运行机制,既可以充分发挥会计监督与内部审计工作的自主性、独特性和个性化职能,又可以发挥叠加的作用,能够进一步提高财务管理水平。从现实角度来看,基于会计监督与内部审计协同运作,可实现本单位经济活动开展情况的客观评价,能有效实施财务管理监管,为减少不必要成本支出、防控财务管理风险提供辅助作用。而且,在协同运行机制的作用下,这两项工作的实施过程可求同存异,切实实现低耗高效,提升实践工作的综合效率。对于企事业单位来说,建设会计监督与内部审计协同运行机制,可以为二者的有机结合提供支持,也能为二者履行自身职能、形成合力提供保障。总之,建设会计监督与内部审计协同运行机制,是提高企事业单位财务管理水平与核心竞争力的必要方法,也是促进企事业单位稳健发展的必要手段。

(四)会计监督与内部审计协同运行机制建设的实践要点

现阶段,会计监督与内部审计的协同化,已经逐渐被企事业单位的财务管理人员接受,许多单位已经建立起会计监督与内部审计协同运行机制。不过,由于缺乏必要的指导与管理,该机制的建设和实施过程阻碍颇多,许多单位虽然基于会计监督与内部审计协同运行机制开展财务管理,但工作实效并不尽如人意。由此可见,加强会计监督与内部审计协同运行机制的建设和落实,依然道阻且长。为此,从实际出发,结合企事业单位的财务管理需求,以及会计监督与内部审计开展特征,对会计监督与内部审计协同运行机制的建设与落实要点进行简要分析。

1. 全面达成协作共识结合实践

不难发现,会计监督与内部审计协同运行机制建设与落实效果不理想,与企事业单位内部未形成协同化共识,建立正确的财务管理理念有直接关系。事实上,在大部分企事业单位,会计监督与内部审计依然各自为政,虽然二者在工作内容与目标上的相似性依然存在,但实际工作相互独立,二者的关联性和共同作用未能显现。因此,企事业单位必须重视会计监督与内部审计协同运行机制建设的氛围营造和思想指导,从精神层面着手引导全员形成协同化共识,以实现会计监督与内部审计协作共赢为根本目标,推动机制建设,从而切实保证实践工作质效。在这一环节,要求各单位管理层和财务部门高度重视会计监督与内部审计协同运行问题,明确正确认知、掌握这一方法的必要性和重要性,然后基于全局视角和战略发展,树立协同化作业观念、会计监督与内部审计协同运行机制建设思路,以便为实践工作提供可靠指导。

会计监督与内部审计的协同运行,并不单纯是两项工作的统一管理和共同开展。实践中,相关工作人员基于现实需求,为两项工作的有机结合提供方向指引和实践指导,通过保证协同工作目标明确性、协同运行机制建设经济性、监督合力凝聚高效性来保证该项工作顺利开展。为此,各单位应该自上而下地树立会计监督与内部审计协同运行管理意识,逐级向下推广相关工作理念、思路，在单位内部形成良好的工作氛围，以保证两项工作的联动性和协同运行质效。需要注意的是，为保证全员形成会计监督与内部审计协同运行共识，必须在实践中完善顶层设计，打破封闭式监督思维，并制定切实可行的个性化协同工作目标。

2.完善实践工作指导

完善实践工作指导，是指各单位应该在构建会计监督与内部审计协同运行机制之前，就结合实际做好财会监督体系建设，制定内部审计监督协同流程和规则，健全内部控制制度，以便为高质高效地建设会计监督与内部审计协同运行机制提供必要指导。在这一环节，各单位的财务监督人员必须先确保已开展的会计监督与内部审计工作都符合国家法律法规与技术规范，并保证工作实践及其协同运行模式与本单位规章制度相符，与内部控制要求相协调。逐步明确工作细则，梳理工作流程与规则，为进一步提高会计监督与内部审计协同运行机制建设规范性做好准备。比如，结合实际打造会计监督与内部审计协同运行机制架构；理顺思路，提高财务管理监督流程完整性和制度成熟性；加强财务信息与内部监督信息采集，制定信息采集、应用以及协同管理工作细则等。

3.健全协作共赢机制

会计监督与内部审计协同运行机制的建设，必须保证两项工作的目标一致性，以及实施过程的有效联动。因此，建立健全协作共赢机制也同样是会计监督与内部审计协同运行机制建设要点。在这一过程中，要求企事业单位以提高财务管理监督实效性为根本目标，建设协同联动机制保证二者协作共赢。比如：建立战略性协作共赢目标机制，企业管理者与财务管理人员从战略目标出发，结合实际，及时调整和革新会计监督与内部审计协同运行的战略目标，保证协同作业的可靠性，使两项工作始终保持先进性、平衡性与目标一致性；建立主体合作业务协作机制，使会计监督与内部审计人员之间相互配合、相互监督，利用共性化和个性化监督资源，实现分工协作，保证合作共赢；建立同频共振机制，使会计监督与内部审计工作始终保持统一步调，打破部门职能壁垒，实现互补互助，同心协力地做好监督资源整合运用；建立协作共赢可持续化发展机制，会计监督与内部审计协同运行机制建设并非一朝一夕可完成的，而想要保证长效化建设质量，必须建立相应的保障机制，基于技术、资金、人才支持实现保障目标。

4.扎实做好保障工作

会计监督与内部审计协同运行机制的建设运行，不能脱离物质支持，所以各单位必须积极夯实物质基础，做好制度建设与实施的保障工作。因此，应高度重视人力资源管理、制度建设和高新技术引进，并围绕财务管理监督质量影响因素实现全面化分析和处理。

（1）建设人才队伍

无论是会计监督还是内部审计，都必须依托于专业人才完成。结合实践可知，会计监督与内部审计协同化执行者的专业性，会直接影响二者协同化作业能力，更会对协同运行机制建设与落实质效产生深刻影响。因此，强化人才队伍建设，优化人力资源管理至关重要。在此环节，企事业单位可按照以下思路夯实人才基础：

第一，招聘高素质人才。会计监督与内部审计协同运行，对相关工作人员的专业素质与工作能力提出了更高要求。在实践中，许多单位已有的财务管理队伍无法完全满足人才支持要求，所以招聘高素质人才补充队伍势在必行。比如：开启校园招聘，基于学校与企事业单位的合作联培，保证复合型高素质人才的定向输送，为会计监督与内部审计协同运行机制建设及时补充新鲜血液；提高社会招聘门槛，选择具有协同化作业能力与经验的业内人士，集中考量应聘者的综合素质；优化内控制度和猎头制度，不断丰富高素质人才招聘渠道，加强专业队伍建设。

第二，培养和管理专业人才。会计监督与内部审计协同运行机制的建设和落实，打破了职能壁垒，消除了财务管理工作的局限性和独立性。为提高从业者的适应力和工作水平，必须高度重视教育培训与实践管理。在培训环节，需强调培训内容的全面性和针对性，保证教育教学实效性。比如：定期开展会计监督专业知识、内部审计专业知识与二者协同化作业专业知识培训，确保从业者全面掌握相关理念和知识，在实践中可基于目标指引做好自身工作；引导从业者自学，提供丰富的线上学习资源，组织多样化线下学习活动，重视工作团队之间的交流与互动；深化法律意识、职业道德培养，帮助从业者树立认真、负责、严谨的工作态度。在人才管理方面，应该强调物质与精神奖励机制建设，重视绩效考核机制落实，推进升职加薪体系的完善。

（2）完善保障体系

要想做好会计监督与内部审计协同运行机制建设，进一步夯实制度基础和技术基础十分重要。在此环节，必须从保证协同运行机制长效化应用方面着手。比如：建立常态化制度管理机制，要求企事业单位基于发展需要及时调整监督目标，不断优化会计监督与内部审计协同运行机制；完善审计回避制度，从保证财务审计客观性和真实性的角度出发，健全回避制度并保证其有效落实；建立健全内控监督评价指标体系、风险预警机制，为充分发挥会计监督与内部审计职能，展现二者协同、联动监督的财务安全保障能力奠定基础。同时，在保障体系建设环节也必须重视新技术引进，依托于高新技术减轻工作人员压力，提升会计监督与内部审计协同作业水平。比如：加强信息化建设，运用自动办公系统和财务管理类计算机软件，基于信息技术，提高会计监督与内部审计工作质效，建立智能化在线管理平台，为会计监督与内部审计协同运行机制落实提供技术支持。

五、大数据技术的应用

大数据时代的来临，不仅使社会经济发生了深刻的变革，同时也给会计监督工作带来了全新的发展机遇与挑战。为此会计监督工作如何抓住时代的发展契机，做好充分的准备工作，以应对时代的变革与发展则成为进一步推动会计工作与社会经济发展的关键所在。

（一）会计监督与大数据技术的相关概念

1. 大数据技术的相关概念

所谓的大数据就是指在一定的时间范围内，无法使用常规的软件工具加以捕捉、管理、处理的数据集合，需要利用全新的处理模式，才能够具有更强的决策力、洞察发现力、流程优化能力的一种海量化、多样化信息资产。由此可见大数据需要特殊的技术，才能够有效地处理大量的数据，这种特殊的技术则被称之为大数据技术。

　　大数据技术的特征在于数据规模较为巨大、数据类型较为多样、数据处理相对高效。数据规模较为巨大主要体现在数据数量相对较为庞大，数据的处理范围也相对较为广泛。这是因为传统的数据处理技术往往是以少量的样本数据作为判断标准，而大数据技术则是使用全部数据作为决策，也就扩大了数据的处理范围，有效地提升了信息的完整性。数据类型的多样化则主要体现在数据来源的多样化以及数据格式的多样化这两个方面。特别是自互联网技术融入到人们的工作生活中，数据的来源渠道不再单纯地局限在传统的收集方式之上，而是来源于社会工作、生活的方方面面，许多非结构化数据的出现，更是大大地丰富了数据格式的类型。而数据规模的不断扩大以及数据类型的日益多样化，使得传统的数据处理技术俨然已经无法满足这一发展需求，为此就必须要提高数据的处理效率，因此，数据处理高效是基于以上这两个特征产生的。需要注意的是数据规模的进一步扩大，同样也会产生大量的无用信息，相应的数据质量就会有所下降。同时数据类型的多样化也会造成数据质量的判断标准无法统一。这就需要使用者不断地提高自身的判断与处理能力，有效弥补这一不足之处。

　　2. 会计监督工作对大数据技术的需求

　　大数据时代，会计监督工作迫切需要利用大数据技术对自身加以优化完善，而这主要体现在会计数据的大量化、多样化、高效化这三个方面之上。

　　面对不断增加的经济量与业务量，会计数据正呈几何倍数进行增长，以至于会计数据正逐步迈入大量化，为此通过人工进行会计监督俨然已经无法满足当前会计数据大量化的发展态势，会计监督职能的执行就必须要利用大数据处理方式予以体现，所以会计监督工作的开展迫切需要大数据技术的引入。而会计数据类型的日益多样化，同样给人工处理方式带来了较大的麻烦，需要耗费更多的人力、物力以及财力。为此面对多样化的会计数据类型，就更需要引进大数据技术，通过大数据技术的智能化分析与处理手段，对多源数据进行降维，对会计信息加以统一，从而更好地为企业的管理者提供准确的决策信息。从上述对大数据技术的需求中我们可以更加清楚地认识到，基于大数据背景下开展会计监督工作，人工处理方式不仅需要耗费大量的精力，也无法取得良好的效果，甚至是难以完成预期目标。因此，大数据分析成为会计监督工作的重要手段，并且在面对瞬息万变的市场环境时，就需要利用大数据技术保证会计数据处理的高效性。

（二）大数据下的会计监督工作

　　1. 大数据给会计监督工作带来的影响

　　（1）会计监督工作变得更加复杂

　　大数据时代各个企业在现代管理中广泛利用 ERP 系统，不仅加大了信息化系统的建设难度，也对会计监督模式与监督规则提出了全新的要求。这是因为 ERP 系统的应用，使得会计工作人员必须正确地区分出输出数据之间的勾稽关系，并且还要对 ERP 系统自动生成的会计凭证以及相关的经济内容加以全面掌握。因此，从这个角度出发，会计监督工作的监督面与深度得到了进一步的拓展，相应的实际工作也就变得更加的复杂，进一步加剧了会计监督工作的开展难度。

（2）计量变得更加多元化

基于大数据时代背景下的会计数据、会计信息来源、会计渠道变得更加地多元化，而历史成本这个财务会计信息的基本计量属性，也势必会伴随着财务报告的大数据变化而日益多元化，从而对企业投资者的决策产生了更大的影响。

（3）会计的职能化管理更加规范

大数据时代背景下的会计工作人员往往要面对海量的会计信息与会计数据，为此会计监督工作也从存数据转化成为用数据，在这个过程中伴随着会计工作人员工作重心的变化，会计监督工作也将在大数据技术的推动下，向着更加规范的职能加以转化。所以会计工作人员就需要不断地完善自身的知识结构，参与更多的培训与学习，从而达到熟练分析与运用会计数据、会计信息的目的。

2. 大数据背景下会计监督工作的应用创新

（1）推动会计监督数据的融合与共享

在大数据时代下，数据铁笼俨然已经成为抑制会计监督顺利开展的重要瓶颈，严重影响到会计信息的收集、对比、分析以及监督执纪等相关工作的开展。所以，打破数据铁笼，通过大数据技术对会计问题的线索加以深入地挖掘就显得至关重要。而要想达到这一目标，就必须要建立一个大数据会计监督系统，通过对会计数据、会计信息对比模型的引入，打通与采购部门、生产部门、销售部门之间的数据信息堡垒，推动会计监督数据融合与共享的同时，实现会计数据全天候、不间断地主动监督。该种模式最大的优势就在于，只要进行会计数据的录入与对比，就能够及时发现会计数据或者是会计信息存在的问题，及时加以处理，通过会计监督的前置，杜绝下一次犯错的机会。同时因为问题的详细内容与实际进展情况都集中体现在对比系统之上，每一条处理的结果都有章可循，所以对于处理不当的问题，可以给予重点督办。而这样的会计大数据监督工作，既实现了监督管理权力的可视化、具体化，也实现了监督管理工作的预判断，通过对会计信息与会计数据的过程监督，能够有效地解决会计监督工作日益复杂化的问题，给予企业强有力的保护。

（2）利用大数据技术做好企业的内部监督工作

通过大数据留痕，虽然能够实现对企业业务流程的留印，将监督执纪的权力关进大数据平台中，但要想实现会计监督工作的精准化，还必须要配以完善的内部监督机制。为此企业就应该利用大数据技术与大数据思维，建立独立的会计信息管理部门，对财务报告范围加以拓展，并且进一步提高会计工作人员分析与加工会计信息的能力。通过对独立会计信息管理部门的构建，将会计部门从行政部门中脱离出来，从而提高会计部门的独立性，使其不再受到其他部门的影响，能够独立、自主地从事会计数据、会计信息的收集与分析工作。而对财务报表范围的扩展则是为了改变事后报告这一模式，使财务报告转而成为实时报告，并且增加对表内外非结构化数据的监督，以便于对不同的数据特点给予不同形式上的监督与判断。提高会计工作人员分析与加工会计信息的能力的根本目的是顺应大数据的发展潮流，更好地利用大数据技术做好企业会计监督工作。尤其是现如今基于大数据背景下，会计工作人员的工作职能早已发生了巨大的转变，并且在企业中也拥有了更大的权利，要承担预测企业未来发展方向的重任。因此，确保会计工作人员拥有扎实的财务知识以外，还要提高会计工作人员分析与加工信息的能力，强化对自身职业道德的建设，以便于破解会计监督本身存在的违法乱纪行为。

（3）依据时代发展潮流强化外部监督力度

基于大数据背景下的会计职能早已从反映过去向着预测未来进行转变，财务报告也从事后报告向着实时报告加以转型。所以，结合大数据技术与大数据思维，为会计监督工作构建一个行之有效的防范机制，对可能存在的风险问题加以防控，则成为加强事前、事中监督的关键。尤其是不少企业虽然构建了独立的会计信息部门，也配备了相应的监督管理机制，但是在执行过程中仍然存在着较大的问题，并且因为缺乏强制性的法律规定，以至于部分企业的会计监督部门形同虚设。为此笔者认为我国的立法机关以及政府机构，应该顺应大数据背景下会计工作的实际发展潮流，对会计相关的法律法规加以完善，以法律的形式进一步增强企业会计信息管理部门的独立性，注重对非结构化信息的披露，以此强制手段去规范企业的会计监督行为。并且政府部门也可以充分地充分地利用大数据技术，对自身的会计信息搜集渠道加以拓展，对自身的数据类型加以丰富，为广大群众也提供参与到会计监督工作中的便捷渠道，进而进一步强化政府部门对会计信息的管理能力，更好地增强政府部门在会计监督上的时效性。

参考文献

[1] 王佳．探究大数据时代下企业财务会计向管理会计的转型发展[J]．中国集体经济，2022，99（05）：151-152．

[2] 赖鸿飞．浅析互联网经济时代财务会计管理的特征及存在的问题[J]．中国集体经济，2022，99（05）：119-120．

[3] 柴志强．浅析财务会计与管理会计在水务集团中的融合[J]．商业观察，2022，99（04）：59-61，81．

[4] 李海燕．新时期如何加强企业财务会计工作的创新管理[J]．财会学习，2022，99（04）：95-97．

[5] 胡飞．企业财务会计内控管理机制的构建研究[J]．上海商业，2022，99（01）：120-122．

[6] 陈素兰．内部审计与企业财务会计协同管理模式探究[J]．产业创新研究，2022，99（01）：133-135．

[7] 燕魁．大数据背景下企业财务会计向管理会计转型研究[J]．商讯，2022，99（02）：80-83．

[8] 王新圣．新经济形势下的财务会计与管理会计融合发展模式初探[J]．投资与创业，2022，33（01）：141-143．

[9] 路一明．数字经济驱动下行政事业单位财务会计管理创新影响研究[J]．质量与市场，2022，99（01）：198-199．

[10] 罗琼．税收筹划在企业财务管理和会计核算中的运用研究[J]．经济技术协作信息，2021（19）：51-52．

[11] 陈武会．强化会计成本管理提升企业经济效益的有效路径探索[J]．中国集体经济，2021（15）：27-28．

[12] 唐骏杰．浅析管理会计在民营企业会计管理中的应用策略[J]．商业2.0（经济管理），2021（04）：50-51．

[13] 张慧慧．基于大数据背景下的企业管理会计面临的挑战及对策研究[J]．现代经济信息，2021（20）：90-91．

[14] 李金韬．管理会计工具在制造业企业成本控制中的应用[J]．市场周刊．理论版，2021（67）：35-36．

[15] 吴雷．企业会计核算规范化管理措施探讨[J]．财经界，2020（35）：122-123．

[16] 汪李洋. 企业会计核算规范化管理的措施探讨 [J]. 营销界，2020（37）：142-143.

[17] 肖波. 企业会计核算规范化管理措施的探讨 [J]. 时代金融。2020（23）：122-123.

[18] 高彩虹. 企业会计核算规范化管理措施分析 [J]. 现代商业，2020（23）：189-190.

[19] 张林芳. 新时期企业会计核算规范化管理的具体措施探过 [J]. 商讯 2020（22）1：45147.

[20] 董梅，吕潇颖，肖雪. 大型企业实施会计集中核算对财务管理的影响及对策 [J]. 内蒙古煤炭经济.2019（13）.

[21] 王艳丽. 关于企业财会集中核算模式下财务管理职能的探析 [J]. 科技与企业.2019（05）.

[22] 刘贝贝. 关于会计集中核算对财务管理的影响分析 [J]. 经济研究导刊.2019（02）.

[23] 张志国. 企业实行会计集中核算对财务管理的影响分析 [J]. 中国管理信息.2019（08）.

[24] 钱太莹. 加强会计集中核算提高财务管理水平的办法分析 [J]. 经营管理者.2020（01）.

[25] 廖艳梅. 关于企业财务会计集中核算问题的分析 [J]. 财经界（学术版）.2020（08）.

[26] 高珊. 完善会计集中核算的财务管理方法探究 [J]. 经营管理者.2018（12）.

[27] 张青山. 企业会计准则执行中存在的问题及对策 [J]. 现代商业，2016（33）：165-166.

[28] 冯乐乐. 企业会计准则执行中存在的问题及对策 [J]. 南方企业家，2018（1）：111.

[29] 刘春红. 浅析小企业会计准则执行中存在的问题及对策[J].现代经济信息,2018(3）：218.

[30] 罗永根. 企业会计准则执行中存在的问题及对策 [J]. 中国市场，2018（15）：157-158.

[31] 张凯璇，陈美杉，龚懿等. 小企业会计准则执行中存在的问题及对策：基于北京市海淀区小企业的调研 [J]. 商场现代化，2014（33）：211-212.

[32] 刘刚，张群. 企业会计准则执行中存在的问题及对策 [J]. 时代经贸，2019（18）：82-83.

[33] 沈飞君. 企业会计准则执行中存在的问题及对策 [J]. 中国集体经济，2021（13）：142-143.

[34] 黄思良. 浅谈会计监督存在的问题与完善之对策 [J]. 纳税，2019，13（34）：142.

[35] 常贝贝. 我国企业会计监督存在的问题剖析及解决对策 [J]. 农村经济与科技，2019，30（22）：104-105.

[36] 陈建国. 浅析国有企业会计监督机制建设存在的问题与对策 [J]. 当代会计，2019（09）：154-155.

[37] 胡文飞，姜昕.信息化环境下内部控制问题及措施探析[J].商讯，2020（33）：146-147.

[38] 赵震宇.企业加强内部控制与风险管理的研究[J].财会学习，2020（33）：197-198.

[39] 李春梅.内部控制建设对企业管理水平提升研究[J].大众投资指南，2020（21）：113-114.

[40] 戴文涛，王亚男.内部控制法规，内部控制质量与财务报告的可靠性[J].财经问题研究，2019，（12）：73-80.

[41] 褚尔康.国家监督体系构建的审计监督耦合性分析[J].会计之友，2019，（22）：128-132.

[42] 樊纲，王小鲁，朱恒鹏.中国市场化指数——各地区市场化相对进程2021年报告[M].北京：经济科学出版社，2021版.

[43] 张海君.内部控制、法制环境与企业融资效率——基于股上市公司的经验证据[J].山西财经大学学报，2017，39（07）：84-97.

[44] 徐光伟,刘星.制度环境对国有企业资本结构影响的实证研究[J].软科学,2014,（5）90-94.

[45] 郭檬楠，李校红.内部控制、社会审计与企业全要素生产率：协同监督抑或互相替代[J].统计与信息论坛，2020，（11）：77-84.

[46] 陈志军，董美彤，马鹏程等.媒体与机构投资者关注对内部控制的交互作用——来自国有企业的经验数据[J].财贸研究，2020，31（09）：99-110.

[47] 李端生，周虹.高管团队特征,垂直对特征差异与内部控制质量[J].审计与经济研究，2017，32（02）：24-34.

[48] 阎实.家族企业不同发展阶段影响要素特点及管理模式研究[J].商业经济，2018，（12）：18-19.

[49] 徐玉德，杨晓璇，刘剑民.管理层过度自信，区域制度环境与内部控制有效性[J].审计研究，2021，（02）：118-129.

[50] 李百兴，王博，卿小权.内部控制质量，股权激励与审计收费[J].审计研究，2019，（01）：91-99.

[51] 马立民，王亚非.世界会计法治三百年及历史启示——纪念现行《企业会计准则》施行十周年[J].北京联合大学学报（人文社会科学版），2017，15（02）：96-105.

[52] 颉茂华，张婧鑫，好日娃.中国会计法制化演进：影响、借鉴与展望[J].财会通讯，2020，（17）：159-163.

[53] 唐国平，刘金洋，万文翔.我国《会计法》的发展历程与修订启示[J].财务与会计，2017，（21）：20-22+35.

[54] 张振兴.内部审计为本组织统筹发展和安全发挥增值作用：基于S建筑集团内部

169

审计工作的实践与思考[J].中国内部审计,2022(5):57-60.

[55]洪烨,周国宾,王燕萍.强化内部审计筑牢风险防线:安钢内部审计为组织高质量发展保驾护航[J].中国内部审计,2022(4):54-57.

[56]王真.新时代加强行政事业单位会计监督的实践与思考:以广西壮族自治区为例[J].财务与会计,2020(22):9-12.

[57]刘晓阳.厘清界限与职责,建立内部会计监督与内部控制相结合的协同监督体系[J].营销界,2022(10):126-129.

[58]张秀文.内部会计监督与内部审计的协同作用机制分析[J].现代营销(上旬刊),2022(5):73-75.